北京第二外国语学院优秀研究生教材、北京市哲学社会科
规划项目"北京建设世界一流会展目的地战略研究"（项
编号：12JGC077）、国家旅游局青年专家培养计划。

旅游管理类课程
规划教材

展览会策划与管理

The Exhibition Planning and Management

王起静 刘畅 编著

3 016545 68 70 9300

经济管理出版社
ECONOMY & MANAGEMENT PUBLISHING HOUSE

图书在版编目（CIP）数据

展览会策划与管理/王起静，刘畅编著. —北京：经济管理出版社，2016.7（2024.7重印）
ISBN 978-7-5096-4315-0

Ⅰ.①展… Ⅱ.①王… ②刘… Ⅲ.①展览会—策划 ②展览会—管理 Ⅳ.①G245

中国版本图书馆 CIP 数据核字（2016）第 063299 号

组稿编辑：王光艳
责任编辑：许　兵
责任印制：黄章平
责任校对：王　淼

出版发行：经济管理出版社
　　　　　（北京市海淀区北蜂窝 8 号中雅大厦 A 座 11 层　100038）
网　　　址：www.E-mp.com.cn
电　　　话：（010）51915602
印　　　刷：北京晨旭印刷厂
经　　　销：新华书店
开　　　本：720mm×1000mm/16
印　　　张：16.5
字　　　数：286 千字
版　　　次：2016 年 7 月第 1 版　2024 年 7 月第 4 次印刷
书　　　号：ISBN 978-7-5096-4315-0
定　　　价：58.00 元

前　言

　　展览会核心功能是为参展商和观众提供一个互相交流、交易的平台。展览会有其特殊的特点和运作规律，其策划者、组织者应该具有较高的策划和管理水平。展览产业的快速发展迫切需要高水平、高素质的专业会展人才，需要高水平的会展教育，也需要具有较高理论水平和实践指导意义的专业教材。近年来，我国会展教育发展迅速。截止到 2016 年，由教育部批准设立会展经济与管理本科专业的院校已达到 98 所，开设会展艺术类本科专业的院校达到 20 多所，而设立会展相关专业的专科院校更是达到了近 200 所。还有很多院校虽然没有正式设立会展经济与管理专业，但也在开设会展相关课程。除了本科、专科层次的会展人才培养，很多院校也陆续开始了会展管理的研究生培养。快速发展的会展产业和会展教育对会展教材形成了巨大的需求。

　　目前，市场上有很多会展方面的书籍，但专门写展览会的书籍还比较少，而能够完整系统地介绍展览会策划与管理的书籍就更少。大部分书籍都不分会议、展览和大型活动，统一以"会展管理"、"会展策划与管理"、"会展组织与管理"命名。与现有书籍相比，本书有以下几个主要特点：第一，主题突出。本书仅仅围绕着"展览会"的特点和运作规律来设计与撰写，虽然书中也涉及了"会议"、"论坛"和"活动"的策划问题，但主要是讲展览会中附设的"会议"、"论坛"和"活动"。第二，系统完整。对于展览会一次性运作，完整的流程主要包括两个部分：一是展览会立项。展览会立项要经过展览会主题策划、产品策划、可行性分析、展览会审批等程序；二是展览会管理。主要包括：营销管理、客户关系管理、供应商管理、现场管理、评估与总结。第三，结构清晰。本书分为三个部分：第一部分，展览会基本知识，即第一章绪论；第二部分，展览会策划，包括第二章至第五章；第三部分，展览会管理，包括第六章至第十章。第四，层次分明。本书每一章都分为正文和拓展阅读两个部分。正文部分主要介绍展览会策划与管理的基本知识、理论和实务，帮助本科生或研究生掌握相关内容；拓展阅读部分对该章所讲述的相关主题进一步深入探讨或对相关研究进行综述，帮助学生（尤其是研究生）进一步深入理解相关内容，了解相关研究进展。我们在实际的教学工作中发现，很多会展专业研究生原来并没有会展专业的基础，对会展专业的一些基本概念、理论还缺乏了解，我们需要优秀的教材既能满足研究生对基本知识、基本理论的需要，同时又能对相关问题的研究有所思考。从这个特点来看，本书既适合会展专业本科生使用，也适合会展专业研究生使用。

本书是北京第二外国语学院研究生处"优质研究生系列教材"项目的成果之一，受到"北京市哲学社会科学规划项目"、"北京建设世界一流会展目的地战略研究"（项目编号：12JGC077）"和"国家旅游局青年专家培养计划"等项目的支持。本书在写作过程中得到了北京第二外国语学院会展管理系各位同仁的大力支持和帮助。同时，经济管理出版社的王光艳老师在本书的策划和出版过程中付出了大量的辛勤劳动，在此对他们的帮助一并表示感谢。

本书是由王起静博士和刘畅博士共同完成的，分工如下：其中第一章至第五章由王起静博士完成；第六章至第十章由刘畅博士完成。书中不当之处，还请各位专家和读者批评指正。

王起静

北京第二外国语学院会展研究中心

2016 年 5 月 1 日

目　录

第一章　绪　论 …………………………………………………… 001

　第一节　展览会的概念和分类 …………………………………… 001

　　一、展览会的概念 ……………………………………………… 001

　　二、展览会的分类 ……………………………………………… 003

　第二节　展览会产品 ……………………………………………… 007

　　一、核心产品 …………………………………………………… 007

　　二、形式产品 …………………………………………………… 008

　　三、附加产品 …………………………………………………… 010

　第三节　展览会市场和展览产业运作模式 ……………………… 013

　　一、展览会市场 ………………………………………………… 013

　　二、展览产业运作模式 ………………………………………… 015

　第四节　展览会运作流程 ………………………………………… 018

　　一、展览会策划 ………………………………………………… 018

　　二、展览会管理 ………………………………………………… 019

　□ 拓展阅读 ………………………………………………………… 021

第二章　展览会主题选择 ………………………………………… 027

　第一节　展览会主题选择的含义 ………………………………… 027

　　一、全新主题 …………………………………………………… 028

　　二、分离主题 …………………………………………………… 032

　　三、合并主题 …………………………………………………… 034

　　四、复制主题 …………………………………………………… 038

第二节 展览会主题选择的影响因素 ……………………………………… 039

一、宏观经济环境 …………………………………………………… 039

二、所依托的产业发展和市场需求 ……………………………… 042

三、市场竞争 ………………………………………………………… 043

四、展览会主办方的资源 ………………………………………… 044

□ 拓展阅读 ……………………………………………………………… 045

第三章 展览会地点选择 ………………………………………………… 049

第一节 展览城市选择 ……………………………………………… 049

一、资源条件 ………………………………………………………… 049

二、管理条件 ………………………………………………………… 051

三、环境条件 ………………………………………………………… 053

四、展览城市的类型 ……………………………………………… 054

第二节 展览场馆选择 ……………………………………………… 055

一、展馆设施 ………………………………………………………… 056

二、展馆配套设施 ………………………………………………… 060

三、选择展馆的指标 ……………………………………………… 062

□ 拓展阅读 ……………………………………………………………… 064

第四章 展览会产品策划 ………………………………………………… 071

第一节 展览会名称策划 …………………………………………… 071

一、展览会名称策划 ……………………………………………… 071

二、展览会名称审批的具体规定 ……………………………… 073

第二节 展览会组织架构策划 …………………………………… 074

一、主办单位 ………………………………………………………… 074

二、承办单位 ………………………………………………………… 075

三、协办单位 ………………………………………………………… 076

四、支持单位 ………………………………………………………… 076

第三节 展位策划 …………………………………………………… 077

一、参展范围 ………………………………………………………… 077

二、展厅布局 ···················· 078

三、展位划分 ···················· 080

第四节　展览会附设活动策划 ············ 084

一、展览会附设活动的类型 ············ 084

二、展览会附设活动的组合策划 ·········· 086

第五节　展览会广告和赞助产品策划 ········ 089

一、广告产品策划 ················· 089

二、赞助产品策划 ················· 094

□ 拓展阅读 ····················· 097

第五章　展览会的可行性分析和审批 ········ 101

第一节　展览会可行性研究 ············· 101

一、可行性研究 ·················· 101

二、展览会可行性研究的阶段 ··········· 102

三、展览会可行性研究报告内容 ·········· 103

第二节　展览会 SWOT 战略分析 ·········· 104

一、SWOT 分析的概念 ·············· 104

二、SWOT 分析的基本步骤 ············ 105

三、SWOT 分析的不同组合战略 ·········· 105

第三节　展览会的财务可行性分析 ········· 106

一、展览会的收支项目 ·············· 106

二、展览会财务预测的内容 ············ 107

三、展览会的财务可行性分析 ··········· 109

第四节　展览会风险分析 ·············· 109

一、外部环境风险 ················· 110

二、内部经营风险 ················· 110

第五节　展览会的审批 ··············· 111

一、国外展览会管理模式 ············· 111

二、中国展览业管理体制 ············· 114

三、我国展览业管理体制改革方向 ········· 116

□ 拓展阅读 ………………………………………………………… 119

第六章　展览会营销管理 ………………………………………… 123

第一节　展览会营销管理概述 …………………………………… 123

一、市场分析 ……………………………………………… 123

二、目标市场定位 ………………………………………… 125

第二节　展览会产品策略 ………………………………………… 126

一、展览会产品特征 ……………………………………… 127

二、展览会产品策略 ……………………………………… 128

第三节　展览会定价策略 ………………………………………… 129

一、展览会产品的定价方法 ……………………………… 129

二、展览会产品的定价技巧 ……………………………… 131

第四节　展览会渠道策略 ………………………………………… 134

一、展览会营销渠道的功能 ……………………………… 135

二、展览会营销渠道的类型 ……………………………… 135

三、展览会营销渠道的特点 ……………………………… 137

第五节　展览会宣传与推广 ……………………………………… 138

一、宣传与推广的目的 …………………………………… 138

二、宣传与推广的对象和内容 …………………………… 139

三、宣传与推广的方式 …………………………………… 140

□ 拓展阅读 ………………………………………………………… 143

第七章　展览会客户关系管理 …………………………………… 147

第一节　展览会客户关系管理内涵和意义 ……………………… 147

一、展览会客户关系管理的内涵 ………………………… 147

二、展览会客户关系管理的意义 ………………………… 149

第二节　展览会客户细分 ………………………………………… 152

一、客户细分常用方法 …………………………………… 153

二、展览会忠诚客户的培养 ……………………………… 156

第三节　展览会客户关系管理的流程和策略 …………………… 159

一、展览会客户关系管理的流程 …………………………… 159

二、展览会客户关系管理策略 …………………………… 161

三、展览会客户关系管理系统 …………………………… 163

□ 拓展阅读 ………………………………………………… 166

第八章 展览会供应商管理 ………………………………… 173

第一节 展览会供应商的概念和分类 ……………………… 173

一、展览会供应商的概念 ………………………………… 173

二、展览会供应商的分类 ………………………………… 173

第二节 展览会供应商选择 ………………………………… 182

一、供应商选择的影响因素 ……………………………… 183

二、选择供应商的原则 …………………………………… 184

三、选择供应商的程序 …………………………………… 185

第三节 展览会供应商绩效管理 …………………………… 189

一、展览会供应商绩效评估指标体系 …………………… 189

二、展览会供应商阶段性评估体系 ……………………… 190

□ 拓展阅读 ………………………………………………… 192

第九章 展览会现场管理 …………………………………… 197

第一节 展前管理 …………………………………………… 198

一、展览会布展管理 ……………………………………… 198

二、展品进场管理 ………………………………………… 200

第二节 展览会期间的现场管理 …………………………… 202

一、展览会开幕式管理 …………………………………… 202

二、展览会参展商管理 …………………………………… 202

三、展览会观众管理 ……………………………………… 206

四、展览会现场服务管理 ………………………………… 208

第三节 展后管理 …………………………………………… 211

一、展品的处理 …………………………………………… 212

二、展品的出馆控制 ……………………………………… 212

三、租用展具的退还 ················· 212

四、展位的拆除 ····················· 212

五、展览场地的清洁 ················· 213

六、撤展安全管理 ··················· 213

□ 拓展阅读 ·················· 213

第十章 展览会评估和总结 ············· 217

第一节 展览会评估概述 ·············· 217

一、展览会评估的主体和客体 ········· 217

二、展览会评估的意义 ··············· 221

第二节 展览会评估的内容 ············ 222

一、展览会核心产品的评估 ··········· 222

二、展览会形式产品的评估 ··········· 224

三、展览会附加产品的评估 ··········· 224

第三节 展览会评估的程序 ············ 225

一、确立评估内容 ··················· 226

二、选择评估指标 ··················· 227

三、选择评估方法 ··················· 227

四、收集评估信息 ··················· 228

五、统计分析 ······················· 229

六、撰写评估报告 ··················· 229

第四节 展览会常用评估指标及统计含义 ··· 231

一、展位面积评估指标 ··············· 231

二、参展商评估指标 ················· 231

三、观众评估指标 ··················· 231

四、媒体评估指标 ··················· 233

五、展览效果指标 ··················· 233

第五节 展览会总结 ·················· 234

一、展览会总结的含义 ··············· 234

二、展览会总结的主要内容 ··········· 235

□ 拓展阅读 …………………………………………………………… 236

附件 1　国际展览组织 ……………………………………………… 241

附件 2　国务院关于进一步促进展览业改革发展的若干意见 …………… 245

参考文献 ……………………………………………………………… 251

| 第一章 |

绪 论

[主要内容] 本章主要介绍展览会的概念和分类、展览会产品、展览会市场、展览产业运作模式、展览会策划与管理流程等。拓展阅读资料分享了"会展产品的概念和本质"、"展览和双边市场"以及"会展研究和会展管理的知识体系"三个主题。

第一节 展览会的概念和分类

一、展览会的概念

关于展览会并没有被广泛认可的定义。在实际应用中,展览会名称相当繁杂:在中文里,展览会名称有博览会、展览会、展览、展销会、博览展销会、看样定货会、展览交流会、交易会、贸易洽谈会、展示会、展评会、样品陈列、庙会、集市、墟、场等;在英文里,有"exhibition"、"exposition"、"show"、"fair"等。

美国《大百科全书》关于展览(会)定义为:一种具有一定规模,定期在固定场所里举办的,来自不同地区有组织的商人聚会。从系统的角度来看,现代展览会是由五大相互联系的基本要素构成的一个有机系统:一是展览会主体,即展览会本身这个平台,为参展商和观众提供交流、交易的场所;二是展览会的服务对象,主要是参展商和观众,也包括赞助商、广告商等;三是展览会的经营部门或机构,包括展览会的主办单位、承办单位、协办单位、支持单位等;四是展览会的服务供应商,主要包括展览场馆、住宿、餐饮、搭建、运输等服务供应商;

五是展览会依托的环境，即展览会举办地的整体环境。

不同主体对展览会理解的重点各不相同。对展览会主办者而言，展览会就是按照社会需求，通过物品（展品）在一定时间、空间条件下的直观展示来传递和交流信息，使观众做出购销决定、进行投资决策，或者从中学习、受到教育的社会服务活动。对参展商而言，展览会主要是通过物品的展示，吸引观众，与观众进行交流，以实现交易或教育的目的。对观众而言，他们主要是通过展览会所展示的各种信息，实现购买或接受教育的目的。

为了便于会展产业专业人士的交流和沟通，会议产业委员会（Convention Industry Council，CIC）作为会展行业中的重要协会组织，集中了大量的会展项目利益相关者，制定了会展行业惯例（The Accepted Practices Exchange，APEX）。APEX可以节省时间和成本、便于沟通和数据共享、提高消费者服务水平、精简系统和程序以提高效率、减少重复性劳动和运营效率、便于培训和对专业人才的培养。在APEX的行业术语中，有相关术语的定义（见表1-1）。

表1-1 APEX专业术语一览表

专业术语 （APEX industry glossary）	英文解释	中文解释
展览会（Show）	1) Organized performance for entertainment 2) An exhibition	1) 有组织的娱乐表演 2) 展览会
展览会（Fair）	1) Event principally devoted to the exhibition of agricultural products or industrial products. Fairs may also provide entertainment activities 2) Exhibition of products or services in a specific area of activity held with the objective of promoting business	1) 主要用于展示农业产品或工业产品的活动，也提供娱乐活动 2) 以营销为目的的、在特定地点的产品和服务的展览
展览会/博览会 （Exhibition/Exposition）	1) An event at which products and services are displayed. The primary activity of attendees is visiting exhibits on the show floor. These events focus primarily on business-to-business（B2B）relationships 2) Display of products or promotional material for the purposes of public relations, sales and/or marketing	1) 展出产品和服务的活动，观众的主要活动是在现场参观展台。这些活动主要着重于商业往来 2) 产品或以公共关系、销售和营销为目的的资料展示
专业展（Trade Show）	An exhibition of products and/or services held for members of a common or related industry. Not open to the general public	为一般或相关产业的企业举办的产品和服务的展览，不向公众开放
消费展（Consumer Show/ Public Show/Gate Show）	Exhibition open to the public usually requiring an entrance fee	向公众开放的展览，通常需要入场费

二、展览会的分类

展览会按照不同的标准可以有很多种分类，这里主要介绍以下几种分类。

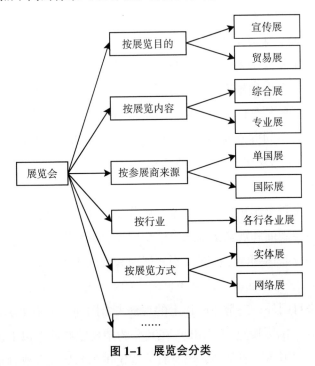

图 1-1　展览会分类

1. 按目的划分

根据展览的目的，展览会可分为宣传展、贸易展。宣传展是以宣传、教育、鼓动为目的的一种展览形式，如反法轮功邪教展、反腐败成果展、改革开放成就展、先进模范人物事迹展等。宣传展通常不以盈利为目的，这不是本书介绍的重点。

贸易展是以促进交易为目的的一种展览形式，如商品交易方面的"广交会"，科技项目交易方面的"高交会"，招商引资方面的"中国投资贸易洽谈会"、"哈洽会"、"乌洽会"等。

2. 按展览内容划分

按展览内容分，展览会分为综合展和专业展。综合展中展览的内容包括人类一切文明进步的成果，涉及工业制造、自然地理、人文历史等各个方面。如上海工博会、杭州西湖博览会等。世界上规模最大、范围最广的综合展是世界博览会。综合展既可以面向专业观众，也可以面向普通观众，或者同时面向专业观众和普通观众开放。

中国会展业首个行业标准《专业性展览会等级的划分及评定》对专业性展览会的定义："在固定或规定的日期和期限内，由主办者组织、若干参展商参与的通过展示促进产品、服务的推广和信息、技术交流的社会活动。"专业展览会具有鲜明的主题，主要展出某一行业或同类型的产品，如汽车展、食品展等。一般来说，专业展比综合展的规模要小。综合展和专业展是相对而言的，并没有非常明显的界限和固定的划分标准。目前，专业展有取代综合展的趋势，越来越多的综合展按照展品的不同拆分成不同行业的专业展。比如德国著名的计算机通信网络展（CeBIT）就是从汉诺威工业展览会这个综合类展览会中分离出来的。

3. 按参展商来源划分

根据参展商是否全部来自一个国家，展览会可分为单国展和国际展。

单国展是指参展商和观众全部来自一个国家，或者即使有一些参展商或观众来自国外，但还没有达到国际展对外国参展商和观众所占比例要求的展览会。国际展览业协会（UFI）规定具备以下条件之一的就可称"国际展览会"：一是20%以上的参展商来自国外；二是20%以上的观众来自国外；三是20%以上的广告宣传费使用在国外。国际展览局（BIE）在其公约中规定有两个以上国家参加的展览会都可以称作"国际"展览会，没有具体规定国外参展商和观众的比例。本书中采用国际展览业协会的定义。

资料 1-1

国际展览业协会（UFI）和国际展览局（BIE）

UFI 是国际展览联盟（Union of international Fairs，UFI）的简称。国际展览联盟于 1925 年在意大利米兰成立，最初由欧洲的 20 家展览公司组成。前期只有举办展会的展览公司才能成为其正式会员。从 1994 年起，展馆、展览会以及会展相关机构（如贸易协会；展览服务、管理、统计、研究机构；专业报刊等）也可被接收为会员。不过至今国际展览联盟 80% 的活动还是集中在展览会举办行业。国际展览联盟总部位于巴黎。在 2003 年 10 月 20 日开罗第 70 届会员大会上，该组织决定更名为国际展览业协会（The Global Association of the Exhibition industry），仍简称 UFI。

根据外交公约，1928 年由法国发起成立了国际展览局（Bureau International des Expositions，BIE）。BIE 总部设在巴黎，宗旨是通过协调和举办世界博览会，促进世界各国经济、文化和科学技术的交流与发展。国际展览局属政府间国际组织，其作用包括组织考察申办国的申办工作、协调展览会的日期、保证展览会的质量等。它的存在对规范、管理和协调世博会的举办，起到了很好的作用。国际展览局的收入，主要来自申办展览会的注册费和举办期间门票收入的一定比例。

4. 按行业划分

根据行业，展览会可以划分为轻工行业展、石化行业展、纺织行业展、建材行业展、房地产行业展、服务展、医疗展、能源环保展、机电展、体育展等各行各业的专业展览会。

5. 按展览方式划分

根据展览方式的不同，可以把展览分为实体展和网络展。伴随着实体展览会的快速发展，网络展览会的发展速度也越来越快。一方面，实体展总是在一定的时间、一定的地点举办，参展商和观众会受到时间、空间距离的制约。各地同类型展览会越来越多，要在各地参展，在人力、物力、财力各方面都有越来越强的约束。而网络展览会可以使全球各地的潜在买家，随时随地参观展品、了解厂商、传递订购意愿，弥补了传统展览会在时间、地点上的局限，开辟面向全球市场的渠道，拓展了目标市场，而且参加网络展览会也可以相应地节省参展和观展的成本。另一方面，因为传统实体展览会除了解产品和信息的功能外，还有人际交流功能、交易功能、洽谈功能，观众还可以直接触摸展品，这些功能是网络展览会无法代替的。由此可见，实体展览会和网络展览会各有利弊，应该互相补充发展。

中国网络展览会的发展要追溯到 2003 年，由于"SARS"疫情使得人群聚集的实体展览会受到剧烈冲击，"网络展览会"悄然兴起，多数大型展览会纷纷搭建了网络平台。比如，"网上广交会"打破时空界限，为不能参加现场广交会的企业提供网上参与广交会的机会；再如，中国国际高新技术成果交易会以永不落幕的"网上展览会"形式架起专业观众、买家与参展商之间信息交流的平台。网络展览会不应该仅仅是实体展览会的补充，也应该可以独立于实体展览会而存在。目前，实体展览会的网站、网络平台并不能算是真正意义上的网络展览会，除非展览会的网站上能有参展商详细的展品信息，能实现网上交流、交易的功能，并且能独立于实体展览会而存在，才能算作网络展览会。

目前，方兴未艾的电子商务平台可以看作是一种网络展览会，如淘宝网、京东商城、跨境购等电商平台。在传统实体展览会网络化的同时，买家卖家资源已集聚充分的网络展览会也开始向实体迈进，这种线上电商向线下实体展览会的发展具有很大的客源优势。比如，网货交易会就是由阿里巴巴集团整合旗下核心资源（B2B、淘宝网、支付宝、阿里云、中国雅虎），与针对个人消费的淘宝平台对接，构建商业流通的新模式，即由淘宝卖家以网货交易形式向企业规模采购商品，帮助参展商开拓网络销售渠道，推广产品品牌，同时，帮助淘宝卖家拓展货源，创造更多就业机会。该网货交易会的优势如下：第一，创新型展览会模式，是线上电子商务+线下展览会推广，多元化、全方位展示；第二，网络营销：专业网络代理、分销商加盟，迅速拓展销售渠道；第三，品牌拓展：实现外贸与内贸互通，推动产品品牌化，打开中国市场；第四，市场风向：网货新潮流、新趋势、新产品的发布和交流平台；第五，媒体传播：整合阿里巴巴旗下资源，政府优势及媒体合作，增加企业品牌曝光。阿里巴巴依托其巨大的客户资源，也向展览产业进军，详见资料1-2。

资料1-2
阿里巴巴B2B与博闻战略合作

2015年12月10日，阿里巴巴B2B事业群与世界第二大展览会主办单位博闻公司签署协议，未来双方将集中各自优势，打通线上线下展览会模式并做更多创新尝试，最终加速全球中小企业做好跨境业务。目前，贸易展览会行业面临的一大挑战是如何于整年都能保持买家和卖家的持续交流，而单纯的线上贸易则缺少了贸易双方的当面交流，贸易关系难以进一步深化。双方通过在B2B领域各自的影响力，阿里巴巴和博闻的合作将改变线上和线下贸易的格局。

双方将联合打造展览会APP，通过阿里巴巴平台买卖家交易匹配的一套底层数据和技术体系，帮助参展商的买家、卖家实现高效匹配。买家去参观展览会再也不用在几千个展台中博运气，而是通过APP输入自己的需求找到更精准、更符合需求的卖家，同时还能获得这个卖家在展览会中的具体位置，事半功倍地达成交易意向，提升买卖双方参展的效能。

第二节 展览会产品

产品是用来满足人们需求和欲望的有形或无形的载体，包括有形的物品，无形的服务、组织、观念或它们的组合。产品一般可以分为三个层次，即核心产品、形式产品和附加产品。核心产品是指整体产品提供给购买者的直接利益和效用；形式产品是指产品在市场上出现的物质实体外形，包括产品的品质、特征、造型、商标和包装等；附加产品是指整体产品提供给顾客的一系列附加利益，包括运送、安装、维修、保证等在消费领域给予消费者的好处。对于展览会来说，产品三个层次有不同的内容。三个层次的产品都很重要，缺一不可，核心产品的价值需要通过形式产品和附加产品来实现。

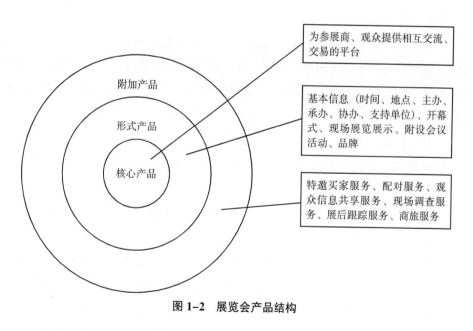

图 1-2 展览会产品结构

一、核心产品

展览会的核心产品就是为参展商和观众提供了一个互相交流、交易的平台。构成展览会最主要的要素是参展商、观众和展览平台，参展商和观众则在展览平台上实现交流、沟通、交易的目的。参展商和观众作为展览会的两类消费者，存在互为需求对象的关系。参展商需要展览会主要是为了获得更多的观众或客户商，而观众需要展览会是为了看到更多的参展产品或参展商。可以说，没有观众就没有参展商，没有参展商也就没有观众。参展商需要会展产品主要出于以下几个动机：销售产品，树立、维护形象，调查、了解市场，推出新产品或新服务，建立并巩固客户关系。观众分为专业观众和普通观众，观众需要展览会主要出于以下动机：购买、了解新产品、新服务，欣赏，学习。专业观众是展览会的重要消费者，他们参加展览会更主要的目的是购买，是参展商更加关注的观众。

为了能够提供展览会这样的平台，组展商必须能够吸引到参展商和观众，同时要为参展商和观众提供必备的服务。

二、形式产品

展览会形式产品主要包括以下几个方面：

1. 展览会基本信息

（1）时间。展览会是在一段时间内、在特定的地点举办的展览展示活动。展览会的规模不同，持续时间也会不同，小型展览会一般持续 1~3 天；中型展览会持续 5~7 天，如中国北京国际科技产业博览会历时一周[①]，北京国际汽车展历时 5 天；大型展览会将持续 10~15 天，如广交会共 15 天，分 3 期举办。注册类世博会享有"经济、科技、文化领域内的奥林匹克盛会"的美誉，每五年举办一次，每届持续时间在半年左右，如 2010 上海世博会从 2010 年 5 月 1 日持续到 10 月 31 日。

（2）地点。展览会必须在一定的地点举办，地点也有广义与狭义之分。广义的地点是指在哪个国家（地区）、哪个城市举办展览会；狭义的地点是指举办展览会的具体场所，主要是指举办展览会的会展中心。一般来说，一个展览会应该在一个会展中心举办，这样有助于展览现场的管理和展览效果的提高。但有时受限于展览场馆的容量，一些大型的展览会也在同一个城市的两个或两个以上的场馆同时举办，如 2004 年北京国际汽车展就分别在中国国际展览中心和北京展览

---

① 在不同的年份，科博会的持续时间略有不同，有时 7 天，有时 6 天，还有时举办 5 天，但都在一周之内，这也是科博会又称国际周的原因。

馆同时举办，这在一定程度上影响了展览的效果。科博会的展览部分一般在中国国际展览中心举办，但它还有些会议、论坛占用了北京其他的会议中心、宾馆和酒店的会议室。

（3）组织架构。展览会的组织架构一般来说包括主办单位、承办单位、支持单位、协办单位。展览会的主办单位也是展览会的所有权者，展览会由谁来主办，展览会的所有权就归谁所有。承办单位主要是接受主办方的委托，负责展览会的组织、安排和管理工作。还有一些单位并不是展览会的主办方，也不实际参与展览会的运作，仅仅表示对展览会的支持和协助，如相关政府部门、行业协会、相关媒体等，这些单位作为支持单位或协办单位而存在。

资料 1-3

第六届 APEC 中小企业技术交流暨展览会组织机构

主办单位：工业和信息化部

支持单位：外交部、科技部、商务部、福建省人民政府

承办单位：福州市人民政府、工业和信息化部中小企业对外合作协调中心、中国中小企业国际合作协会

协办单位：智利生产力促进协会、香港生产力促进局、日中经济贸易中心、韩国中小企业振兴公团、马来西亚中小型工业公会、墨西哥投资贸易局、俄罗斯全国中小企业联合会、美国纽约州中小企业发展中心总署

2. 开幕式

开幕式并不是展览会必不可少的要素，有些展览会并不举办开幕式。但大多数情况下，主办单位还是要通过举办开幕式来宣布展览会的正式开始，烘托展览会的气氛。在条件具备时，主办方还会邀请重要嘉宾出席开幕式，以提高展览会的档次，提高展览会的声誉。同时开幕式还会邀请众多媒体参与报道，是展览会提高展览效果、进行展览营销的好机会。

3. 现场展览展示

如何提高参展和观展效果？其中现场展览展示非常重要。现场展览展示包括几个层面：一是展位划分，二是展厅装修装饰整体效果，三是现场标识系统，四是展台展示效果。除了展台展示效果之外，其他三项都是由组展商协同会展场馆

完成的，而其中展位划分是最重要的因素。

为了实现现场的展览展示，组展商应该提供众多基本的服务，如展品运输服务、展台搭建服务、现场管理服务等。

4. 附设会议、活动

会议、展览、活动等不同会展活动形式有不同的功能，可以相互融合、互相补充。展览可能会附设相关会议，附设会议的主要作用是拓展展览会功能、丰富展览会内容、促进合作交流；展览会也常附设相关活动，附设活动不仅可以拓展展览会功能、丰富展览会内容，同时还具有活跃展览会气氛、提高展览会人气等其他功能。

5. 品牌

展览会作为一种产品，经过多年的培育和市场开拓，将有可能形成一定的品牌。品牌是一种名称、名词、标记、符号和设计，或是它们的组合，其目的是识别某个销售者或某群销售者的产品和劳务，并使之同竞争对手的产品和劳务区别开来。展览会最初举办时只具有名称，还不具有品牌，只有展览会得到市场认可并具有广泛的知名度后，才有可能真正形成品牌。

三、附加产品

为了提高为参展商和观众服务的水平，主办方还会为消费者提供更多的附加服务或附加产品，主要包括以下几个方面：

1. 特邀买家（Hosted Buyer）服务

特邀买家是专业观众，企业实力雄厚，具有强大的采购能力，对于参展商具有重要意义。因此，为了吸引更多的参展商并提高参展效果，主办者通常会为参展商邀请特邀买家。特邀买家来参加展览会的人员一般是具有采购决策权，如董事长/厂长、总裁/副总裁、法人、总经理/副总经理、采购经理/总监、生产/设备/技术经理或部长等。

为了吸引特邀买家，主办方不但不会收取特邀买家任何费用，还会为其支付相关的参展费用，如住宿、餐饮、交通等，如2016北京国际商务及奖励旅游展览会除了为特邀买家提供住宿、交通外，还允许特邀买家免费参加很多活动，详见资料1-4。

资料 1–4

2016 北京国际商务及奖励旅游展览会（CIBTM）的特邀买家待遇

- 指定目的地的往返经济舱航班（非北京买家）。
- 指定官方酒店（4/5 星）免费住宿（非北京买家）。
- 机场、酒店和展馆间接送服务（非北京买家）。
- 专属邀约日程表一份。
- 免费使用特邀买家专属休息室。
- 免费享用自助午餐和下午茶。
- 免费参加 CIBTM 专业教育论坛。
- 免费参加 CIBTM 官方社交活动。
- 免费参加第二天下午举办的"欢乐时光"活动。

2. 配对服务

展览会参展商的目标市场大体相同，但不同参展商的市场可能会有差别，因此每个参展商关注的买家可能是不一样的。为了提高参展商服务水平，主办者可能会为参展商提供配对服务。配对服务就是在展览会举办前，主办者根据已掌握的参展商和专业观众的数据，为参展商有针对性地提供专业观众的信息，为参展商和专业观众提前搭建网络联络平台。参展商和专业观众可以在展前就实现信息沟通、了解产品功能和企业状况、达成初步合作意向，在展览现场就有可能实现真正的签约和交易。配对服务把对参展商的服务提前了一段时间，因此也会帮助参展商提前实现参展目标。

资料 1–5

2015 中国（上海）国际数字展示技术展览会的商务配对

身处信息高度集中时代，中国（上海）国际数字展示技术展览会（DMD）根据展示和专业观众的个性化需求不断改变展会运作模式。为更广泛地促成参展商的参展效果，2015DMD 展会首推"商业配对服务"，以"一对一"的服务，从市场技术、产品、商业配对等方面服务客户，在潜在买家和参展商所提供的产品与服务之间进行匹配，帮助展商在展前搜寻具备采购计划的核心商业决策者，在展中约见这些意向买家，以提高展商参展的投资回报率，帮助参展商寻求到心仪的客户，让展会的服务领域和内容更加深化。为使配对服务更有效，商务配对顾问将为参展商提供如下服务：展前了解参展商的配对需求，邀请买家参与配对计划，搜寻符合参展商需求的买家，为参展商提供配对报告；在展中为参展商约见买家进行会谈，并为参展商提供会谈报告。商务配对顾问同时为采购商提供如下服务：①专属时段洽谈空间。采购商享有固定时段的 VIP 独立会议室，会议室提供免费鲜花、点心、饮料等；②私人助理服务。组委会提供专人服务，以使得谈判效率更加高效；③精准的供应商挑选。组委会将根据采购商的采购需求，提前与目标供应商沟通。组织多个备选供应商高层准时参会；④VIP 参会服务。采购单位代表可免费参加展会其他活动，如会议、晚宴等；单位高层可享受两晚指定酒店住宿。

3. 观众信息共享服务

组展商为观众办理注册手续时会采集观众信息，并用观众入场证上的条形码记录观众的所有信息。当观众参观展台时，参展商可以用读卡器获得观众的全部信息，也可以通过组展商获取观众信息。即使有些观众在现场没有时间参观某些参展商的展台，参展商也可以在展览会后利用所掌握的信息与观众联系。

4. 现场调查服务

组展商一般会在现场做调查以获得所需信息，如参展商和观众满意度、参展目标实现度、再参展的可能性等。而这些信息对于组展商了解参展商和观众的参展效果，对以后提高服务水平具有重要意义。

5. 展后跟踪服务

在展览会结束之后，组展商会在一定时间后对参展商、专业观众做跟踪调查，以了解他们交易的实现程度，以及他们的特定需要，以便于下一届展览会时为其提供更好的服务。

6. 商旅服务

为了使参展商和观众能更便利地参展，组展商会为参展商和观众提供商旅服务，主要包括旅游服务、交通服务、酒店预订、餐饮预订等服务。旅行社、酒店、餐饮等企业是组展商的重要供应商，主办方一般会在招展、招商时就提供为本次展览会服务的旅行社、酒店和餐饮企业等供应商的名单及联系方式等其他相关信息，同时也可能会在现场安排商旅服务。

第三节 展览会市场和展览产业运作模式

一、展览会市场

市场是由供给方、需求方和产品组成的。展览会市场的供给方主要有政府、行业协会和会展公司；展览会市场的需求方主要包括参展商和观众。

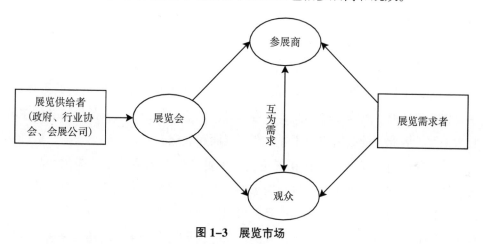

图1-3 展览市场

1. 展览的供给方

任何组织和个人都有可能成为展览会的主办主体，但其中最主要的主体是政府、行业协会和会展公司，三类主体主办展览会各有优势和劣势。

政府作为主办单位具有的优势：第一，具有丰富资源和可靠信誉，可以获得参展商的信任，尤其是在会展业尚处于初级阶段、恶性竞争严重的情况下，在同等条件下政府主办的展览会可能会有更多的参展商和观众参加；第二，政府主导型展览会可以获得政府其他部门的支持，使展览会可以顺利举办。政府作为主办单位具有的劣势：第一，我国展览会的审批权掌握在政府手中，政府在其主办的展览会中既当"裁判员"又当"运动员"，会造成不公平竞争；第二，展览会运营中的委托代理关系为寻租提供了制度空间。政府主导型展览会的主办主体是政府，而其具体运营单位通常是各种会展公司。由于政府主导型展览会是一个巨大的市场，因此也是各个会展公司争夺的对象。政府在寻找具体的承办单位时一般通过直接委托或公开招标的方式，而无论是直接委托还是公开招标方式都为政府寻租提供了广阔的制度空间；第三，政府主导型展览会存在所有者缺位现象。所有者缺位问题使政府主导型展览会缺乏真正的所有者，缺乏可持续发展的制度保证；第四，预算软约束，效率低下。政府主导型展览会一般由政府财政预算拨款，虽然在政府主导型展览会中也有市场化的运作，但政府财政拨款具有预算软约束的特点，必然会导致展览会运作的效率低下。

会展公司管理水平较高，对市场有敏锐的观察和反应，但相比于政府来说，财力、物质资源相对缺乏。而行业协会作为政府和企业之间的桥梁，行业会员众多，具有参展商和专业观众的基础，而且了解企业的需求和行业发展的热点，有利于产品开发和市场需求。

2. 展览的需求方

从理论上讲，对展览产品有需求的机构和个人都应该算作展览会的需求者，主要包括参展商、观众、赞助商、广告商等。由于展位销售收入是展览会的主要收入来源，因此，此处需求方主要介绍参展商和观众。

（1）参展商。参展商是指在展览会、博览会等会展活动中，提供产品、技术、图片等，在一定展览会上进行展示的参展主体。参展商之所以参加展览，是因为通过展览会可以展示自己的产品，可以宣传自己的企业，可以促进交易的实现等，因此参展商对展览会是有需求的。从作为展览会需求者的角度来讲，参展商是独立于展览会之外的，也就是说，参展商不应该成为构成展览会的要素。

但从观众的角度来讲，观众参观的不是展览会本身，而是在展览现场展览展示的参展产品。没有参展商的参与，展览会也就不能称其为展览会。因此，从观众的角度来看，参展商就构成了展览会必不可少的要素。而且参展商的数量和质量决定了一个展览会的质量，比如一个展览会的参展商众多，而且有很高比例的参展商来自举办地以外甚至是国外，而且参展商大都是行业内的知名企业，展出的产品也是知名品牌或新推出、新研制出的产品，这就决定了这个展览会应该是一个高质量、高层次的展览会。这说明，参展商作为展览会的一个重要构成要素，决定了展览会的质量。而高质量的展览会必定可以吸引到高质量的买家（尤其是专业性的观众），从而使参展商的参展目的尽可能地实现。

（2）观众。观众是展览会的又一重要消费者，有专业观众和普通观众。专业观众指企业或机构，普通观众指个人。有些展览会只对专业观众开放，而不对普通观众开放，如广交会；有些展览会在对专业观众和普通观众之间进行开放时在时间上会有所选择，比如北京国际汽车展持续 5 天，一般在前三天对专业观众开放，而在后两天对普通观众开放。如果单纯地把观众作为展览会的需求者来看，观众应该是独立于展览会之外的，不能构成展览会的要素。

但从参展商的角度来看，参展商之所以参加展览会，是因为在展览会上可以接触到许多买家，这些买家可能是企业原来的老客户，也有可能是企业潜在的客户，因此，展览会就为参展商提供了一个巩固老客户、结识新客户的平台。从这个层面来看，参展商作为需求者对于展览会的需求也不是展览本身，而是观众，因此相对于参展商来说，观众也是展览会必不可少的构成要素。因为如果没有观众的参观、购买或欣赏，参展商参加展览会就没有任何意义，也就不会对展览会产生需求。而且观众的数量和质量也在一定程度上决定了展览会的质量。如果一个展览会上的观众数量众多，尤其是专业观众所占的比例很高，而且专业观众都是一些大的采购商，专业观众代表所在单位或机构的职位都较高或较特殊，对采购具有很大的决策权或很强的影响力，那么这个展览会应该可以吸引到更多的参展商，这个展览会也应该是一个成功的展览会。

（3）参展商和观众的关系。可以看出，参展商作为展览会的构成要素是相对于观众来说的，而观众作为展览会的构成要素是相对于参展商来说的。参展商和观众同是展览会的需求者，又在一定的条件下成为展览会的构成要素，可见参展商和观众对于展览会需求的实质应该是二者之间互为需求。

其实，展览会就是为参与展览的各方提供一个交流、交易的平台，可以用平台的思维和理念来解释展览的需求者以及需求者之间的关系。当只考虑参展商和观众时，可以用平台经济学中的双边市场的理论来解释。当把参展商、观众、赞助商和广告商等所有消费者都考虑进来时，就可以用多边市场理论来解释。

二、展览产业运作模式

理解展览会的策划与管理，需要清楚展览产业的运作模式。展览产业的发展首先应以创意模式（点模式）为起点，按照展览产业的运作规律，构建展览产业链（线模式），在一个地区形成展览产业集群（面模式），并实现产业融合（网模式），最后在共同的环境中实现产业共生（球模式），也就是由点到线，由线成面，由面织网，由网变球的发展模式。

1. 创意模式

展览会是一种人造的创意活动，创意是由人的知识、技能和智慧所推动的创造活动。展览产业的创意模式是展览的组织者（政府、企业、个人、非政府组织）独立或与会展公司共同策划展览会的过程。在展览的主题、形式和内容策划中，创意无处不在，甚至我们可以把展览会策划阶段归入创意产业。展览产业必须以创意模式来发展，才能健康可持续。展览产业的创意发展模式表现在以下方面：首先，应用创意思维确定展览主题和具体议题。会展活动主题和议题策划是创意过程，是展览创意模式的主要构成。其次，用创意创造和拓展展览会的形式和内容。创意是保持展览会长期可持续发展的关键因素，创意的作用就是让"熟悉的地方也有风景"。一个展览会从形式到内容（包括地点、展示方式、活动内容等）都包含创意元素。以世博会为例，从主题创意到展览、会议和活动的有机组合，从园区规划到各国国家馆设计，从展示方式到展示内容等，世博会的内容和形式到处充满创意元素。

2. 链条模式

展览会策划阶段是上游，然后是展览会的组织、协调、招展、营销、寻找供应商的过程，即中游阶段，最后展览会举办期间，组展商、供应商通力合作为参展商提供住宿、餐饮、交通、搭建、拆卸、现场管理、旅游、娱乐等全方位的服务，即下游阶段。从产业链构成来看，展览会产业链的上中下游的关系相对清晰，但下游阶段服务企业的横向协作关系相对复杂。与一般制造业产品不同的是，展览会是所有相关企业在同一时间（展览会举办期间）提供的，消费者的满意度与链条中的所有企业都相关，任一服务环节出现问题都会影响消费者满意度。这种横向协作链的特点使展览会质量很难控制，因此，组展商应该特别重视对供应商的管理。所以，如果从产业链的角度来研究展览产业，应把重点放在下游环节不同类型企业之间的横向协作关系的研究。

3. 集群模式

产业集群是指在特定区域中，具有竞争与合作关系，且在地理上集中，有交互关联性的企业、专业化供应商、服务供应商、金融机构、相关产业的厂商及其他相关机构等组成的群体。不同产业集群的纵深程度和复杂性相异，代表着介于市场和等级制之间的一种新的空间经济组织形式。展览产业在空间布局上呈集群化，这是展览产业在空间上的集聚形态和组织形式。展览产业集群通常跨越行政界限，与交通基础设施布局、经济活动的集聚区和自然旅游资源相匹配。展览产业集群模式可以包含城市内展览产业集群区和展览城市集群带两个层次。

4. 融合模式

展览产业与所有产业都有融合现象，需要从更广的层面来认识展览产业融合问题。首先，展览会本身通常是展览会这种产品形式与不同产业融合形成的不同行业的展览会，如农业类展览会、工业类展览会、服务业类展览会，可以说有什么产业，就会有什么类型的展览会。其次，展览会生产过程是展览产业和多种产业融合的过程。展览会策划过程是展览产业和创意产业的融合，产生了很多专业的会展策划、会展创意公司；展览会组织运营过程是展览产业和旅游业、交通运输业、设计、礼仪等众多产业融合的过程，其中以展览业与旅游业的融合最为显著。

5. 共生模式

产业共生是以独立产业或其业务模块为共生单元的经济现象。企业边界模糊化和产业间的交互融合使经济主体之间原本有着区分的界限正在被密切的依存性质所打破，出现"你中有我，我中有你"的共生形态。共生环境也是影响产业共生组织和产业共生结构的重要因素，产业的共生环境中主要包括基础设施建设、中介机构、政府等因素，但整个环境对共生体发生作用是需要一定共生界面的，其中主要是市场体系、政府支持体系和社会服务体系等。产业共生的理想环境是正向环境，对共生体发生正向积极作用，即提供优越的地理位置和自然条件，有开明的政府政策支持，有完善的社会保障体系和金融体系等。应该指出，产业共生体与环境的组合关系不是一成不变的。初始环境与初始产业共生关系一旦确定，随着时空条件的变化，不仅环境会发生变化，产业共生体也会发生变化，这种变化促使二者之间形成新的组合关系，直到正向共生体与正向环境组合的双向激励，实现共生能量函数的最大化。如何为展览产业发展提供正向共生环境是展览产业发展模式的重要课题。

第四节 展览会运作流程

对于展览会一次性运作，完整的流程主要包括两个部分：一是展览会策划。展览会立项要经过信息收集、展览会策划、可行性分析、展览会审批四个程序；二是展览会管理。主要包括：营销管理、客户关系管理、供应商管理、现场管理、评估与总结。展览会的运作流程和本书的内容框架见图1-4。

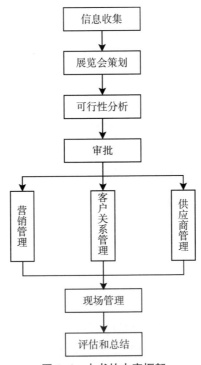

图1-4　本书的内容框架

一、展览会策划

1. 信息收集

信息收集是展览会策划的基础，同时也是可行性分析的需要。所收集的信息主要包括以下内容：与行业相关的全国性或地区性宏观经济资料；产业内部的供给和需求情况，即从参展商和观众两个角度分析；竞争对手的分析；项目管理小组内部资源。信息收集一方面要了解所收集信息的内容，还要了解信息收集和处理的方法，需要通过专门的课程（如统计学、市场调查、计量经济学等），在本书中对本部分内容不做专门讲解，但关于信息收集的内容会在展览主题选择和可行性分析中做简要讲述。

2. 展览会策划

展览会策划是确定展览会的主题、目标、内容，体现一定的利益性、可行性、创造性、时效性和灵活性的策划活动。展览会策划是项目启动的前提和必经程序，并需要经过可行性分析。展览会策划主要包括展览主题策划、地点策划、展览会产品策划。

3. 可行性分析和审批

可行性分析的主要任务是通过对项目进行投资方案规划、技术论证、经济效益的预测和分析，经过多个方案的比较和评价，为项目决策提供可靠的依据和可行的建议，并应该明确回答项目是否应该投资和怎样投资。因此，项目可行性研究是保证项目一定的投资耗费取得最佳经济效果的科学手段。通过可行性分析的展览会项目，需要报批相关部门审批。审批通过之后，展览会就可以立项，正式启动。展览会可行性分析和审批将在本书第五章介绍。

二、展览会管理

1. 营销管理

营销管理在展览会管理中具有举足轻重的地位，它决定了参展商和观众的数量和质量，进而决定展览会的展出效果。展览会的宣传应该选择有效的、适合的宣传方式，做到有针对性、有内容。营销管理主要分为以下几个部分：一是确定营销对象。组展者应该根据展出目标和任务、展览会的性质确定参展商和观众的范围；二是准备营销的内容；三是选择合适的营销方式。营销管理应针对不同的客户分别管理，如参展商营销、观众营销、赞助商营销、广告商营销等。由于参展商和观众是展览会最主要的需求者，也是展览会利润的主要来源，营销管理也多侧重于面向参展商和专业观众的营销活动。

2. 客户关系管理

展览会客户关系管理是组织者利用计算机等现代信息技术搜集和整理客户资

料，并根据客户数据分析客户的行为偏好和购买模式，有针对性地为客户提供个性化的产品或服务，最终达到提高客户满意度和培养客户忠诚感的目的，以此实现客户价值最大化和企业收益最大化的一种管理策略和运作模式。展览会组织者应清楚展览会客户关系管理的内涵及意义，了解展览会客户的构成体系、展览会客户关系的分类以及展览会客户关系管理的流程，掌握展览会客户关系的管理策略。

3. 供应商管理

展览会管理是一项复杂的系统工程，会涉及很多专业化极强的工作，如会展场馆、展品运输、展台搭建、酒店、旅行社以及其他各种服务。完全靠组展企业自身资源是无法完成展览会全部工作的。供应商是组展商的重要战略资源，是决定展览会管理水平和效果的重要因素。要保证展览会成功举办，就必须选择合适的供应商，提高供应商管理水平，获得优质的服务。

4. 现场管理

所有前期准备工作都要通过现场管理的形式表现出来，现场管理工作是展览会成功的重要保证。现场管理的内容主要有展台搭建和拆卸、展品运输、观众的入场管理、举行开幕式、现场设备和技术的管理、证件管理、突发事件的处理等。

5. 评估与总结

评估是对展览环境、展览工作及展览效果进行系统、深入的评价。展览评估是会展整体运作管理中一个重要的环节，通过评估，可以判断该展览会的效益如何，存在哪些问题需要改进，这对展览会的主办者、参展商及观众都有重要的意义。展览会评估工作的实际执行是整个展览会管理的最后一个环节，但这一工作却贯穿整个展览会的始终。由于展览会评估需要收集大量相关数据，从展览会启动阶段就应该策划展览会评估工作，为展览会评估做好充分准备。展后总结的功能和作用是统计整理资料，研究分析已做过的工作，为未来展览推广工作提供数据资料、经验和建议。因此，一份客观公正的展后总结对办好下届展览会有着重要的意义。

思考题：

1. 什么是展览会？展览会的基本分类有哪些？

2. 展览产品的三个层次分别指的是什么？每个层次分别包括哪些内容？

3. 展览市场的供给方和需求方分别是什么?

4. 展览产业运作模式有哪些?

5. 展览会运作流程主要包括哪些程序和内容?

□ 拓 展 阅 读

资料1

会展产品的概念和本质

会展产业是不是一个产业,是一个什么性质的产业,在理论上一直存在不断的争论。经典产业组织理论认为,产业是生产同类产品的企业的集合。理解会展产业本质关键要解决两个问题:第一,会展产品(服务)包括哪些类型?第二,生产或提供会展产品和服务的企业有哪些?

已有文献对会展产品的认识主要有两类观点:

第一类观点是把会展作为人造事件来看,包括多种事件类型,但不同研究认为会展(事件)所包括的事件类型的范围宽窄有所不同。国外关于会展产品研究范围的界定有三种典型观点:第一,会展包括会议(大会)和展览(Convention and Exhibition, CE 或 Meeting and Exhibition, ME);第二,会展包括会议、奖励旅游、大会、展览和事件(Meeting, Incentive travel, Convention, Exhibition and Event, MICE);第三,把会展界定为事件(Event)。Getz(1997)认为,事件是短时发生的、一系列活动项目的总和,同时事件也是其发生时间内环境/设施、管理和人员的独特组合。事件不仅包括会议和展览等商务事件,也包括文化庆祝、艺术娱乐、教育科技、体育竞技等事件,还包括政治和国家事件以及私人活动(Getz, 2005)。国内学者对会展产品的认识也存在着范围宽窄的区分:有的学者认为会展主要包括会议和展览(吴开军,2011),有的学者认为会展是会议、展览、展销、体育等集体性活动的简称(刘松萍、马洁,2005),马勇等(2004)把会展分为狭义和广义两种。

第二类观点认为会展就是旅游,把会展业看作旅游业的一部分,甚至把会展业等同于会展旅游业，如李旭和马耀峰（2008）在对国外的会展业研究进行综述时，则直接将其称为会展旅游业研究综述。Getz（2008）关于事件研究的综述也是直接以事件旅游为题。持此观点的学者认为，会展产品只不过是以会展活动为旅游吸引物的一种旅游产品。随着会展研究的深入，学者们已逐渐清楚地认识到会展产品的提供要比旅游产品复杂得多，简单地把会展作为会展旅游来看待不利于会展产业本质的认识，也不利于会展产业的发展。许峰（2002）认为，直接从旅游细分的角度去研究会展是难以把握会展业的基本内涵和客观规律的。王敬武（2008）深入研究了会展旅游的本质，并明确提出旅游是旅游，会展是会展，两者原本之间没有必然的联系，若把旅游与会展结合起来成为会展旅游并在旅游的范围内进行研究，研究的主旋律就是旅游。

　　本书认为，会展就是人造事件，研究会展问题应该采用广义的概念，即会展包括各种会议、展览、节庆、赛事、演出及其他多种形式的活动。由此可见，会展产品是不同类型产品的集合，每类产品都有各自不同的功能和属性。而会展之所以被称作一个产业，则是因为不同类型的会展产品都有共同的本质，即都是为参与主体提供交流、交易的平台。

资料来源：王起静.会展产业的本质及发展模式研究［J］.北京第二外国语学院学报，2013（9）.

思考题：

1. 如何看待会展产品的范围？

2. 会展和会展旅游有什么联系和区别？

3. 会展产业包括哪些类型的企业？

资料2

展览和双边市场

一、展览市场是典型的双边市场

　　双边市场是一种现实或虚拟空间，该空间可以导致或促成双方或多方客户之间的交易。现实中有很多双边市场的例子，如银行卡，它为商家和消费者提供了交易的平台。除此之外，双边市场还包括许多其他产业，如电信业、互联网站、购物中心、媒体广告等，它们涵盖了经济中最重要的产业。展览市场也是一种非常重要的双边市场，具备双边市场的一般性质和运作规律，它为参展商和观众提供了交易和交流的平台。

要创建一个双边市场，必须解决"鸡与蛋"的动态博弈问题：要说服买家采用某个平台，就必须说服一部分卖家，而且使他们相信一定会有买家参与市场；反之亦然。大多数双边市场的理论研究都假定市场处于一种理性的预期均衡，双边用户同时进入，从而回避了"鸡与蛋"谁先谁后的问题。但事实上，大多数双边市场中一方比另一方更早介入市场，如在展览市场上，有时参展商比观众更早进入，因此，展览运营的一个根本性问题是能否有能力影响参展商对于未来交易量和外部性的预期；但有时观众尤其是专业观众会更早进入，专业观众的进入会直接影响到参展商进入的数量和质量。

二、展览市场的网络外部性

双边市场是具有某种网络外部性的市场，当在某一特定市场上一个消费者的效用（通常是正向的）依赖于相同产品或服务的消费者总量时，就存在网络外部性。从某种意义上来说，一般的双边市场的网络外部性并不取决于相同客户群体的消费状况，而是取决于相异但又相容、处于市场另一方客户群体的消费状况。双方（或多方）在一个平台上互动，这种互动受到特定的网络外部性的影响，其突出表现在：平台上卖方越多，对买方的吸引力越大；同样，卖方在考虑是否使用这个平台的时候，平台上的买方越多，对卖方的吸引力也越大。

展览平台作为典型的双边市场也具有显著的外部性，但与一般的双边市场所不同的是，这种外部性表现在：展览平台上的一方的效用不仅取决于相同客户群体的消费状况，而且取决于相异但又相容、处于市场另一方客户群体的消费状况；同时展览平台上的一方的效用不仅取决于双边消费者的数量，还取决于双边消费者的质量。也就是说，在展览这个特殊的双边市场中，消费者在做是否参加展览的决策时，同边消费者和另一边消费者的数量和质量都将成为参展决策的影响参数。正是因为展览具有这样的网络外部性，参展商在做参展决策时一般要考虑几个非常重要的因素：一是参展商的数量，二是参展商的质量，衡量参展商质量的指标主要有国外参展商比例，国内其他地区参展商比例，行业内知名企业的比例；三是观众的数量，即展览平台对参展商的承诺，可以吸引到多少观众。四是观众的质量，衡量观众质量的指标主要有专业观众的比例、采购商的购买能力、作为采购商代表的专业观众在所在企业中的职位和影响力、普通观众的收入水平等。

资料来源：王起静. 展览产品定价模型及价格影响因素研究——基于双边市场理论视角［J］. 经济管理·新管理，2007（16）.

思考题：

1. 用双边市场理论解释展览组织者针对参展商和观众不同的定价策略。

2. 如果考虑到赞助商和广告商也是展览的需求者，可以用多边市场来更深入地解释展览产品。如何来理解这个问题？

3. 双边市场或多边市场都可以用平台经济学来解释，双边市场或多边市场与单边市场有什么本质区别？如何理解展览的平台性质？

资料3

会展研究和会展管理的知识体系

Getz（2008）对会展旅游研究做了详细的综述，并指出事件的主要研究内容包括五个方面：体验和意义、事前行为和决策、事件策划和管理、模式和过程、影响研究（见图1–5）。Getz（2010）对节庆研究做综述时也采用了同样的知识框架。

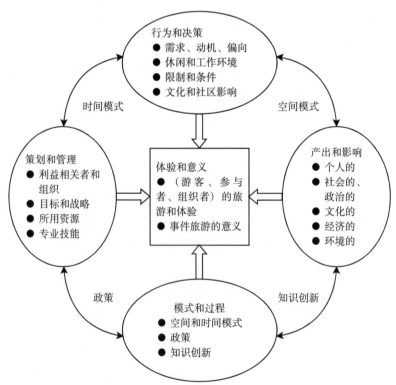

图1–5　事件旅游的知识体系和框架（Getz，2008）

Robson（2008）研究了事件管理知识体系（EMBOK）对未来会展产业研究的启示，详细论述了事件策划和管理方面应该做的研究内容和方向，事件知识体系框架见图1-6。EMBOK模型的目的是"创造一个在会展管理中所使用的知识和过程的框架以满足不同文化、政府、教育项目和组织的需要"。

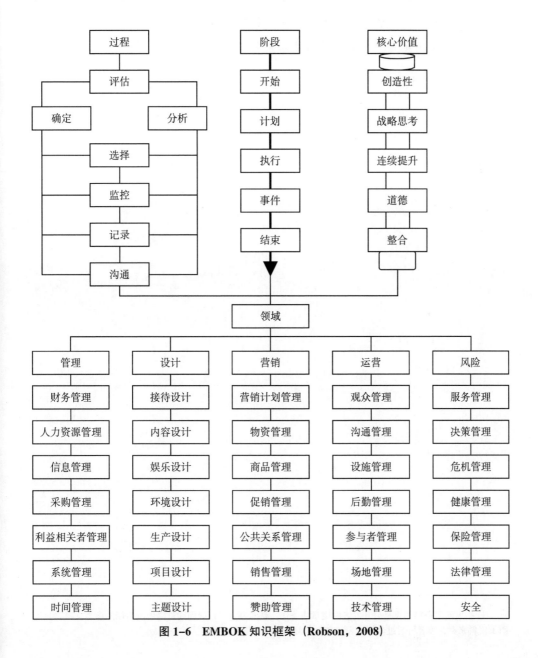

图 1-6　EMBOK 知识框架（Robson，2008）

资料来源：笔者根据以下文献整理：参考文献①：①Getz D.Event Tourism：Definition，Evolution，and Research［J］. Tourism Management，2008（29）：403–428. ②Getz D.The Nature and Scope of Festival［J］. International Journal of Event Management Research，2010，5（1）：1–47. ③Robson L.M. Event Management Body of Knowledge（EMBOK）：the Future of Event Industry Research［J］. Event management，2008（12）：19–25.

思考题：

1. 会展研究的现状如何？主要的热点和难点问题是什么？

2. 如何利用项目管理的思维和技术来管理展览项目？

---

① 拓展阅读资料如果是公开发表的文章或著作，就不再重复拓展阅读资料中所引用的参考文献，只说明了资料来源，读者可通过公开发表的文章获得参考文献信息。下同。

┃第二章┃
展览会主题选择

[**主要内容**] 本章主要介绍如何选择展览会主题，展览会主题选择包括四层含义：全新主题、分离主题、合并主题、复制主题，并重点介绍了每一层主题选择的概念、背景、如何选择及选择的条件、存在的问题。另外，本章还介绍了影响主题选择的因素，以及这些因素是如何影响展览会主题选择的。拓展阅读资料分享了"展览会主题定位与终端客户效益感知"、"国外品牌展览会的移植"和"活动捆绑：一种活动主题选择的方式"三个主题。

第一节　展览会主题选择的含义

展览会主题选择是一个展览成功的起点，这里的主题是指展览会所在的行业，如工业展或农业展，汽车展或机械展。主题选择包括以下四个层面：一是选择全新主题；二是分离展览会主题；三是合并展览会主题；四是复制已有展览会主题。

展览会主题选择要做到项目具有可行性，尊重客观事实，综合各方面的条件，考虑到各种影响因素，同时还要尽可能做到有创新性，即人无我有、人有我新。

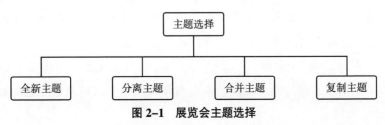

图 2-1　展览会主题选择

一、全新主题

1. 含义

在展览会产品日渐成熟，同时展览会所依托的产业又在不断成熟甚至衰退的过程中，由于展览所依托产业和市场的有限性，展览利润空间在不断缩小。同类展览会的市场界限已经非常清晰，展览企业击败竞争对手变得异常艰难。在这种情况下，与其在已有的展览会产品市场与竞争对手殊死搏斗，还不如开发新的市场空间，开发新的展览会产品，创造新的市场需求，获得高利润增长的机会。展览企业要想在竞争日趋激励的展览产业中立于不败之地，就必须要在保持现有展览会竞争地位的基础上，不断开发新的展览会产品。

全新主题展览会就是历史上在世界范围内或在某一个特定区域内从未有过的展览会，是一种完全意义上的全新展览会。这种全新主题的展览会一定是和新兴的产业联系在一起的。例如，在有机产品兴起和不断发展的情况下，德国纽伦堡展览公司预测到这个市场的发展前景，率先推出有机产品展这样一个办展创意，才诞生了 Bio Fach 这样一个成功的展览会（见资料 2-1）。

资料 2-1
国际有机产品贸易展览会（Bio Fach）——全新展览会的成功范例

Bio Fach（World Organic Trade Fair）是由德国纽伦堡展览公司举办的国际有机产品贸易展览会，2004 年第一次举办，并于每年 2 月举办一届。与在德国举办的其他一些国际知名展览会（如 CeBIT、ANUGA、Ambiente/Tendence）相比，2004 年 Bio Fach 有 1882 家参展公司，28624 平方米净展出面积以及 4 天展期内近 3 万名参观者，实在算不上引人注目。但是这个展览会在有机产品行业中居全球领先地位，成为纽伦堡展览公司的品牌项目。

办展创意的产生和确定是专业展览会成功的前提，好的展览创意往往是敢为天下先的全新选题。以 Bio Fach 为例，若干年前，有机产品这个概念是一个相对较新的概念，其市场、销售渠道和网络、消费量、消费者的认知程度等各方面都欠成熟，可以说完全是一个正在起步阶段的年轻产业。

经过多年的发展，在欧洲、北美、日本这些工业发达、经济实力较强的国家，人们意识到了工业污染、化肥、杀虫剂等对人体带来的危害。追求自然、无害成为一股潮流，尤其是世界反复遭受疯牛病、禽流感等袭击，更是推动了这一市场的发展。纽伦堡展览公司正是非常成功地预测到了这个市场的发展前景，率先推出有机产品展这样一个办展创意，才诞生了 Bio Fach 这样一个成功的展览会。"新"是一个相对的概念，很多新的展览创意都是随着产品新的潮流、新的功能不断增多而产生的。

2. 背景

展览会作为一种特殊的业态形式，既依托于产业的发展，又能促进产业的发展。因此，展览会主题的选择和创新将不可避免地与产业的发展及创新联系在一起。一个新产业的萌芽、发展、成熟和衰退的过程将会伴着新的展览会主题出现、发展、成熟和衰退。因此，选择全新主题必须要了解产业发展的历史以及产业演变的规律和趋势。

由美国统计局刊印、实行了半个世纪之久的"标准产业分类体系"（Standard Industrial Classification System，SIC System）已于 1997 年被"北美产业分类标准"（North America Industry Classification Standard，NAICS）所代替。新的体系把旧体系所规定的 10 个产业部门扩展到 20 个，以反映产业扩展的事实。比如，旧体系中的服务业这一产业部门，在新体系中已经被扩展成 7 个商业部门，包括信息、医药卫生、社会救助等。鉴于这些体系本来是为了标准化和延续性而设计的，内容出现这样的变化足以显示世界范围内的产业在过去的 50 多年发生了深刻的变化。

产业从来就不是静止不动的，它们在不断演化。运营在改善、市场在扩大、企业在变动。历史表明，人们低估了创建新产业及再创已有产业的可行空间。100 多年前，很多今天的基础产业，如汽车、音乐录制、航空、石油化工、医药卫生、管理咨询等产业，那时都还是闻所未闻或刚刚兴起的事物。即使在几十年前，很多现在人们耳熟能详的产业，如共同基金、移动电话、生物技术、包裹速递、迷你厢车、滑雪板、咖啡吧、家庭影院等，还无一存在。可以肯定的是，再过 20 年或是 50 年，那时又会出现很多今天还是未知的行业，在技术创新不断加快的今天和明天，出现新兴产业的速度要远比过去快得多。这样的产业更新速度为选择和开发全新的展览会主题提供了深厚的基础及广阔的空间。

3. 选择方式

判断产业发展趋势是非常困难的事情，那么又该如何开发全新的展览会主题呢？作为专业的策展人或展览企业的领导者，关注更多的应该是展览产业以外的宏观经济和产业发展。应该研究产业发展规律，判断产业发展趋势。

（1）研究产业发展规律。产业发展规律包括两个基本方面：第一，同自然科学规律一样，产业发展有其内在客观规律性，不以人的主观意志为转移，这集中体现为产业发展的成长规律和价值规律，对这两大规律的理解，有助于我们建立观察产业发展的多方位视角，帮助我们系统化理解产业发展中众多表层特征，把握产业发展的内在机理；第二，产业发展中存在稳定的可控机理，这集中体现为产业发展的组织规律，对于产业组织规律的理解，有助于我们找到促进产业发展的途径、手段，优化稀缺要素的配置，以产业组织创新为核心来促进产业发展（见图 2-2）。

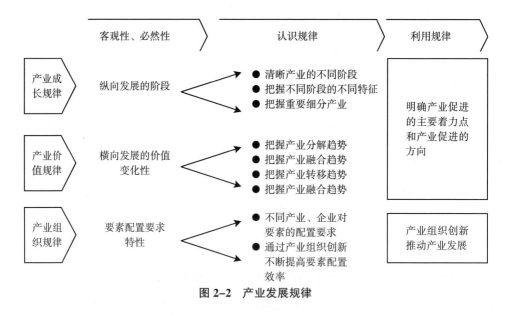

图 2-2　产业发展规律

产业成长规律集中反映了产业的纵向发展趋势，即一个产业从萌芽、成长到发展壮大的整个过程，以及在此过程中体现出的特征，尤其是新时期产业成长突出表现为细分产业不断涌现、产业生命周期具有连续性两方面显著特征。充分认识产业成长基本规律，是策展人把握新兴产业和细分产业发展机遇、明确发展什么、决定投资取向和投资重点的关键。

产业价值规律集中反映了产业的横向发展趋势，即产业发展中的分解、融合、转移和集聚特点。充分认识产业价值规律，是策展人把握发展机遇，促进产业高端发展、推动业态创新、做好产业空间布局的关键。

产业组织规律集中反映了产业运行的可控机理，即不同产业、不同企业在不同的发展阶段以及在不同的价值链位置上，对于资金、技术、市场、人才、服务等产业要素配置的不同需求，以及为满足这些特定需求而出现的以企业为主体的包括政府、大学、科研院所、中介组织等共同推动的产业组织创新的过程。充分认识产业组织规律，是把握产业运行可控机理，进行积极的产业组织创新、提高要素配置效率、促进产业发展的关键。

（2）判断产业发展趋势。世界经济发展的两个最大背景就是经济全球化和新经济快速发展。首先，新经济的快速发展，不仅使知识成为产业发展的最稀缺要素，而且以网络和互联网技术为代表的高新技术的进步和应用正快速改变着人们的生活方式。也就是说，产业发展的模式和产业发展所依赖的市场都发生着快速变化；其次，经济全球化直接对全球产业发展发挥着深刻影响。产业发展的基本特征表现为技术、人才、资本、知识、市场等产业要素的全球配置，突出表现为生产和消费的全球化，即企业不只在本国而是在世界范围内寻找资源，消费者虽身居本国但消费的却是无国界的产品。

4. 潜在问题

当然，开发全新的展览会主题虽然非常有吸引力，但开发和创新的过程却是异常艰难的。在开发和创新过程中，可能会遇到以下问题：

（1）信息渠道不畅。研究产业发展历史，判断产业发展趋势，分析科技进步影响，关注生活方式转变对产业发展的影响，这些都是十分困难的工作。需要策展人通过各种渠道来获得各种资料，然而这种信息来源的渠道并不通畅。

（2）数据难以获得。由于是新兴产业，反映产业发展和市场需求的数据资料非常少，很难做到像已有展览会的可行性分析以大量的数据做论据。有时甚至仅靠策展人对新兴市场的观察，或者依靠定性分析来论证展览会的可行性。

（3）市场难以判断。即使企业有通畅的信息渠道，可以获得新兴产业的发展数据，或者判断产业的发展趋势，能够开发出全新的展览会主题，但全新展览会能否顺利进入市场，还取决于市场的认可程度，尤其是参展商和观众对这个全新展览会的需求程度。

（4）风险难以控制。开发一个全新展览会，其风险远比运作一个已经存在的展览会要大得多。第一，展览企业对于新兴产业不甚了解，不能对市场进行准确定位，很难把握行业发展重点和热点问题；第二，展览企业在办展初期很难准确了解参展商和观众的真正需求，影响展览企业的策划、管理和控制工作；第三，财务风险加大。全新展览会不仅要获得启动资金，而且还要在运营过程中不断获得收入现金流，这对于一个刚刚进入市场的全新展览会来说是非常困难的。更重要的是，全新展览会的营销、招展、招商的支出比一般展览会要多，会增加展览会的财务压力风险。

二、分离主题

1. 含义

分离主题是指展览会主办机构将已有的展览会主题做进一步细分，从原有的大题材中分离出更为专业的小题材，并将其举办成独立展览会的一种主题选择方法，如著名的 CeBIT 就是从汉诺威工业博览会中分离出来的展览会，详见资料2-2。

资料 2-2

CeBIT 的起源与发展

20世纪50年代末，当时被称为"办公设备"的产业在汉诺威工业展览会已发展为第三大展团，该展团的重要性在整个60年代持续增长。1970年，举办者德国汉诺威展览公司专门为这一展览类别创造了新的名称，CeBIT 由此产生，是"Centre for Offfice and Information Technology"的简称。20世纪70~80年代，CeBIT 这一展览类别占据了越来越多的展出面积，主导地位不断增强，但展位仍供不应求、候补展商名单变得越来越长。于是在1986年 CeBIT 脱离了汉诺威工业展览会，成为独立的展览会。

CeBIT 品牌与全球国际买家有着紧密联系，汉诺威遍布全球的68个代表处可以为参展商邀请到来自美洲、欧洲、大洋洲、中东、东南亚的国际买家群体。

2. 背景

在产业发展过程中，会出现不平衡发展的现象。产业不平衡发展是指以追求资源配置效率最大化为目标的产业间的非均衡增长，最直观的表现是在某些产业超高速增长，在某些产业减速增长，在某些产业负增长。产业平衡与不平衡发展只能在相同的产业分类内进行，比如可以分析第一、第二、第三产业之间的平衡与不平衡发展，也可以探讨劳动密集型产业、资本密集型产业以及技术密集型产业之间的平衡与不平衡关系，却无法判定第一产业与技术密集型产业之间是否平衡发展。

产业的不平衡发展能带来多种效应，有正面的也有负面的，这里不讨论产业不平衡发展的效应问题，而需要清楚的是产业不平衡发展是产业发展过程的客观事实，而这种事实势必会影响与产业发展密切相关的展览产业的发展。如果一个综合性展览中所包括的不同产业出现了不平衡发展，而且这种不平衡性比较显著，就会使与发展速度较快的产业相关的展览部分具备更广阔的发展空间，也为该展览部分从原来展览中分离出来并成为独立的展览提供了产业基础和市场基础。

3. 母体和子体

在此，把已有的展览会称作"母体"，把分离出来的展览会称作"子体"。"母体"和"子体"应该分别具有一定的特点。

（1）母体特点。母体应该具备以下特点：

● 母体应该是一个综合性展览会，或者说是相对综合的展览会，这是分离展览会的基础。如 CeBIT 展览会就是从汉诺威工业博览会中分离出来的，而汉诺威工业博览会则是典型的综合性展览会。

● 母体应该具备一定的发展规模，不至于因为展览会分离而导致自身规模大幅度缩水。

● 在子体分离之后，母体不应该受到影响，而应该在原有的基础上更好地发展。

● 母体的主办机构应该具备相当的实力，可以有能力给分离出来的展览会拨付相当的人员、资金、物质等资源。

● 母体应该具备较好的品牌，能够为子体共享。

● 母体应该有熟悉子体所依托产业发展状况以及子体运作规律的专业人才。

（2）子体特点。子体则应具备以下特点：

● 子体所依托的产业一定是在产业不平衡发展过程中发展速度较快的产业。

● 子体在母体中已经具备一定的发展规模，具备分离的基础。

● 子体分离之后，能够利用母体的品牌优势，在短期内迅速发展，成为在同类专业展中具有竞争力的展览会。

● 子体与母体其他展览部分应该具备相对独立性，不至于因为子体的分离而影响母体其他展览部分的正常发展。

● 子体在从母体分离的初期，应尽可能与母体在同期同地举办。如果原有展馆不能同时满足母体和子体的需要，至少也应该在同一个城市举办。同期同地举办不至于因为子体的分离而影响参展商和观众的参展计划。当子体发展到一定阶段后，举办时间和地点可以根据具体情况来确定。

4. 存在的问题

虽然分离展览会可以使主办单位拥有两个产品，但在分离过程中会遇到一些问题：第一，如何掌握分离的时间。产业不平衡发展是一个渐进过程，展览会分离得过早，分离展览会没有产业依托。分离得过晚，则会错失分离展览会发展的机遇；第二，如何界定分离的产业边界。产业不平衡发展中的快速发展产业与母体中的展览部分划分很难——对应。如果分离出去的展览部分过窄，会失去产业基础；如果过宽，又可能会影响母体的发展；第三，如何确保参展商和观众的参展效果不受影响。由于子体和母体的分离，可能会导致一个参展商同时参加母体和子体两个展览会，这势必会增加参展成本，同时观众（尤其是专业观众）的观展效果也可能会受到影响。

三、合并主题

1. 含义

合并主题就是将两个或多个主题相同或有一定联系的展览会合并为一个更大的展览会，或者将两个或多个展览会中彼此相同或有一定联系的主题提炼出来，放到另一个展览会里集中展出，如 2007 年在中国出口商品交易会馆举行的汽车配件用品联合主题展就是由五大专题展组成的，2015 年在上海国家会展中心举办的全球规模最大的健康产业展览会（tHIS）由三大展览会——CMEF（医博会）、PharmChina（药交会）、APIChina（原料会）融合而成（详见资料 2-3）。其实将主题相关联的展览会项目同期、同地举行，这在国外早有先例。比如，德国汉诺威公司就将其参与主办的"亚洲国际动力传动与控制技术展"、"亚洲国际物流技术与运输系统展"、"亚洲国际能源技术与设备展"、"亚洲国际自动化技术与设备展"四个主题相关联的展览会同期、同地举办。

资料 2-3
展览会合并主题

中国出口商品交易会馆 2007 年新春迎来年度最盛大的汽车配件用品联合主题展，本展览会由五大专题展组成：第四届广州车用空调及冷藏链技术展览会，第二届广州国际汽车电子及影音改装展览会，第二届广州国际汽车安全技术及装备展览会，第二届广州国际汽车美容展览会和广州国际汽车维修技术、设备展览会。五大展览会几乎覆盖了汽车配件、用品相关的所有领域。作为展示当今中国汽车市场发展现状的重要平台，五大展览会的同时召开，为汽车配件、用品产业发展提供最佳解决方案，创造开展国际贸易的最佳交流平台。放在同期同地举办的各个展览会的观众都可交叉，各专业展览会的参展商之间也可能会互为观众，这样的几个展览会在一起举办，展览会观众的数量会大大增加。

2015 年 5 月 15~18 日，由国药励展主办的全球规模最大的健康产业展览会——首届健康产业领袖峰会（tHIS）在上海国家会展中心举行。首届健康产业领袖峰会（tHIS）是由三大展览会——CMEF（医博会）、PharmChina（药交会）、APIChina（原料会）融合而成，tHIS 峰会整合了 107 场主题品牌会议，29 万平方米的国际展览，将集中展示来自全球 6800 个展商的数万种高质量和高性价比的医疗设备、医药及营养健康产品、原料药及其他健康产业相关产品和服务，是中国健康产业首次在一次展览会上实现全产业链展示的一站式平台。经过多年发展，CMEF（医博会）、PharmChina（药交会）、APIChina（原料会）已成为中国医药医疗健康产业的风向标。健康产业领袖峰会（tHIS）不是简单的三展合一，而是顺应中国经济发展的新形势和新变化，在互联网思维的基础上，盘活存量，提高效益，整合健康产业领域资源，推出一个更大、更便捷的平台。

2. 背景

世界展览业的发展趋势是综合性展览会向专业性展览会发展。综合性展览就是包含多个产业的展览，所覆盖的产业广泛，展出产品丰富，如农博会、工博会、世博会等。专业化展览则是专注于一个或几个相关产业的展览，所覆盖的产业狭窄，展出产品种类较少，如机械展、化工展等行业展览会。展览的综合性与专业性是相对而言的，也就是说，产业的宽窄是相对而言的。相比来看，专业性展览由于参展商和展出产品的专注性，更受观众尤其是专业观众的欢迎。然而展览会越专业化，相应的参展商和观众数量就越少。倘若能在强化展览会专业化的同时，注意研究各专业展览间的内在联系，将相关主题的展览会进行整合，则能更大限度地促进参展商和观众的相互补充。

合并主题展览会是一个可以使多方受益的举措：首先，同期同地举办同类展览会的观众都可交叉，各专业展览会的参展商之间也可能会互为观众，若干同类展览会在一起举办，展览会观众的数量会大大增加。参展商因增加观众而增强展出效果，就会增加其继续参展积极性；其次，对于观众来说，可以同期、同地观看更多相关展品，了解更多产品信息并提高观展的质量；再次，如果展览会能连续举办，并能实现逐渐扩张，展览馆就会更加受益；最后，对于组展商来说，也可以增加其收益和所举办展览会的可持续性。

目前，我国还存在同类题材展览会的恶性竞争，大量同期、同地举办的众多相同或相关的展览会往往使参展商和观众无法选择，而同类主题的展览会合并不仅通过资源整合产生了最大的经济效益，对防止恶性竞争、促进会展产业健康发展也具有积极作用。

3. 合并展览会的特点

然而，合并主题对于单个展览会是有一定要求的，并不是所有同期、同地举办的展览会都适合主题合并。选择合并展览会主题时应该遵循一定的原则：

● 展览会主题应该具有相同或者相似的特征，具备很强的相关性。

● 展览会的参展商和观众具有很强的交叉性，可以通过整合资源达到最大化效用。

● 展览会的举办日期相近，便于组织和协调。

● 展览会举办地点相近，最好在同一个展览场馆，至少也要在同一个城市。

● 观众（尤其是专业观众）可以通过参加合并主题后的展览实现一站式采购，提高观众的参展效益。

● 展览会应该大体在同一个发展水平上，而且应该处于发展初期或上升阶段。一般来说，具有品牌效应的展览会，销售网络畅通、顾客群体稳定，是不需要通过合并其他展览会来扩大自己的影响的。更重要的是，如果展览会不在同一个发展水平上，合并发展水平比自己低的展览会可能会破坏或降低自己展览会的信誉和质量，对品牌培育不利。

● 展览会的主办方具有发展市场、拓宽销售渠道、提高展览效果的主动性。

4. 合并展览会存在的问题

合并主题是不同展览会之间的战略合作，是有利于多方的多赢战略，但在主题合并过程中会遇到以下问题：

（1）多方受益的事应该由谁来做。在中国香港地区和国外许多地方，这项工作大多数是由展览公司或展览场馆完成的，也有由会展行业协会或行业服务组织完成的。目前，我国的会展行业组织及相关机构的服务能力尚弱，而且服务动力也不足，展览会的主办、承办单位之间主动协调也有一定困难。如果合并的各个展览会是由同一家展览公司所有，那么展览会的合并就相对比较简单，是一个展览企业内部发展战略的问题。如果合并的各个展览会属于不同主体所有，展馆所掌握的信息可能比主办方和承办方要多，而且展馆更有开展这项服务的动力。展馆可对在自己场馆举办的各类展览会按照主题或其他逻辑分类，然后将分析研究结果提供给主办方，由其自由组合，促进类似主题的展览会合并。合并主题会提高展览会效果，展馆也能最终受益。

（2）权责和收益的分配。如果是几家办展单位合并主题，则必须在联合办展之前确定各自的权责和利益分配方案。而如何确定各自的职责和利益分配方案，有什么样的依据；招展工作是分别进行，还是统筹规划；如何避免合作各方在管理过程中的"搭便车"行为或不作为行为；如何制定奖惩机制，依据是什么；等等。这些问题都可能成为合并展览会主题的最大障碍。

（3）合并展览会主题的风险。合并展览会主题对参与合并的各方都会存在很大风险。首先，单个展览会对展览会的运作难以有效控制，很难预测合并主题后对各自展览会的影响；其次，合并主题后每个展览会的参展商和观众信息需要共享，而这些单个展览会在合并之前往往具有竞争关系。参展商和观众信息往往是展览会最重要的资源，一旦公开对展览会的影响是难以估量的；再次，合并展览会主题往往会形成一个规模巨大的展览，对展览场馆的容量和管理水平提出了新的要求及挑战，很可能会因为各方面准备不足而出现各种问题，如 2015 年全球规模最大的健康产业展览会（tHIS）就对上海国家会展中心的交通形成了极大的挑战；最后，合并的展览没有成立独立的机构来统一运作，战略合作关系是相对松散的。一旦合作关系破裂，对每个展览会的影响是巨大的。

四、复制主题

1. 复制主题概念

复制主题就是把已具有品牌价值和广阔客户基础的展览会完全移植或者复制到其他国家或地区举办。严格地说，复制展览会主题并不算是选择或策划新的展览会。但对于所移植的国家和地区来说，却是全新的展览会。而且移植的展览会面对的是全新市场，即使对于原展览会也有新的成分。

2. 复制主题背景

展览会是促进产业发展、开拓消费市场的重要手段。很多发达国家在开拓其他国家市场的过程中发现，展览会是非常有力的市场开拓手段。目前，很多展览业发达国家纷纷将发展成熟的展览会移植到中国举办，很重要的目的就是开拓中国的展览市场和产业市场。

3. 复制展览会的条件

● 被移植展览会应该具有品牌价值，并有广阔的客户基础，不会因为复制或移植展览会而影响其运营和发展。

● 被移植展览会应该是国际性展览会，有众多的国际客源。复制或移植展览会后可以使部分国际参展商和观众更便于参展。

● 被移植展览会的主办者应该有充足的资源移植展览会，尤其是充足的人力资源，负责研究、选择移植国家和地区的条件。

● 所移植的国家和地区应该是相关产业中心，或者是相关消费中心，或者是集聚中心。

● 所移植的国家和地区，尤其是具体的城市应具备其他支持展览会发展的条件，如基础设施、场馆设施、住宿接待设施、餐饮设施等。

● 移植国家和地区可以找到战略合作伙伴，合作伙伴应该具备相当的能力，尤其是有能力开拓市场，有广泛的参展商和观众的资源。

4. 复制潜在问题

复制展览会过程中会发生很多问题：首先，复制展览会对原展览会的影响很难评估；其次，寻找复制国家或地区的战略合作活动需要长时间的接触、洽谈，时间成本和资金成本大；最后，主办方与战略合作伙伴之间的责任和权利的确认及如何确认双方的利润分成方式。

第二节 展览会主题选择的影响因素

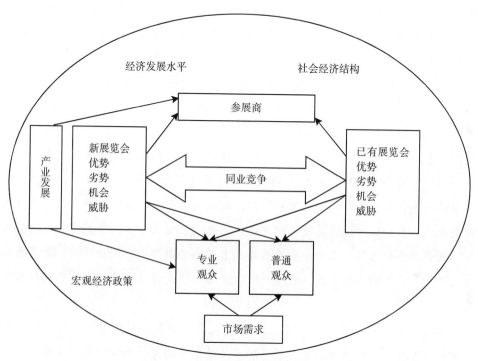

图 2-3 影响展览会主题选择的因素

一、宏观经济环境

　　宏观经济环境是指展览会外部环境，主要包括社会经济结构、经济发展水平和宏观经济政策，是所有展览会生存与发展所依托的基本相同的宏观条件和影响因素。展览业是一个涉及面广、综合性强的行业，它对于社会稳定性、经济繁荣程度、目标市场的消费能力和消费欲望，以及其他如酒店、交通、环境、商品零售业等行业都有较强的依赖性。任何展览会在做可行性研究时，都应该根据展览会的特点以及主办单位和承办单位自身的特点，深入研究并分析判断宏观经济环境变化对展览会的影响。我国很多知名的展览会都是顺应历史潮流和时代需要，是整个宏观经济发展的必然结果，如北京国际科技产业博览会，详见资料 2-4。

资料 2-4

北京国际科技产业博览会的策划

北京国际科技产业博览会（以下称"国际周"）的策划顺应历史潮流和时代发展需要，是整个宏观经济发展的必然结果，是贯彻国家经济发展战略的产物。

一是贯彻"科教兴国"战略。教育是立国之本，科技是强国之路，科技日益成为决定各国综合国力的关键因素。然而科技成果必须经过转化和应用。科技成果的转化要求市场更加开放，信息渠道更为通畅，国际周就是推动高新技术的产业化、商品化、国际化的大型国际交流与合作活动。

二是贯彻"科技兴贸"战略。这一战略包括促进我国高新技术产品出口和用高新技术改造传统出口产品两方面内容。当前，我国已是一个世界贸易大国，并初步实现了以出口初级产品为主到出口工业制成品为主的出口商品结构的转变。但要从一个贸易大国变成一个贸易强国，就必须培育一批国际竞争力强、出口规模大、有自主知识产权的高技术出口企业，大力开发高附加值、高质量的大型设备、成套设备和信息、生物等领域的高技术产品。国际周的主题活动，就是展示当代科技成果和产业成就，对外全方位介绍中国高新技术产业发展成就和市场潜力。

三是贯彻首都经济发展战略。1997 年，北京市委、市政府提出了积极推动首都经济发展的战略目标。首都经济的本质是知识经济，核心是发展高新技术产业，主要特征是对外开放。国际周重点突出北京特别是中关村科技园区高新技术产业发展的整体形象，吸引国内外宾客，促进科技成果的交易，努力为高新技术企业、高等院校、科研院所和相关单位寻找商机制造条件。

总之，国际周既是实施"科教兴国"、"科技兴贸"战略的具体举措，又体现了以高新技术为核心，大力发展首都经济的战略要求。从策划伊始，国际周就以高新技术为主题，以全面贯彻国家和首都经济发展战略的大型国际活动为根本立意，赋予了其代表中国高科技领域最高水平、最具影响力的重大标志性国际交流活动的时代特征。

1. 社会经济结构

社会经济结构包括产业结构、分配结构、交换结构、消费结构和技术结构，其中最重要的是产业结构。产业结构是指资源在各个产业之间的分配，目前，我国正在积极调整产业结构，大力发展第三产业，这为展览业的发展提供了良好的契机。

2. 经济发展水平

经济发展水平是指一个国家经济发展的规模、速度和已经达到的水平，主要表现为国民生产总值和国民收入及人均水平、经济增长速度等。一般来说，经济发展水平越高，物质产品越丰富，企业越愿意通过参加会展活动的方式树立企业品牌形象、建立客户关系、达到销售产品的目的；客户商也愿意通过展览会实现大规模的采购；而人均收入水平的提高则提高了普通观众对消费品的需求，也提高了对展览会的需求。我国连续多年保持经济快速增长，是目前世界上最富经济活力的国家，快速的经济增长是我国展览业迅速发展的关键因素。

3. 宏观经济政策

宏观经济政策是指国家或政府为了增进整个社会经济福利、改进国民经济的运行状况、达到一定的政策目标而有意识和有计划地运用一定的政策工具制定的解决经济问题的指导原则与措施。宏观经济政策应该同时达到四个目标：充分就业、物价稳定、经济增长、国际收支平衡。宏观经济政策就是短期的调控宏观经济运行的政策，需根据形势的变化而作调整，不宜长期化，因为经济形势是不断变化的。在经济全球化趋势不断发展的今天，一国的经济形势，不仅取决于国内的经济走势，还在相当程度上取决于全球经济的走势。宏观经济政策工具是用来达到政策目标的手段。在宏观经济政策工具中，常用的有需求管理、供给管理、国际经济政策。需求管理是要通过对总需求的调节，实现总需求等于总供给，达到既无失业又无通货膨胀的目标。供给管理是通过对总供给的调节，来达到一定的政策目标。国际经济政策就是对国际经济关系的调节。

这些宏观经济政策都可能会影响展览会的选题。比如进入 21 世纪以来，我国外贸政策从重视出口逐渐转变为进口和出口并重，这直接影响了广交会的选题，即从第 101 届广交会开始，"中国出口商品交易会"更名为"中国进出口商品交易会"（见资料 2-5）。

资料 2-5

广交会更名，历史性的飞跃

中国出口商品交易会（也称"广交会"）素有"中国第一展"之称，从 1957 年开始每年举办两届。在第 100 届广交会开幕式上，组委会宣布从第 101 届起，广交会使用了 50 年的名字"中国出口商品交易会"将更名为"中国进出口商品交易会"。一字之差，却是一个历史性的飞跃。广交会一直是我国对外贸易的"晴雨表"，它的更名体现了互利共赢开放战略的精神，是我国外贸政策取向从重视出口创汇向追求进出口基本平衡转变的一种标志。

更名将会给广交会带来一系列的变化，其中最实质而又直接的变化就是增加进口功能。进口是广交会 50 年来几乎没有触及的领域。过去 50 年来，广交会一直是我国外贸出口的窗口，参会人员主要是国内的参展商和境外的采购商。更名之后，在广交会这个平台上，中外企业之间的竞争将在"家门口"面对面地展开，这种直面对手的竞争必然推动产品结构调整加速。

二、所依托的产业发展和市场需求

选择展览会主题不仅要考虑宏观经济环境，更要深入了解展览会所依托产业的发展和市场需求。

1. 产业发展

产业发展一方面要看产业规模。只有规模足够大，才能为展览会发展提供产业基础。另一方面要看产业的发展前景。决定展览会生命力的主要因素是产业发展前景。产业的发展周期可以分为四个阶段：萌芽期、成长期、成熟期和衰退期，与之相对应，展览会的生命周期同样也可分为这四个阶段。只有处于成长期或成熟期的产业，才能使展览会具有生命力。一旦产业进入衰退期，展览会的生命周期也即将结束。而策展人应该在产业处于萌芽期就着手策划该产业的展览。

2. 市场需求

市场需求是指在特定的地理范围、特定时期、特定市场营销环境、特定市场营销计划的情况下，特定的消费者群体可能购买的某一产品总量。市场需求越大，专业观众和普通观众越多，越能提高企业参展的积极性，增加对展览会的需求。

资料 2-6

产业发展和市场需求成就了国际有机产品贸易展览会（Bio Fach）

产业发展和市场需求是确保一项展览产品能拥有足够长的生命周期的前提条件。以 BioFach 为例，在策划该展览时，产业发展和市场需求的前景可谓相当光明。首先全世界有机产品行业发展良好，近年来呈现稳步增长的势头。根据英国营销与咨询公司（the British Marketing and Consulting Company）的有机产品监测报告，2003 年全球销售额达到约 230 亿欧元，增幅为 8%。其中最大的单一市场为美国（120 亿美元），其次为欧盟（106 亿欧元）。欧洲市场的情况，据国际贸易中心（International Trade Centre，ITC）的估测，2003 年德国有机市场销售额为近 30 亿欧元，位于首位。其次为英国 17 亿欧元，意大利 14 亿欧元，法国 13 亿欧元。另外，远东的日本市场也有了长足的增长，2003 年有机产品的销售额达 4 亿欧元。这些国际有机产品传统市场的稳步发展与繁荣确保了 BioFach 展览会的市场需求与展商来源。

此外，新兴市场的发展更使 Bio Fach 这个项目充满了生命力。首先是欧盟 2004 年东扩，东欧国家市场将有很大的发展潜力。这一点在 2004 年 Bio Fach 上体现出来：波兰首次组织了国家馆参展，匈牙利的展出面积较 2003 年增加了一倍。另外中国有机产品市场的发展也为 Bio Fach 带来巨大的发展动力，2004 年 Bio Fach 来自中国内地的参展商较 2002 年增长了三倍。这样迅猛的市场需求增幅令 Bio Fach 项目组对中国这个潜力巨大的市场充满了期待与信心。

三、市场竞争

如果一个展览会只有一家主体举办，那么就没有和它竞争的对手，该主体处于垄断地位。但一般情况下，每一类展览会都有多个主体在举办。为了能够成功举办会展活动，并在竞争中脱颖而出，必须深入研究展览会所处的竞争环境。

美国哈佛大学教授迈克尔·波特在其经典巨著《竞争战略》中提出了一个分析产业竞争环境的经典模型。波特认为，一个产业竞争的强度以及产业利润率是由五种竞争作用力共同决定的，包括进入威胁、替代威胁、买方砍价能力、供方砍价能力、现有竞争对手的竞争。这五种力量共同决定产业竞争的强弱和企业所面临的市场竞争环境。这个模型所反映的事实是，产业的竞争已超越了现有参与者的范围。顾客、供应商、替代品、潜在的进入者均是该产业的竞争对手，市场竞争的激烈程度由此可见一斑。要想在竞争中取胜，就必须认真分析竞争形势，绝不能忽视竞争对手，包括现有的和潜在的竞争对手。掌握竞争信息，针对竞争信息分析竞争形势，并在遵守法律法规和知识产权的前提下确定合理有效的行动计划，这一点尤为重要。分析竞争形势首先是要了解自己的实力，包括本公司的信誉度，拥有的软硬件配置，如会展场馆、科技手段、员工素质、服务质量和会展活动的创意等。自己能够为展商和参观者提供什么样的产品？他们如何及在何种程度上获益？参展商及观众将享受哪些便利条件和什么样的服务？等等，都要做到心中有数。然后，要知道谁是自己的竞争对手，一般来说，举办同类会展活动的公司或其他实体都可能成为自己的竞争对手，尤其是已经或有意在你的计划覆盖范围内举办同类会展活动的公司或实体。同样，对对手的了解也要细致全面，通过各种渠道，包括对竞争对手的情况进行实地考察，近距离观察，了解对手的办展历史和规模特点，对方的宣传途径、效果，吸引客户的兴趣点等。

四、展览会主办方的资源

1. 关系资源

关系资源是指展览会组织者与政府、行业协会、会展公司、服务供应商、客户（参展商、观众、赞助商、广告商等）等单位和个人的关系。关系资源非常重要，直接决定了展览会是否有科学的组织架构、较高的管理水平和服务质量以及良好的客户关系。

2. 人力资源

由于展览业是一门新兴产业，许多成功的展览会都是依靠管理者多年来办会办展的经验。因此，展览会经理和其他工作人员是否有丰富的管理经验是决定展览会目标能否实现的关键因素。另外，管理团队的各成员之间的合作也是非常重要的，这是因为项目小组一般是临时组建的，成员之间没有稳定的关系，成员之间的融洽合作并发挥协同作用是实现展览会目标的关键因素。

3. 财务资源

展览会目标的实现要受资金流的制约。一般来说，财务约束越松，展览目标越容易实现；反之，财务约束越紧，财务目标的实现就会受到诸多限制。

思考题:

1. 展览会主题选择的含义是什么?

2. 什么是全新展览会主题? 如何选择全新主题? 选择全新主题会遇到什么问题?

3. 什么是分离展览会主题? 被分离的展览会和分离出来的展览会应该具备什么条件? 分离展览会可能会遇到什么问题?

4. 什么是合并展览会主题? 被合并展览会应该具备什么条件? 合并展览会可能会遇到什么问题?

5. 什么是复制展览会主题? 复制展览会应该具备什么条件和存在哪些问题?

6. 影响展览会主题选择的因素有哪些? 这些因素又是如何影响展览会主题选择的?

□ 拓展阅读

资料1

展览会主题定位与终端客户效益感知

展览会主题定位是展览会主办方选择哪个或哪类行业的产品作为展览会参展主题。从发达国家展览业的发展情况来看, 细分且专业化定位的展览会已经成为世界展览业主流, 它具有针对性强、观众质量高、参展效果好等特点。然而, 也有一些主办方认为宽泛、综合的展览主题易于招揽各类参展商和专业观众参展, 因而有利于创造展览的规模效应。那么展览会消费者又是如何看待展览会的主题的? 他们的受益感知与展览会主题之间是否存在相关关系? 罗秋菊、保继刚(2006) 运用定性研究的方法, 对在中国广东东莞举办的两个不同主题定位的(即比较宽泛的及比较细化的) 展览会的客户效益感知进行比较, 探究了展览会专业化主题定位的必要性。研究表明, 客户对主题细化的展览会的效益感知明显高于主题宽泛的展览会。因为主题细化的专业型展览会主题明确, 有特定细分的参展商和专业观众, 提升了终端客户相互的满意度。而主题宽泛的展览会缺乏明确的目标观众，也缺乏可供比较和信息交流的同类参展商，终端客户参展效益较低。

从参展商的角度来看，成功的展览会有参展商要素和观众要素两大标准。参展商要素包括同行集中、要有知名企业参展，而同行集中又要求同行企业数量多，而且主办单位能够按照不同功能进行合理分区，这样才能真正实现同行交流的功能；观众要素包括人流量要大、观众质量要高。观众质量高是指观众中专业观众人数多而且要有高层管理者参观展览。参展商和观众的各个细分要素必须要围绕着专业化的主题进行，这样才能得到行业的认可。从专业观众的角度来看，成功的展览会有参展商要素和产品要素两大标准。参展商要素包括参展商数量要多、要有龙头企业参展；产品要素包括产品数量、产品类型和新产品推广力度。无论是参展商还是展示的产品都应该围绕同一个行业的上游、中游、下游，这样才能实现展览会交流、交易的功能。因而可以说，成功的展览会实际上与选择细分的行业主题有紧密的关联。

主题细分而又专业的展览会由特定的主题，汇集了该行业上下游的产业链，吸引特定细分行业的参展商和专业观众，终端客户效益感知良好，形成良性互动，提升了双方的满意度。主题宽泛的展览会缺乏明确的目标观众，也缺乏可供比较和可供交流的同类参展商，参展商和观众感知效益低。

资料来源：罗秋菊，保继刚. 展览会主题定位与终端客户效益感知——以东莞两个典型展览会定性分析为例［J］. 旅游科学，2006.

思考题：

1. 参展主题定位为什么会影响参展商和观众的感知收益？

2. 如何根据参展主题确定具体的参展范围？

资料 2

国外品牌展览会的移植

品牌展览会在移植过程中享有很大的品牌优势，其发挥出来的品牌效应能为移植展览会带来巨大的积极作用。品牌优势主要表现为五大方面，即具有强大的品牌支持、先进的办展理念、雄厚的资金实力、丰富的办展经验、完善的营销网络。当然，国外品牌展览会在移植过程中也并不是一帆风顺的，存在相当多的制约因素，如果处理不好，不仅无法发挥出品牌展的优势，更可能导致展览会移植失败。

品牌展览会在移植过程中可能面临的问题主要包括：第一，公司组织关系不清晰，主要表现为管理权不清晰、职责不清晰；第二，成本利润分摊不合理；第三，品牌识别度明显降低，包括知晓度降低、品牌自身识别度降低；第四，本土化运作压力较大。品牌展览会的移植并不如想象中那么容易取得成功，而是有相当多的制约因素存在，如何克服障碍切实决定着展览会的成功与否。从更深一步来说，如果品牌展览会的移植失败了，对母展的品牌及主办方公司的形象都将造成非常大的损失。

那么国外品牌展览会应该如何进行移植呢？王春雷、冯琦（2005）认为，国外品牌展览会的移植应该从以下方面入手：第一，深入开展可行性分析，明确展览会的重新定位；第二，把握品牌进入的时机；第三，寻求当地政府的扶持；第四，加快本土化运作进程，包括全球战略与本土优势的统一、优化经营管理结构和人力资源本土化策略等三个方面；第五，选择合适的分销渠道。

资料来源：王春雷，冯琦. 国外品牌展览会的移植策略分析——以慕尼黑 EXPO REAL CHINA 2004 为例［J］. 旅游学刊，2005.

思考题：

1. 品牌展览会移植面临的主要问题有哪些？

2. 应该如何进行品牌展览会的移植？

资料 3

活动捆绑：一种活动主题选择的方式

合并主题是展览会主题策划的一个重要方式，但对这一方式的活动主题策划鲜有研究。以往的研究主要集中在一个单独的活动如何吸引游客，为游客提供价值和体验，影响游客对于目的地形象的感知和再次参观的意愿等，但对于多个活动的捆绑战略是如何吸引游客到举办地参加活动，提升活动和目的地的体验等问题却研究得非常少。事实上，在活动组织中有一种独特的现象，一些目的地和活动组织者故意把一系列的活动放在同一（或临近）时间，放在同一城市（场馆举办）。这样的活动捆绑方式可以带来很多收益，应很好地研究：第一，活动捆绑的增长给游客、活动组织者、场馆和目的地带来了新的机会，但活动捆绑问题目前并未得到学者的关注；第二，很多活动都是由活动策划者和目的地管理机构

（DMO）策划并联合举办的，但活动捆绑这种形式的优势和挑战并不明晰，活动策划者和目的地管理机构在资源共享、目的地形象培育以及不同活动在产品设计、价格制定、推广的联合营销等方面都需要探索；第三，需要研究活动捆绑的感知价值是如何影响游客的旅游行为的。

事实上，活动本身就是由一系列的活动组成的，比如展览会包括开幕式、闭幕式、论坛、新产品发布会、竞赛等，但这里的活动捆绑是指不同主题的活动在同一时间举办，而不是指一项活动本身的活动组合。捆绑的活动可以是同一类型（如都是学术会议）或不同类型（如文化活动和体育赛事的捆绑）；可以是同一个组织者，也可以是不同的组织者；可以是同一价格，也可以是分离出的不同价格。但是这些活动组合是为了吸引更多的目标市场，更好地营销目的地、场馆。

Xu 等（2016）以中国澳门的活动为例对活动捆绑问题做了深入研究，研究分为两部分：第一部分，访谈了捆绑活动的利益相关者，用定性的方法研究他们对活动捆绑的感知价值。研究表明，活动组织者、目的地管理机构的收益包括：有效率的资源配置更多的市场、更好的目的地形象；观众的收益则是在一次旅行中可以参加多项活动进而丰富体验。第二部分，通过定量的方法，选取了 800 个样本进行调研，对第一部分得出的结论进行验证。捆绑活动的价值包括三个方面：经济和情感的收益、社会的收益、教育的收益。研究表明，这三个方面的收益都对活动观众的旅行价值有显著的积极影响，这会对目的地忠诚度进一步产生积极影响。研究还表明，感知价值和消费者忠诚之间存在显著正相关关系，活动的相互影响与目的地之间也存在显著正相关关系。

资料来源：Xu, Y.H., Wong, I.A., and Tan, X. S. Exploring event bunding: The strategy and its impacts [J]. Tourism Management, 2016 (52): 455-467.

思考题：

1. 活动捆绑可以给活动组织者、活动参与者、目的地带来什么样的收益？有没有不利的影响？

2. 什么样的活动适合做捆绑？为了获得更高的感知价值，在选择捆绑活动时应该如何考虑活动的主题、规模、距离、时间以及其他因素？

3. 活动举办地居民对活动捆绑的感知如何？

| 第三章 |
展览会地点选择

[**主要内容**] 本章主要介绍展览城市和展览场馆的选择。本章拓展阅读分享了"展览城市评价指标体系"、"会展中心的评价指标"以及"上海国家会展中心如问题解决交通困境"三个主题。

展览会地点可以按大洲、国家、城市、展馆四个层次来划分,展览会地点的策划应该按照地点的层次首先选择在哪个大洲、哪个国家举办,然后才是在哪个城市、哪个展馆举办。然而,展览会地点策划最终要落脚到城市和展馆,所以展览城市和展馆的选择是本章的重点内容。

第一节　展览城市选择

展览城市选择策划在选择城市时应考虑资源条件、管理条件和环境条件。

一、资源条件

1. 核心资源

对于一些大型展览会,举办地是否具有举办展览会的场所至关重要,因此,展览场地的数量和质量可以看作是展览城市的核心资源。事实上展览产业发达城市也通常是以建设大型会展中心为主要的产业推动力。与会议不同的是,展览一般都会在会展中心举办,而且一旦确定在某个城市举办就很少会改变举办地点。比如,广交会、义乌小商品展从举办之日起就一直在广州市、义乌市举办。当然，也有一些展览由于展馆规模的限制、客源市场的变化等各种因素而改变举办城市。

资料 3-1
中国各城市的展览馆市场

《中国展览经济发展报告（2015）》① 对中国展览馆市场做了统计②，2015 年中国共有 136 个专业展览馆，比 2014 年增加 8 个展览馆；室内可租用总面积约 647 万平方米，比 2014 年增加约 62 万平方米。从数量上看，上海市拥有 10 个展览馆，是展览馆数量最多的城市；北京市拥有 7 个展览馆，居于第二位；广州市和杭州市拥有 5 个展览馆，并列居于第三位；重庆市拥有 4 个展览馆，居于第四位；沈阳市、天津市、武汉市等 9 个城市分别拥有 3 个展览馆，并列第五位。从面积看，上海市展览馆室内可租用总面积约为 85 万平方米，约占全国总量的 13%，居于首位；广州市展览馆室内可租用总面积约为 54 万平方米，约占全国总量的 8%，居于次位；昆明市展览馆室内可租用总面积约为 36 万平方米，约占全国总量的 6%，居于第三位。综合来看，全国共有 7 个城市展览馆室内可租用总面积在 20 万平方米以上，分别是上海市、广州市、昆明市、重庆市、北京市、深圳市和武汉市，合计展览馆室内可租用总面积约 279 万平方米，约占全国展览馆室内可租用总面积的 43%。

截止到 2015 年，中国共有 15 个城市的 13 个展馆室内可租用面积在 10 万平方米以上（见表 3-1），近期还有一些城市正在积极新建或筹建室内可租用面积在 10 万平方米以上的大型展馆，分别是深圳国际会展中心、长沙国际会展中心、青岛国际博览中心、杭州国际博览中心、西安丝路国际会展中心，尤其是深圳国际会展中心的建设将进一步改变中国展览场馆市场在城市之间的空间布局。深圳国际会展中心室内可租用面积为 50 万平方米，2016 年开工建设，预计 2018 年完工，完工之后将超过德国的汉诺威展览中心成为全球最大的会展中心。

---

① 编纂出版单位：中国国际贸易促进委员会贸易投资促进部、中国国际展览中心（集团）公司、中国贸易报社。
② 此处展览馆市场的统计标准为：展馆室内可租用面积大于等于 5000 平方米，且举办两个以上经贸类展览会的展馆。

表 3-1　室内可租用面积在 10 平方米以上的中国展览场馆

序号	展馆名称	室内可租用面积 （万平方米）	展馆所在城市
1	国家会展中心（上海）	40.00	上海
2	中国进出口商品交易会展馆	33.80	广州
3	昆明滇池国际会展中心	30.00	昆明
4	重庆国际博览中心	20.00	重庆
5	上海新国际博览中心	20.00	上海
6	武汉国际博览中心	15.00	武汉
7	中亚会展中心	14.80	深圳
8	义乌国际博览中心	12.00	义乌
9	世纪城新国际会展中心	11.00	成都
10	中国国际展览中心（新馆）	10.68	北京
11	沈阳国际展览中心	10.56	沈阳
12	深圳会展中心	10.50	深圳
13	广东现代国际展览中心	10.00	东莞

2. 支持资源

展览城市的支持资源包括相关支持产业、目的地整体环境、旅游资源和吸引物等。首先，相关支持产业有利于展览产业发展，交通、运输、旅行社、住宿和餐饮运营、娱乐等产业是确保展览活动平稳运营的支持产业；其次，目的地整体环境。目的地整体环境包括展览会举办地的基础设施、目的地可达性、服务质量、安全性、城市形象等；最后，旅游资源和吸引物（如旅游吸引物、气候和环境、文化和历史、购物和娱乐）可以激发参展商和观众参加展览会的动机。

二、管理条件

目的地管理是指可以提高展览城市核心资源的吸引力，增强支持资源的质量和效率，包括目的地管理组织的活动、目的地营销管理、目的地政策、计划和法规、人力资源发展、环境管理等。目的地管理分为政府管理和产业管理。

1. 政府管理

政府管理包括城市产业发展战略、城市会展营销、城市人力资源项目、环境保护立法等。政府管理是形成展览城市竞争力的基础部分，因为展览产品是由整个城市提供的，政府对整个展览系统的支持会起重要作用。政府的各个部门和层级在营销、规制、展示、策划、监督、维护、协调、发展、提高展览产业资源方面有重要作用。政府支持可以增强展览城市在国际市场上的竞争力，如促进会展产业的政策、信息收集和分布、参与者签证程序的简化、会展设施的财务或税收支持等。

资料 3-2

北京会展产业的政府管理条件

北京会展业"十二五"规划曾明确提出，充分发挥财政资金的引导和激励作用，市财政每年安排一定的资金（不低于 3000 万）专项支持会展业发展，用于鼓励和支持大型品牌展览会项目、重大国际会议的引进或连续举办，经国际权威会议机构认定的国际会议在京申办，在本市举办的展览申请通过 UFI 认证，本市会展企业组织出国参展及产品的国际推广活动，会展信息平台建设，以及对会展人才引进和培养做出突出贡献的企业、个人给予补助或者奖励等。同时配套出台《北京市会展业发展专项资金使用管理办法》，落实奖励细则，规范会展专项资金的使用、管理。

北京实行宽松的免签政策，自 2013 年 1 月 1 日起，英国、美国、澳大利亚、韩国、日本等 45 个国家持有第三国签证和机票的外国人途经北京时，可以不持有中国签证在北京停留 72 小时，期间可在北京游玩、住宿、就餐等。目前，北京"72 小时过境免签"政策仅限于首都国际机场口岸，享受过境免签政策的旅客必须从首都国际机场入境和出境。

2. 产业管理

产业管理包括行业协会、产业融入、目的地营销项目资金、产业培训项目等。行业协会在行业管理、政府和企业之间的信息沟通、行业自律、项目评估、人才培训等方面都会发挥积极而重要的作用。

资料 3-3

德国展览业协会（AUMA）

德国展览业协会（Association of the German Trade Fair Industry, AUMA），是德国展览业的权威组织，1907 年成立。会员主要是德国展览公司和展览会组织者、德国工商大会、德国各大行业协会、对展览感兴趣的专业协会、与展览业有关的专业协会等。

AUMA 的主要任务是维护德国展览业在国际和国内的共同利益，负责与议会、政府各部门和其他行业组织进行沟通；协调所有在德国举办的展览及德国在国外组织的展览活动，对外宣传德国展览市场，吸引外国企业来德参展及来德举办展览会，积极支持会员开展国外展览业务；致力于改善展览市场透明度，平衡参展商、参观者和展览会组织者的不同利益；对展览会进行调查和评估；出版和发布展览指南，提供与展览有关的咨询服务和培训等。

AUMA 不是展览会的组织或执行机构，而是一个服务和协调机构。展览业协会数据库包含了全球 5500 多个展览会的信息，且不断更新。研究、评估和维护迅速膨胀的数据库也是展览业协会的主要任务之一。

AUMA 是 UFI 的成员，代表政府和德展览业参加国际展联大会。展览业协会也是联邦—州展览委员会的常务成员，负责协调州与联邦的国外参展事务，避免重复补贴。协会还定期参加德国展览会组织者协会，如德国展览城市利益共同体IDFA 和德国展览会组织者专业协会 FAMA 的各项活动。

在协调和确定每年的官方出国参展计划，特别是争取增加出展预算、改进扶持的范畴及实施方式、提高扶持计划和资金使用效率等方面，AUMA 都发挥着积极作用，并与相关的部门一起担任国外参展项目的主办单位。协会内具体负责协调政府与经济界在国外参展事宜的是出国参展工作委员会，委员会由德展览业协会、德国主要行业协会、联邦主管机构（如经济与劳动部、消费者保护机构、食品与农业部、外交部和联邦新闻署）的代表组成。

三、环境条件

环境条件主要包括运营环境和远期环境。

1. 运营环境

运营环境是城市运营展览产业的优势和能力，如人力资源、资本资源、物质基础设施、科技/技术基础设施、信息等因素，与产业结构、企业行为和企业绩效有关，与展览城市举办展览并支持展览产业的能力相关，是一个城市发展展览产业的基础。

2. 远期环境

远期环境是指那些在目的地之外的并限制组织管理者战略选择的条件，如汇率变化、政府财政政策、世界经济条件等。总体来说，远期环境是展览产业运营的大环境和远期环境，很难对其进行量化。但往往是这样的环境条件影响了展览策划人对城市的选择。

四、展览城市的类型

上面给出的展览城市选择条件所涉及的因素非常多，展览策划人在选择具体城市时很难考虑所有的因素。而且有些因素是一些宏观的大环境，一旦确定了在哪个国家举办展览，无论在哪个城市举办，这些因素都是一样的，如远期环境中所涉及的汇率、财政政策、世界经济条件等。因此，为了使展览策划人在选择展览城市时更有针对性，下面把展览城市大致分成三类。

1. 产业中心

很多展览会都选择在产业基础发展好的城市举办，如广交会落户广州就是因为广州是中国的制造业中心，广东有很多展览会都是在所在地区产业的基础上发展起来的（见表3-2）。选择产业中心城市作为展览会举办地可以有较好的参展商基础。

表3-2 广东展览会与产业之间的关系

序号	产业	展览会
1	沙溪服装	服装节
2	古镇灯饰	灯饰节
3	深圳高新技术产业	高交会
4	东莞电脑	电博会
5	虎门服装	服交会
6	顺德家电	家电博览会
7	佛山陶瓷	陶瓷博览会

2. 消费中心

除了接近参展商之外，接近消费群体也是展览主办方（尤其是消费类展览会或者综合类展览会）选择城市的重要参考因素。比如国际五大汽车展中有三个在欧洲（法兰克福车展、巴黎车展和日内瓦车展）、一个在北美洲（北美车展）、一个在亚洲（东京车展），这5个车展都是在发达国家、发达城市举办的，举办城市的消费能力很强。中国最著名的汽车展是北京国际汽车展和上海国际汽车展，之所以这两个车展能成为中国最著名的车展也是因为北京市和上海市是中国最主要的汽车消费中心。

3. 集聚中心

有的展览城市是集聚中心，是各种买方和卖方资源的集聚地。集聚中心可能既是产业中心，又是消费中心；但也有可能既不是产业中心，也不是消费中心，但却是各种资源的集聚地，比如美国的拉斯维加斯既不是产业中心，也不是消费中心，但拉斯维加斯却是美国乃至世界范围内的会展中心，享有"世界会展之都"的美誉。

资料 3-4

拉斯维加斯的会展产业为何如此发达

拉斯维加斯的会展业如此发达主要基于以下几个原因：第一，拉斯维加斯是一个把博彩、旅游、演出、购物、商贸会展完美结合的城市，具有全世界独一无二的城市资源；第二，城市规划科学、配套设施完备，大小会展场馆相对集中，从国际机场到拉斯维加斯商业区不过 10 分钟的路程，各式风味餐厅、购物中心、高尔夫球场和各种娱乐活动应有尽有；第三，会展业市场化运作；第四，专业的人才队伍、大量的品牌展览会、完善的相关立法；第五，展位租用成本与美国其他城市相比费用较低，物价也低于其他城市，是众多客户参展和购物的天堂。

第二节 展览场馆选择

展览会通常在会展中心举办，会展中心作为各类展览活动和会议活动的载体，应该具备相对比较完备的功能以及完善的会展设施和设备才能为各类展览及相关活动提供相应的服务。展览会地点策划在选择展馆时应充分考虑会展中心所具备的功能以及所拥有的设施和设备。

会展中心的主要功能应该是可以举办展览、会议及相关活动，因此，会展中心应该具备展厅、会议室和相关辅助设施，以及交通、住宿、餐饮、娱乐等配套设施。同时，展馆还应该能提供优质的服务。

一、展馆设施

在选择展馆时不仅要考虑其是否具备相应的设施，还应该考虑各种设施的设计和布局是否满足展览及相关活动的需求。

1. 展厅和辅助设施

展览策划者应该根据所举办展览的规模选择合适规模的展馆。当然，展览主办方可以只租用展馆的一部分，或者同时使用室内和室外展馆来满足展览面积需求。

除展馆规模之外，展览策划者在考察展馆时还应该注意展厅的相关辅助设施和设计方面的指标（见表 3-3），需要特别说明的有以下几点：

● 柱子。展厅最好没有柱子，这样可以提高出摊率、减少面积浪费；如果展厅有柱子，那么也尽可能选择柱子直径较小的。

● 吊点和马道。随着特装规模越来越大，使用的材料和电子器材越来越复杂，展厅需要有足够多的吊点满足展览的需求。吊点能够保证复杂装修的安全，大幅提高工作效率，可为参展商节约大量材料，尽最大可能实现绿色展览会。而且，吊点悬挂装修可使视觉效果更好、更美观。马道除了方便更换灯泡、检修外，平常跟吊点配合使用。

● 地沟和管沟。地沟内应有水、电、压缩空气、网线的接口。

表 3-3　展厅的常规设计要求

区域	设计指标	常规要求
展厅	层高	9 米
	是否有柱子 如有：柱子尺寸 　　　　柱子间距	最好无柱 　　直径小于 1 米 　　27~30 米
	地面承重	至少 3.5 千克/平方米
	吊点	网格布局
	管沟（电、水、电话线、网线、压缩空气和排水）	每间隔 3 米或 6 米
	照明	500 流明/平方米（在桌面高度）
	登录大厅	不小于展厅面积的 10%
展厅的货运通道	卸货平台或门	1/1000 平方米，且需有斜坡
	卡车直接驶入展厅	每 5000~10000 平方米应该有一个
	门高、货梯高度	6 米
	门宽	6~7 米

展厅内除了可供展览展示使用的空间外，还应该有相关的辅助设施：

● 卸货区和卸货车位、坡道。卸货区要足够大，利于多辆货车同时卸货、装货。国外展厅的卸货区域设计比较人性化，有十分舒适的卸货车位，卸货区地面高度一般低于展厅地面高度，便于工人卸货、装货。而国内展馆卸货区域的地面和展厅地面则通常在同一个水平面上，没有考虑卸货、装货的方便。

● 登录大厅。面积应不少于展厅面积的 10%。

● 主办办公室、主场办公室。主办机构的办公室和主场搭建商、货运服务办公室应尽可能在同一楼层，方便其为客户服务。主办机构的办公室可以安排在登录大厅，主场搭建商、货运服务办公室最好设在货物出入口的旁边。

● 餐饮专卖区。餐饮专卖区可以设在展厅后面。

● 仓库/库房。用于存放先行运达的展品、资料等物资或撤展后等待物流公司来收取的展品。

2. 会议室及相关辅助设施

展览中心或会展中心通常都要配有一定数量的会议室、大宴会厅、多功能厅等设施，这是因为展览和会议常常不可分离，会中常有展、展中常有会。因此，会展中心都应该配有会议室设施，会议中心也应配有展馆设施，如以会议为主的国家会议中心也配有 2 万多平方米的展馆。

会议室应具有不同的规模，以适应各种不同规模会议的需要。会议室里一般都要配有投影银幕和投影仪。300 平方米以上的会议室最好配有序厅，小型会议室里最好有悬挂横幅的挂钩，会议室的灯光应该是可调节的。

大宴会厅和多功能厅可以用来举办宴会、酒会、自助餐，也可用来举办各种会议、颁奖典礼、新品发布会、演出等。大宴会厅和多功能厅应有足够的面积，而且还应该有至少 6 米的层高及吊点满足各种不同活动要求。另外，大宴会厅还应该有序厅、贵宾室和化妆间、厨房和备餐间、卸货区等配套设施。

3. 室外场地项目及相关设施

室外场地项目主要包括室外展场、室外广场和车位。室外展场通常在室内展场不能满足展览需求时使用，但有时也是为了制造气氛而使用。室外广场通常作为举办大型活动仪式场地，并兼作室外展览用。停车场应根据会展中心的规模以及相应的汽车数量而定，一般分为地下停车场和地面停车场，露天展场不使用时，可作为停车场使用。室外场地应保有货场及车辆调度区，以满足运送货物及车辆调度的需要。

室外场地设施。室外场地设置声、光、电系统，适应夜间室外展览、布展、撤展和夜间庆典等活动。绿化区设休息小区、雕塑群等设施。

4. 智能化设施

随着会展经济的发展和会展信息化、智能化水平的提高，越来越多的会展中心为会展活动提供各种高水平的信息化和智能化服务，如智能卡管理系统、通信系统、网络系统、信息服务系统、卫星及有线电视服务系统等。

5. 其他设施

除以上几个类别的设施之外，以下一些设施也是展览策划者在考察会展中心时应该特别注意的：

（1）卫生间。展览场馆各个区域每层是否有充足的卫生间以满足使用需求，尤其是能否满足活动中场休息或散场时集中使用的需求。

（2）商场服务设施。包括的项目有商场和食品、饮料、快餐销售点等，在休息场地可设置小卖部。

（3）商务中心。商务中心应该与活动场地距离较近，便于商务客人的使用。

资料 3-5

国家会展中心的设施

上海国家会展中心是商务部和上海市政府合作共建项目，总占地面积 86 万平方米，建筑面积达 147 万平方米，可提供 40 万平方米的室内展览面积和 10 万平方米的室外展览面积。配套 15 万平方米商业中心、18 万平方米办公设施和 6 万平方米五星级酒店。定位于建成世界上最具规模、最具水平、最具竞争力的会展综合体。

1. 展览设施

（1）展览面积。综合体可展览面积 50 万平方米，包括 40 万平方米室内展厅和 10 万平方米室外展场。室内展厅由 13 个单位面积为 2.88 万平方米的大展厅和 3 个单位面积为 1 万平方米的小展厅组成，全方位满足大中小型展览会对展览面积的需求。

（2）承重能力。综合体具有较强承重能力：一层的 5 个双层结构大展厅地面荷载 3.5 吨/平方米，二层的 5 个大展厅和两个小展厅地面荷载 1.5 吨/平方米，一层北区的 3 个大展厅和 1 个小展厅地面荷载更是高达 5 吨/平方米，即使是对展厅承重能力要求很高的重型机械亦可轻松负载。

（3）展示空间。综合体一层北区除 1 个大展厅为双层结构外，其余均为单层无柱展厅。单层展馆净高 32 米；一层南区展厅柱网 27×36 米，净高 12 米；二层的大展厅柱网 54×36 米，净高 17 米。巨大的展示空间可以让展商尽情发挥，实现高品质的形象布展。

（4）货运方式。综合体内部配置有充足的停车位，设计了先进的交通体系，人车分流、人货分流、各业态之间自成体系，确保展览会布展、撤展以及日常交通安全、有序。货车由北部货车轮候区出发，从北侧入口进入综合体，通过首层和二层环绕展厅的专用车道，从各个方向直达任何展厅，确保满足高效率地完成同期撤展和布展的工作需求。

2. 会议设施

（1）综合体拥有丰富的会议场地和先进的会议组织体系，从几十人的小型聚会，到数千人的大型会议，均能妥善安排。除了 28 个小型会议室（100~200 平方米）、7 个中型会议室（300~500 平方米），会展综合体还配备一个面积为 1000 平方米的大宴会厅，以及一个可容纳 2000~3000 人，面积约为 1 万平方米的多功能厅。室内软件功能完善、硬件设施齐备，打造舒适、轻松的会议环境。

（2）多功能厅。国家会展中心西厅定位为多功能活动平台，场地设置可移动隔断，充分满足 800 人、1500 人、2500 人等不同规模的活动需求。内部设计充分考虑功能性、经济性，并营造高品质的空间声学效果，适合举办各类文艺演出、年会庆典等活动。

（3）会展中心北厅。国家会展中心北厅与室外活动场地紧密相连，实现室内外空间的互动对接。近 1 万平方米大厅面积以及 18 米净高，空间大气典雅，适合举办红毯迎宾、论坛峰会等大型活动。

3. 室外场地

（1）北广场。10 万平方米广场位于国家会展中心北厅正门外，崧泽高架、嘉闵高架交界处，非常适合举办露天音乐会、户外竞技体育赛事、大型电视娱乐秀等活动。开阔的场地不仅为活动主办方提供了尽情发挥无限创意的空间，还能有效避免夜间扰民等问题。

（2）中心广场。中心广场位于国家会展中心正中央，被商业中心环绕。中庭瀑布造型以及商业中心外围的玻璃幕墙，使中心广场成为国内屈指可数的露天大舞台。广场可容纳 2000 余人，非常适合举办大型商业发布会、广场演出、品牌推介会等活动。

（3）会展大道。东西向、南北向两条 8 米标高的会展大道宽 40 米、长 400 米，配有灯光与音响设备，将商业中心和各场馆巧妙地衔接起来，适合举办文化创意类展示活动、时尚 T 台秀及互动性较强的巡游活动。

二、展馆配套设施

资料 3-6
澳大利亚墨尔本会展中心的周边配套

墨尔本会展中心（MCEC）是澳大利亚规模最大、功能最全的现代化场馆，堪称澳大利亚第一流的会议和展览中心。墨尔本会展中心由墨尔本展览中心和墨尔本会议中心组成，墨尔本会议中心是世界上第一个也是唯一一个获得"六星级绿星"环保评级的场馆。馆内大量采用各种先进技术，能够提供令人耳目一新的高水准餐饮接待以及丰富的服务选择。墨尔本会展中心将会展行业的服务标准提升到了一个全新的高度。

从各个方向均可步行、驾车或乘坐公共交通前往 MCEC，其周围有世界级的咖啡店和酒吧、餐厅、酒店和著名的购物场所。

MCEC 门前有步行道和行人天桥，可以便捷地前往墨尔本几个最著名的地标。河对面是充满国际气息的 Docklands 和澳大利亚最好的运动娱乐场所之一——阿联酋联合体育场。从 MCEC 还可以乘坐电车片刻抵达墨尔本绝佳的两个公共场所——联邦广场和维多利亚艺术中心。

墨尔本皇冠赌场坐落在 MCEC 旁边，墨尔本皇冠赌场不仅经营赌博，还提供各种娱乐服务。这一综合性建筑群包括一家五星级酒店、多种会议设施、多家精品店及河畔餐馆，另外还有一个娱乐区。

从资料 3-6 可以看出会展中心周边的配套设施应该有哪些。

展馆周边配套设施主要是为来参加展览活动的人员提供服务的。配套设施不仅能够让参展人员及展品便捷地到达和离开展馆，还要能满足参展人员在展馆期间的各方面需求；不仅要满足参展人员在 8 小时工作时间内的需求，也要满足在 8 小时之外的休闲需求。周边配套设施主要包括但不限于以下几个方面：

1. 交通设施

配套服务首先要解决的问题是参展人员如何到达和离开会展场馆，这就是配套的交通设施。由于这里我们谈的是会展场馆，所以这里的交通配套主要是指从展馆所在城市的各大交通枢纽（如机场、火车站、客运站、航空码头等）到达展馆的交通配套。展馆交通配套设施不仅能使参会、参展人员能够便捷地到达和离开展馆，还应该能使展品便捷地到达和离开展馆。

上海国家会展中心号称世界最大的会展综合体，按照建馆时的评估，国家会展中心的接待能力可以达到 40 万人次。然而，在 2015 年 5 月 15 日至 18 日举办的医博会系列展上，却遭遇了巨大的交通困境（详见拓展阅读资料 3）。

2. 住宿和餐饮设施

展览中心一般都有配套酒店。配套酒店是指酒店跟展览中心在同一建筑群内，有内部连廊相通，或酒店跟会展中心由同一业主投资建设，不必穿越马路，步行不超过 5 分钟即可互达。很多会展中心都建有自己的配套酒店，如：

● 拉斯维加斯金沙集团在拉斯维加斯、中国澳门和新加坡的项目都建有很多酒店。

● 法兰克福展览中心院内有 Maritim 酒店，马路对面是万豪酒店。

● 芝加哥麦考密克会展中心的配套酒店是凯悦酒店。

● 墨尔本会展中心配套酒店是希尔顿，河对面是皇冠假日酒店。

● 香港会展中心的配套酒店是万丽酒店和君悦酒店。

展览策划者往往把展览中心步行 5 分钟范围内的酒店数量和容量作为展馆选择的一个重要衡量指标。当然，一个大型展览会举办时会对住宿产生巨大的需求，远不是狭义上的配套酒店所能满足的，展馆周边的酒店甚至整个城市的酒店都会受到所举办展览会的影响，比如每年广交会举办期间，整个广州的酒店客源、房价都有大幅攀升。因此，展览策划者应该以会展场馆为中心，以一定距离为半径考察其周边的酒店，评估其住宿配套能力。

3. 乐和购物设施

展馆周边的娱乐和购物设施有很多类型，包括但不限于以下设施：

● 体育场馆。如北京国家会议中心旁边就有国家体育馆（鸟巢）和国家游泳馆（水立方）。

● 电影院。很多场馆附近都有电影院，如国家会议中心旁就有星星影院。

● 旅游景点。如北京国家会议中心附近就有奥林匹克森林公园等景点。

● 赌场。在国外赌场经营合法的城市，大型会展中心周边往往建设有赌场，甚至与赌场之间有内部通道。美国拉斯维加斯是世界著名的会展中心，与其发达的博彩业有密切的关系。

● 商场。一般来说，会展场馆周边都会有商场，以满足参会者、参展者的购物需求。

三、选择展馆的指标

在了解了展馆本身的设施和配套设施之后，展览策划人需要思考的问题是选择展馆到底应该根据哪些指标。

1. 位置

选择展馆最重要的指标应该是展馆的位置。展馆的位置往往决定了很多其他条件，比如交通、配套设施、价格等。

2. 规模

展馆规模是否能满足展览需要，有些展览规模过大，只能在特定的展馆举行，如广交会如果在广州举办，目前只能在琶洲国际会展中心举办，北京国际汽车展只能在北京新国际展览中心举办。当然，目前新建的展馆规模越来越大，给众多大型展览提供了更多的选择空间。展馆规模应该是选择展馆的硬性指标。

3. 设施

展览策划人不仅要详细考察展馆内的设施是否能满足所举办活动的需要，也要重视展馆的周边配套设施。

4. 服务

会展场馆的产品是以实体设施为依托，最终体现的形式是服务。因此，选择展馆最终还是要看会展中心是否具有较高的管理水平和服务水平。

资料 3-7

国家会展中心（上海）提供的各项综合服务和物业管理服务

1. 综合服务

● 提供公用基础设施。如提供压缩空气等服务。

● 提供布展及撤展配套服务。如提供仓储、管理、审图等服务。

● 提供设备先进的会议场地。如拥有超过 110 个功能各异的会议场地。

● 提供现场展览会办公设备租赁服务，如提供电脑、打印机、复印机等。

● 互联网及通信服务，如提供国内及国际电话、上网（含无线）等服务。

● 配套齐全的商务中心。如提供咨询、订票、翻译、预订酒店等服务。

●多种广告发布空间。如电梯广告、气球条幅广告、玻璃幕墙广告等。

● 提供餐饮、保安、保洁、咨询维护等服务。

2. 物业管理服务

● 客户服务。

● 安全管理。

● 餐饮管理。

● 保洁及环境保护。

● 绿化管理。

● 会议室管理。

● 停车场管理。

● 设备及设施管理。

3. 价格

价格是展馆所提供产品和服务的综合反映。展馆地理位置越优越、服务水平越高、配套设施越完善，价格就会越高。展览策划人在选择展馆时，需要在展馆不同指标之间进行权衡。

思考题：

1. 展览目的地可以分为哪些层次？

2. 展览城市的选择应该考虑哪些因素？

3. 展馆设施和配套设施有哪些？

4. 选择展馆应该考虑哪些指标？

□ 拓展阅读

资料1

会展城市评价指标体系

在会展城市竞争力模型的基础上，根据大量的文献综述，把前人研究影响会展目的地选择的因素进行分类，形成会展城市评价指标体系（见表3-4）。

表3-4　会展城市竞争力评价指标体系

因素	具体因素	指　标
资源因素	核心资源	会展场馆容量，会展场馆价格，会展场馆设备设施，会展场馆服务，会展中心步行距离内饭店数量
	支持资源	● 旅游资源和吸引物：旅游文化资源，娱乐活动 ● 相关支持产业：交通成本，住宿成本，食物和餐饮设施，接待和住宿设施、饭店服务、餐馆服务 ● 整体环境：可达性，安全，城市形象，通用语言，气候，当地居民的好客程度
管理因素	政府管理	对会展中心的财政/税收支持，支持会展产业的政策，签证程序，对人力资源发展的支持，信息的采集和发布，会议观光局（CVB）（支持、服务、赞助、补贴），会展产业发展战略，城市会展营销，环境保护立法
	产业管理	协会提升，产业融入，目的地营销项目资金，产业培训项目，采用绿色会议运作
条件因素	运营环境	法律，经济、政治和社会稳定性，人力资源，资本资源，基础设施，科技/技术基础设施、信息
	远期环境	汇率变化，政府财政政策，世界经济条件
需求因素		会展活动的当地需求，和国际协会的关系，国际协会的数量

资料来源：笔者根据文献整理。

文献研究发现，以往评价会展目的地竞争力或研究会展目的地选择影响因素时，所研究的指标主要属于资源因素（核心资源和支持资源），而对于管理因素、条件因素、需求因素的指标研究非常少。几乎没有文献研究过政府管理因素中的会展产业发展战略、城市会展营销、环境保护立法、产业管理因素（指标"协会提升"除外）、运营环境因素（指标"法律"和"经济、政治和社会稳定性"除外）以及远期环境因素中的指标。表3-4中这些指标是根据城市会展产业发展模型选取的。

思考题：

1. 评估展览城市的指标体系应该包括哪些内容？

2. 相比于会议或其他活动，在选择展览城市时应该更看重哪些指标？

资料 2

会展中心的评价指标

会展中心作为会展产业链中的重要环节和会展活动的重要载体，是发展会展产业的先决条件。随着会展经济的发展，世界很多国家和很多城市不惜巨资兴建会展中心。中国也出现了各地兴建大型会展中心的热潮，除了北京市、上海市、广州市这三个重要的会展城市有大面积的会展中心外，一些二线城市、三线城市也大举建设会展中心。展馆数量增多使竞争日益激烈，展馆所提供的硬件以及软件的配套服务成为展览馆竞争优势的核心内容。那么，会展中心应关注哪些因素呢？下面列举一些相关研究的观点。

Renaghan and Kay（1987）确定了会议策划者选择会议设施使用的五个指标：会议室规模、视听设备的复杂性、灯光控制、温度、价格。Rutherford（1990）认为，会议基础设施设计和建造以及设施的地点、外观和功能对于会议需求非常重要。专用会议中心地点因素是指从饭店、机场和中央商务区通过公共和私人交通到达会议中心的可达性，因此，中心区或"地标"性地点就比偏远地区更受欢迎。外观也非常重要，专用会议中心已经通过创新设计和建造从单纯的功能建筑转变为艺术建筑和旅游吸引物。在内部，专用会议中心必须提供注册门厅、无柱展厅、一定等级的承重地面和最高限度的顶棚以容纳大型展品和结构。无柱空间要求已经引领了创新性的屋顶设计，使专用会议中心外观非常壮观，也使内部展览空间得到很大延伸。Carlsen（1999）认为，在会议和展览层面，基础设施是一个关键领域，包括硬件（建筑物）和软件（通信）基础设施、容量管理、设计和建造、专用会议中心管理等。另外，技术在会议产业所有方面都有重要作用，会议安全对于大型的、国际性会议非常重要。McCabe 等（2000）描述了澳大利亚专用会议中心的运营原理，并认为凯恩斯会议中心是澳大利亚第一个环保型会议中心，该中心使用气流和阳光等自然元素来节约能源并在运营中保护资源。另外，棚顶结构采用种植园松树，而不是进口热带雨林木材，有效保护了当地就业和本国森林资源。Fenich（2001）把会议中心规模作为会议目的地评估框架中重要因素，但没有考虑会议中心所提供服务。Hinkin and Tracey（2003）确定了可以对项目和会议效果有重要影响的设施和服务相关特征，会议策划者和参与研究的大型运输公司员工认为，安全、会议场馆员工能力、会议室、额外服务费用几个方面比较重要。Carlsen（2004）认为会议展览设施的地点和内部需求（如可达性和无柱展览空间）使专用会议中心的设计和建造成为关键因素，并引导了屋顶工程的创新。内部设计则要求会议室能够以集体和分散形式接待数以千计参会代表，配套的宴会设施必须能够与会议室的容量相匹配。会展中心附近必须有接待设施、停车场和便捷交通。Breiter 和 Milman（2006）研究了在会议中心参加展览的观众对会议中心需求和服务优先级，使用了"会议中心特征关键因素"和"会议服务关键因素"两个方面共 26 个指标。

资料来源：作者根据文献整理。

参考文献

Renaghan, L.M. & Kay, M.Z. What meeting planners want: The conjoint analysis approach [J]. Cornell Hotel and Restaurant Administration Quarterly, 1987, 28 (1): 67–76.

Rutherford, D.G. Introduction to the conventions, expositions and meeting industry [M]. New York: Van Nostrand Reinhold, 1990.

Carlsen, J. (1999). A review of MICE industry evaluation and research in Asia and Australia [J]. Journal of Convention and Exhibition Management, 1988~1998, 1 (4), 51–66.

MaCabe, V. Poole, B. Weeks, P. & Leiper, N.. The business and management of conventions [M]. Queenslands, Australia: Wiley, 2000.

Fenich, G.C. Towards a conceptual framework for assessing community attractiveness of conventions [J]. Journal of Convention and Exhibition Management, 2001, 3 (1): 45–64.

Hinkin, T.R. & Tracey, J. B.. The service imperative: Factors driving meeting effectiveness [J]. Cornell Hotel and Restaurant Administration Quarterly, 2003, 44 (5/6): 17–27.

Carlsen, J. Issues in dedicated convention center development with a case study of the perth convention and exhibition center ［J］. Western Australia, Journal of Convention & Event Tourism, 2004, 6（1/2）: 45–61.

Breiter, D. & Milman, A. Attendees' needs and service priorities in a large convention center: Application of the importance–performance theory ［J］. Tourism Management. 2006（27）: 1364–1370.

思考题:

1. 选择会展中心主要应考虑哪些方面? 每个方面包括哪些指标?

2. 会展中心建设过程中的利益相关者是如何博弈的? 为什么会出现展馆过度建设的现象?

资料3
上海国家会展中心——如何解决交通困境

2015 年 5 月 15~18 日, 医博会系列展在国家会展中心举办, 展馆内外都出现了非常严重的交通问题。当然, 除交通之外还有很多其他原因导致此次医疗系列展的困境, 如主办方对人流量估计不足、人流离场时间相对集中、暴雨天气导致交通疏解不畅、场馆内部缺乏合理的指示标记、住宿和餐饮缺乏配套等, 但此次展览会中混乱状况的主要原因还是交通配套设施的问题。上海国家会展中心在此次医博会系列展上的表现让我们思考, 我们到底需要什么样的会展中心? 下面从展馆外交通和展馆内布局两个方面来说明。

1. 展馆外交通——协同规划明显缺位

从车行交通方面来看, 目前规划的国家会展中心对外疏解交通主要靠南边的盈港东路和北面的崧泽大道。盈港东路最终通向的是延安路高架。作为上海东西向的主要大通道, 仅虹桥枢纽、G50 高速以及青浦区通勤的车辆就已经让这条路上下班高峰必堵, 逢节必堵、逢雨必堵。北面的崧泽大道以及崧泽高架路最终连接的是北翟高架, 快速路段仅到外环高架, 继续往东已经是地面道路, 通行速度非常不稳定。目前仅进出虹桥枢纽的车流量, 就已经让北翟路中环到外环段拥堵不堪。

从轨道交通方面来看, 轨交 2 号线一直是处于高位运行状态的线路, 本身已经承载了太多的运输功能: 连接两大机场; 将徐泾的市民送达市区; 浦西中心与浦东中心的连接线……虽然轨交 17 号线正在建设中, 但也难解燃眉之急。

2. 展馆内布局——空间仪式重于空间效能

首先是内部交通格局上，国家会展中心的场馆布置采用了一种仪式性的四叶草格局，实际上是两个轴向的垂直交叉，每个"叶瓣"内又分为上下两层以及左右两部分。这样的设计看起来是非常合理的，因为恰好可以让观展者从中心广场进入任何一个展厅，一路到底，然后再从同一"叶瓣"的另外一个展厅反向回到中心广场，这样一周的最短距离是 800 米。以此类推，分别走完四个"叶瓣"在每层的 8 个展厅。如此流线设计要求人们必须按照这种设定好的路线观展，才能实现其最高步行效率。如若要越过任何一个展厅参观，都必须原路返回中心广场之后再到下一个目的地，这样最近的步行距离是 500 米，即便是要到相邻两个"叶瓣"的展厅也是如此。而一个成年人一次持续步行的临界距离通常是 1000 米，如果按照这一距离分析，那么一个成年人按照设计路线逛完一层的两个展厅——一个完整的"叶瓣"之后，就已经达到疲惫临界点（因为一个展厅内又可分为左右两部分，参观者在其中是左右穿行的）。因此，如此大体量的展览空间本身就对参观者是一种体力上的考验，而被人为"固化"的步行交通流线，使得任何不按照设定路线参观的人，必须付出至少 500 米的无效步行代价。与此相

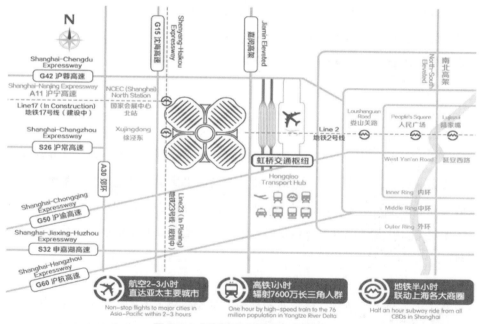

图 3-1　上海国家会展中心交通图

比，上海新国际博览中心两个展馆之间的最远距离大概为650米，差距可见一斑。

　　其次是国家会展中心广场是整个综合体的主入口、所有展厅的主入口、地铁站点的主入口，同时也是展厅间步行的主要通道。这个肩负四大主要通道功能的核心空间，其进入方式只能通过四个设定好的入口，分别正对两个"叶瓣"中间的夹缝，无形中又增加了交通拥挤死角。围绕中心广场的外圈环状通道的通行能力也令人堪忧。作为连接四大场馆的唯一环状通道，宽度十分有限，最宽处不过30米，但这并不全部是有效交通空间，因为通道上布置了手扶电梯、餐饮、便利店、安保车辆停放点等设备空间，真正留给人们步行的宽度仅为十几米。除了狭小的空间在人流疏散上极为拥挤外，一层空间的相对闭塞也使通风效果极差。

资料来源：设计硬伤或致上海国家会展中心"久病难愈"，崔国，《城市中国》。

思考题：

1. 展馆配套交通如何和城市整体交通协调统一？

2. 2014年12月31日，上海外滩跨年夜活动发生踩踏事故，造成大量人员伤亡。2015年1月11日，富力地产集团在海口举办的马拉松比赛造成了城市交通瘫痪。很多会展活动都因为不恰当的地点选择和策划给当地居民生活带来了不便，甚至还造成了人员伤亡，这使我们必须要认真思考会展活动（尤其是开放式会展活动）在选择举办地点时应该注意哪些问题？

| 第四章 |

展览会产品策划

[**主要内容**] 本章主要讲述展览会产品策划，主要内容包括名称策划、组织架构策划、展位策划、附设活动策划、赞助和广告产品策划。拓展阅读资料分享了"事件利益相关者分析"和"活动赞助的品牌形象转移研究"两个主题。

第一节　展览会名称策划

展览会名称主要包括四个要素：展出时间、展出地点、展出内容和展览会性质。当然并不是所有的展览会名称都包括全部四个要素，有的展览会除了这四个要素之外，还包括其他内容。如果展览会是国际展，展览会名称中还会有"国际"二字。

一、展览会名称策划

1. 展出时间

展出时间要素表示展览会举办的时间，时间表示的方式有以下几种：

● "×年"，如"2015年中国国际珠宝展览会"中的"2015年"即表示展览会是在2015年举办的。

● "第×届"，如"第五届中国北京国际文化创意产业博览会"中的"第五届"具有时间性质。

● "×（年）第×届"，如"2015第六届北京国际LED展览会"中既包括年份又包括届数；

● "×年×季"，如"2015年春季广交会"既包括年份又包括具体的季度。又如"2015中国国际纺织面料及辅料（春夏）博览会"，虽然表现形式略有差别，但也是既包括年份又包括具体季度的展览会。

● "×年第×届×季"，如"2015年第117届（春季）广交会"既包括年份，又包括届数，还包括具体季度。

本书所研究的展览会每一年举办时间大体确定，如广交会每年是在5月和10月在广州举办，北京高科技产业博览会每年5月最后一个星期举办。展览举办时间具有一定的规律，集中在某段时间。那么如何来确定展览会的举办时间呢？展览会是供需交流的平台，观众尤其是专业观众参加展览会的一个主要目的就是为下一时间段的生产和销售进行采购，因此很多展览会都是在消费旺季来临之前举办。确定展览会的举办时间应深入研究相应产业的产品周期、采购周期等。

2. 展出地点

在展览会名称中所体现出来的展出地点可以很宏观，如所在大洲、所在国家等，也可以很微观，如城市，甚至是具体场馆。当然，也有的展览会名称中并不出现展出地点要素。

● 相对宏观的地点，表示"世界"、"大洲"和"国家"的名词。如"世界博览会"，又如"2015年亚洲国际品牌体育用品及运动时尚博览会"，再如"2015中国国际纺织面料及辅料（春夏）博览会"。

● 相对微观的地点，表示"城市"、"展馆"的名词。如"2015北京国际旅游博览会暨北方旅游交易会"，再如"2015年北京国展人才招聘会"。

● 宏观和微观地点相结合，如"中国（北京）第十一届国际照明电器博览会"。

3. 展出内容

展出内容是展览会名称中最核心的要素。相对专业的展览会，参展商和观众可以直接通过展览会名称中展出内容要素了解展览会的展出内容，并判断是否和自己有关，如"2010年中国国际珠宝展览会"表示展出内容是珠宝，"第五届中国北京国际文化创意产业博览会"表示展出内容是文化创意产品；而相对综合的展览会，虽然不能从名称上判断出具体的展出内容，但可以判断出展出范围，比如"上海工业博览会"说明该展览会的展品都属于工业品；"世界博览会"则说明展出内容可以是人类社会一切文明进步的成果，只不过根据不同届世博会具体主题，展出内容的侧重点不同。

4. 展览会性质

常用的表示展览会的名词有"展览会"、"博览会"、"交易会"、"展销会"等。这些名词有一定的区别，所展出的展品涵盖的范围以及展览会的性质有所不同。一般来说，"展览会"是指以贸易洽谈和宣传展示为主要内容的展览会，展览具有较强的专业性，如"2015年中国国际珠宝展览会"；"博览会"也以贸易洽谈和宣传展示为主要内容，但相对展览会而言，展览题材更加广泛，一般具有较大规模，而专业化程度相对较低。如"第五届中国北京国际文化创意产业博览会"；"交易会"主要是指商贸交流，如"2015北京国际旅游博览会暨北方旅游交易会"；"展销会"以现场销售为主要特点，如"2015春季服装展销会"。还有些展览会用"购物节"、"订货会"来表示其性质，这些展览的形式相对灵活。

当两个以上的展览会联合举办时，可以有以下几种表现形式：如"第七届中国（北京）国际冶金工业博览会暨第七届中国（北京）国际铸造、锻压、热处理及工业炉展览会"、"第十二届中国国际冶金工业展览会+第十届中国国际铸造、锻压及工业炉展览会"。

二、展览会名称审批的具体规定

由于目前我国展览会管理体制实行的是审批制，所以展览会名称需符合相关审批管理办法中关于名称的规定。比如，《在境内举办对外经济技术展览会管理办法》（2014年修订稿）中关于展览会名称的规定，对外经济技术展览会名称实行标准字段管理，标准字段依次为时间、地点、性质、主题、类别及附注等部分。对外经济技术展览会冠名应当符合下列规定：

● 时间字段。时间字段以年份、届数表示。

● 地点字段。地点字段以地名表示（如中国、北京）。如符合下列条件，可冠名"中国"、"全国"、"中华"字样：①已经连续举办三届以上；②上届展览会展览面积超过10000平方米；③参展的境外法人、组织、个人或受其委托并以其名义参展的境内法人、组织、个人比例达到参展商总数20%以上；④来自举办地以外的三个以上省、自治区和直辖市的国内参展商比例达到参展商总数20%以上。

● 性质字段。性质字段指展览会的市场定位等，可使用"国际"等字样。

● 主题字段。主题字段指展览会的内容，可用展品类别名称等表示。

● 类别字段。类别字段指展览会的类别，如展览会、交易会、洽谈会、博览会等，申请人应根据展览会的展品范围、规模、形式等确定，其中博览会应涉及两类以上商品或两种以上商务形式。

● 附注字段。附注字段指展览会主题或内容的相关延伸等方面的表述，如"暨……"。

● 展览会英文名称应与中文本意基本保持一致。

第二节　展览会组织架构策划

展览会的组织架构一般来说包括主办单位、承办单位、支持单位、协办单位。主办单位和承办单位是最核心的、最重要的，也是必不可少的。协办单位和支持单位不是必需的，要依据主办单位和承办单位的实际能力和展览会的需要进行选择。主办单位、承办单位、协办单位和支持单位等办展机构合理的组合，是一个展览会能够成功举办和发展的基础。在策划展览会组织架构时，要处理好政府和行业协会的关系，要与国内外在该产业有较大影响力的机构和各大新闻媒体建立起良好的合作关系。在第一章关于展览会形式产品的基本信息部分已经就这四个方面做过简单介绍，下面将进一步介绍如何对这四个方面进行策划。

一、主办单位

主办单位是指在法律上对展览会拥有所有权，并对展览会承担主要法律责任的办展单位。从理论上来讲，任何主体（包括自然人和法人）都可以成为举办展览会的主体，但在这里我们只讨论法人作为展览会主办主体的情况。展览会的主办主体可以是政府、行业协会、高校、科研院所、一般性企业、会展公司等。主办单位可以是一个，也可以是多个，可以是一种类型，也可以是多种类型。可以是政府与行业协会联合主办，也可以是行业协会与公司联合主办（见资料4-1）。

在实际操作中，主办单位有三种形式：一是全部责任主办单位，拥有展览会并对其承担主要的法律责任，而且负责展览会的实际策划、组织、操作与管理；二是部分责任主办单位，拥有展览会并对展览会承担主要法律责任，但并不参与展览会的实际策划、组织、操作和管理；三是名义主办单位，即不对展览会承担法律责任，也不参与展览会的实际运作。一般来说，第一种形式的主办单位是会展公司，第二种、第三种形式的主办单位一般是政府或行业协会，主办单位具有较强的行业号召力。

政府、行业协会、会展公司作为三类不同的主办机构，各有优缺点。在我国，政府一直以来都是展览会非常重要的主办机构，政府主办展览会也有其特有的优势。但由于我国展览会管理体制实行的是审批制，政府办展是既当"裁判员"又当"运动员"，不利于市场公平竞争。2015年4月19日，国务院发布《国务院关于进一步促进展览业改革发展的若干意见》指出，要推进市场化进程，严格规范各级政府办展行为，减少财政出资和行政参与，逐步加大政府向社会购买服务的力度，建立政府办展退出机制。放宽市场准入条件，着力培育市场主体，加强专业化分工，拓展展览业市场空间。这必将会使政府作为主办单位的展览越来越少，而会展公司和行业协会作为主办单位的展览会越来越多。

二、承办单位

虽然每个展览会都有主办主体，但是很多主办主体都不直接参与展览会实际的组织、安排和管理工作，而是委托一定的单位来承办①。尤其是当主办单位是政府和行业协会时，更是需要委托承办单位来承办。承办单位主要是接受主办方的委托，负责整个展览的组织、安排和管理工作。也就是说，承办单位是实际运作、经营和管理展览会的一方。主办方和承办方的关系就像一个企业的股东和经理的关系一样，股东出资成立企业生产产品，但却不实际经营管理企业的生产，经理虽然实际管理企业，但却不是企业的所有者。当然，会展的承办方虽然负责整个展览会的管理工作，但这并不意味着展览会上的每一项工作或每一项活动都要由承办方来完成。承办方可以将展览会上某些活动或项目承包给具有一定资质的企业来完成。

承办单位可以是政府，可以是行业协会，也可以是公司；可以是一个，也可以是多个。在实际操作中，主办单位可以根据承办单位的优劣势及展览会的需要

---

① 主办单位和承办单位也可合二为一，但随着会展产业市场化程度的提高以及分工的深化，主办单位和承办单位的分离也是会展产业运营的趋势。

来安排承办单位的具体职责。如果承办单位只有一个，一般情况这个承办单位将全面负责展览会的组织、操作和管理，并对展览会承担主要财务责任。如果承办单位是多个，不同的承办单位将分别承担某一项或几项工作，如招展、招商、宣传推广、现场管理等工作。

三、协办单位

协办单位的主要职能是协助主办或承办单位负责展览会的策划、组织、宣传推广、操作与运营。协办单位对展览会一般不承担财务责任，只是对主办和承办单位的工作起协助作用。在实际工作中，协办单位承担的工作最为常见的是参与招展、招商和宣传推广工作。因此，协办单位一般具有一定招展、招商和宣传推广能力，但是不愿意或者无法承担法律责任。协办单位的优势往往是主办单位和承办单位所缺乏的，但又是展览会所必需的。所以，在选择协办单位时要认真对待，协办单位一般为行业协会和展览公司。

四、支持单位

支持单位一般是展览会起间接和次要作用的单位，有时也要承担一些招商和宣传推广工作，但不起主要作用，也不承担任何财务责任。

资料 4-1

展览会组织架构

中国义乌国际小商品博览会（简称"义博会"）创办于 1995 年，是经国务院批准的日用消费品类国际性展览会，每年 10 月 21~25 日在浙江义乌举行。义博会以"面向世界、服务全国"为办展宗旨，已成为目前国内最具规模、最具影响、最有成效的日用消费品展览会，是商务部举办的三大出口商品展之一。主办单位：中华人民共和国商务部、浙江省人民政府、中国国际贸易促进委员会、中国轻工业联合会、中国商业联合会；承办单位：浙江省商务厅、义乌市人民政府；支持单位：国家工商行政管理总局、中华全国工商业联合会、香港贸易发展局、大韩贸易投资振兴公社、澳门贸易投资促进局。

中国国际印刷技术及设备器材展是中国印刷业最重要的专业展览会之一。主办单位：中国印刷技术协会、中国印刷科学技术研究院、杜塞尔多夫展览（上海）有限公司；承办单位：北京科印传媒文化股份有限公司、杜塞尔多夫展览（上海）有限公司、中国印刷技术协会；协办单位：上海市印刷行业协会；国际支持单位：杜塞尔多夫展览集团公司。

第三节 展位策划

一、参展范围

参展范围是对展览会名称中所体现出来的展出内容的进一步细化。展出内容虽然可以表示参展商和展品的大概范围，但还是不能让参展商和观众特别直观、清晰地了解展出的具体内容。以"国际旅游博览会"为例，如果单纯从名称来看，我们只知道这是一个和旅游有关的展览会，但具体有哪些类型企业参展并不是特别清楚，需要通过参展范围进一步明确展出内容，详见资料4-2。明确参展范围的意义：第一，可以使组展者明确参展商范围，有利于营销工作的开展；第二，可以使参展商明确是否适合参展；第三，是展区和展位划分的依据；第四，是进一步明确展品的依据。

资料 4-2

2016 国际旅游博览会的参展范围

● 旅游机构。包括旅游局、旅行社、旅游经营者、旅游院校、旅游媒体、旅游金融机构、房车露营地运营商、银行卡供应商。

● 旅游景区。世界遗产、自然保护区、名胜古迹、博物馆、文化古迹、影视城主题公园、民俗旅游、线路红色旅游线路、精品旅游线路。

● 特色休闲旅游。高尔夫、度假村、邮轮、漂流、登山、潜水、滑翔、沙滩、滑雪场、温泉、康乐健身。

● 会议与奖励旅游。展览场馆、会议中心、体育场馆、豪华酒店、文化广场、特色饭店、会展服务公司。

● 旅游资源开发。规划中的旅游开发区、新开发旅游项目、旅游房地产、分时度假、旅游投融资公司。

● 旅游工具设施。航空公司、旅行车、旅游巴士、房车、剧院、酒店、餐厅、酒吧及娱乐场所、SPA、旅游车船公司、游艇、游轮、高科技或节能型旅游设施设备。

确定参展范围需要了解国民经济行业分类情况。《国民经济行业分类》国家标准于 1984 年首次发布，分别于 1994 年和 2002 年进行修订，2011 年第三次修订。该标准（GB/T 4754-2011）由国家统计局起草，国家质量监督检验检疫总局、国家标准化管理委员会批准发布，并于 2011 年 11 月 1 日实施。此次修订除参照 2008 年联合国修订的《国际标准行业分类》修订四版（简称 ISIC4）外，主要依据我国近年来经济发展状况和趋势，对门类、大类、中类、小类做了调整和修改。虽然参展范围不可能与国民经济行业分类一一对应，但对指导参展范围的策划以及参展商选择具有一定的指导意义。

二、展厅布局

展厅布局对于展览会至关重要。展厅布局不仅包括出租给参展商的展位布局，还包括物理设施的布局、公共区域（如注册处）和其他区域的布局。展厅布局应该能够满足参展商和赞助商需要和观众的参观习惯，能够考虑到所有利益相关者的需要和展馆本身的特点。科学的展厅布局应该能够有效地连接参展商、赞助商和观众，建立在调研问卷、策略、交通分析（如观众如何在展厅内移动）和其他分析的基础上。

一个大型展览动辄十几万平方米甚至几十万平方米，参展展品的范围也是极其广泛。这就需要根据科学的原则把展厅分成不同的区域，以便于参展商参展和观众观展。某些综合展由于展品所涵盖行业较多，综合展直接就被划分为几个专业展，如中国国际工业博览会（见资料 4-3）。

资料 4-3

中国国际工业博览会设 9 大专业展

中国国际工业博览会（简称"中国工博会"）是中国国际装备制造业顶级盛会，每年 11 月在上海举办。中国工博会自 1999 年创办以来，历经多年发展创新,通过市场化、专业化、国际化、品牌化运作,已发展成为通过 UFI 认证、中国装备制造业最具影响力的国际工业品牌展,是我国工业领域面向世界的一个重要窗口和经贸交流合作平台。

第十七届中国国际工业博览会于 2015 年 11 月 3 日至 7 日在国家会展中心(上海)举行,规划面积约 20 万平方米,设 9 大专业展:

● 数控机床与金属加工展。

● 工业自动化展。

● 工业环保技术与设备展。

● 信息与通信技术应用展。

● 新能源与电力电工展。

● 节能与新能源汽车展。

● 机器人展。

● 科技创新展。

● 航空航天技术展。

大部分展览是按照以下几种依据划分展区的:

1. 按照展品种类划分

展品种类(或企业所属行业类型)是目前最主要的划分展位的依据。采用此种划分依据便于观众参观,能够最大限度提高参展商的参展效果。

但采用此标准划分展位也可能会使一些企业因为参展展品属于不同类型而需要搭建多个展台,而影响其整体品牌的营销。如服装展通常以男装、女装、童装等作为划分展位的方式,但很多企业的展品同时包括这三种类型,按照组展商的展位布局,企业就需要在多个展区布置展台,可能会影响参展企业整体品牌形象的营销。

2. 按参展企业来源地划分

在一些大型的综合性的国际展览会或博览会上,也可能会按照参展企业所在国家或地区来划分展位,如上海世博会主要是按照参展国家所在的大洲来划分展区的。

3. 按照展品主题划分

有些展览会还会依据展品和参展商的特点设计出不同的主题,并依据不同的主题来划分展位。例如，德国杜塞尔多夫国际鞋类展览会是世界上著名的三大专业鞋展之一，也是欧洲地区规模最大的鞋类博览会。每年三月、九月春秋两季在欧洲著名的博览会城市——杜塞尔多夫国际展览中心举办。博览会主办单位杜塞尔多夫展览公司根据参展展品的不同档次和市场定位对参展商进行专业划分，将展览会划分为国际基本展区、时尚区、休闲区等 7 个不同展区。

根据主题划分展位虽然是一种划分展位的依据，但并不常见，主要是因为这种划分展位的展品方式不利于参展商选择展位和观众观展。比如，对于杜塞尔多夫国际鞋类展览会来说，时尚和休闲两个主题并没有清晰的界限。

4. 综合考虑各种因素划分

组展商在划分展位时通常会综合考虑各种因素。有些展览会（尤其是国际性展览会）通常会综合考虑参展企业来源地和展品类别来划分展位，既有按照展品种类划分的展位，也有按企业来源地划分的展位，还有按展品主题划分的展位，如上海世博会既有各大洲各个国家馆，也有按照主题设计的主题馆；再如 2015 深圳礼品展是综合考虑展品、企业来源地（港台及海外馆）、主题（原创设计馆）来划分展区的（见资料 4-4）。

资料 4-4
2015 年 10 月深圳礼品展产品分馆分类

● 1 号馆：工艺品、电子电器馆。

● 2 号馆：陶瓷、玻璃、塑料、饰品馆。

● 3 号馆：电子雾化器。

● 4 号馆：原创设计馆。

● 5 号馆：港台及海外馆。

● 6 号馆：文化用品、玩具卡通授权馆。

● 7 号馆：家居礼品、毛巾、箱包皮具馆、小批量订单区。

● 8 号馆：电子电器、智能家居馆。

● 9 号馆：厨房用品、家纺、休闲旅游用品、节庆礼品、五金礼品馆。

三、展位划分

展位一般是指在展览会上用来展出商品和图片等物品的单位空间，也称作摊位。为了更好地招展宣传，提高展出效果和参观效果，展览组织者一般都会将整个展览场地划分为不同的展位。

1. 展位类型

（1）根据面积和装修风格，分为标准展位和特装展位。根据面积和装修风格的不同，分为标准展位（或标准摊位，简称标摊）和特装展位。

标准展位是有一定尺寸和配置标准的，由组展商为参展公司搭建的模块化展位。基本标准展位配置通常包括边墙板、后墙板、地毯及展商名称标板，其他展位设施可选；而"标准展位套餐"则在基本标准展位配置之外通常还包括家具、灯光及能源等设施。标准展位比较适合首次参展、参展预算有限或着重控制成本的参展商。一般的标准国际摊位尺寸为 3 米 × 3 米，提供的标准配置一般包括：一桌两椅两射灯（或日光灯），一个 220V5A 的插座，一个纸篓，三面围板，（见图 4-1）。

立体显示图

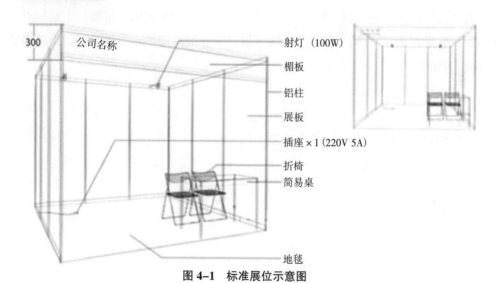

图 4-1 标准展位示意图

特装展位是由参展商自行或委托专业机构专门设计并特别装修的展览位置及其覆盖的面积，组展商一般会以空地的形式租给参展商。

（2）根据展位的位置和形状，分为"道边型"展台、"墙角型"展台、"半岛型"展台和"岛屿型"展台。

1）"道边型"展台。也称"单开口"展台，它夹在一排展位中间，观众只能从其面前的过道进入展台内，这种类型的展位租金最低，中小企业在选择这类展台时要注意它的位置、优先挑选位于洗手间、小卖部、快餐厅、咖啡屋附近的展台，这些地方是展览会人流最密集的区域，易于参展商捕捉商机。

2）"墙角型"展台。也称"双开口"展台，它位于一排展台的顶端，两面邻过道，观众可以从它前面的通道和垂直于它的过道进入展台。"墙角型"展台与"道边型"展台相比，面积相同，但多出一条观众进入展台的侧面过道，因而观众流量较大，因而展示效果相对较好，当然租金也要比"道边型"展台高出10%~15%。

3）"半岛型"展台。观众可从三个侧面进入这种类型的展台，其展示效果要比前两种好一些，企业在选择这种展台时，应该配合做好装修才能达到满意的效果。

4）"岛屿型"展台。在四种类型的展台中租金最高，它与其他三种类型的展台不同，观众可以从任意一个侧面进入展台内，因而更能吸引观众的注意力。"岛屿型"展台一般为特装展位（空地展位），组展商不提供任何配置，起租点一般为 36 平方米。"岛屿型"展台是特装展台，参展商的展示效果最好，但参展费用相对较高。

2. 展位划分的原则

（1）便于定价与销售。价格是展览产品的基本要素之一，为追求展位销售收入和利润最大化，组展商需要制定适当的价格策略。而不同位置的展位价格是不一样的，展位位置是决定展位价格的主要因素（见表 4-1）。因此，组展商应合

表 4-1　第十届中国国际摩托车二号馆展位的不同价格

展位类型	国内企业	国际企业
第一排空地特装展位 （空地 54 平方米起租）	￥800 元/平方米	250 美元/平方米
第二排空地特装展位 （空地 100 平方米起租）	￥750 元/平方米	240 美元/平方米
第三排空地特装展位 （空地 36 平方米起租）	￥650 元/平方米	200 美元/平方米
各厅前部标准展位	￥8000 元/个	2500 美元/个
各厅中部标准展位	￥7500 元/个	2400 美元/个
各厅后部标准展位	￥6500 元/个	2000 美元/个

理划分不同类型展位，并根据展位类型制定相应的价格，实现销售目标和财务目标。同时，参展商可以根据自己的预算约束和预期的参展效果，选择合适的展位，因此，合理的展位划分便于组展商销售展位。

（2）便于现场管理和服务。组展商针对不同的展位需要提供不同的服务。对于标准展位，组展商需要提供标准展台和标准配置；而对于特装展位，组展商只需要提供空地，由参展商自行搭建展台。特装展位应相对集中，便于参展商搭建展台，同时也便于组展商提供服务和现场管理。

（3）便于厂商参展和观众观展。展览会在有限的时间里集聚了众多展品，具有一定的规模，小到几千平方米，大到几万、十几万甚至几十万平方米。观众的时间也是有限的，而且往往只对特定的企业或展品感兴趣。为了最大限度地实现

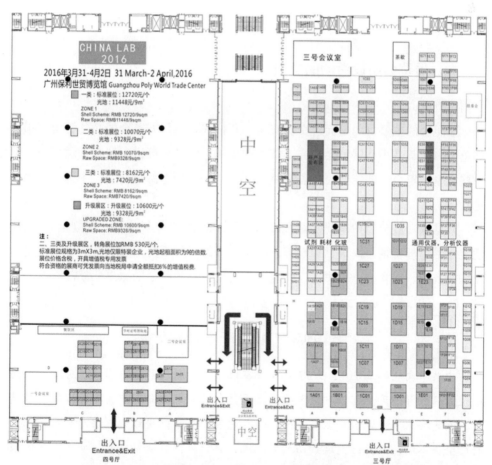

图 4-2 广州国际分析测试及实验室设备展览会暨技术研究会展位图

参展商的参展效果，组展商要设计最合理的展位布局，让具有一定相同特征的企业或展品集聚在一起，让参展商实现参展效果的同时也让观众实现其观展效果。

3. 展位平面图

划分好展区和展位后，还要按一定比例绘制展位平面图，并在图上标明每个展区和展位的具体位置，标明展馆各出入口、楼梯、现场服务点等，为参展商选择展位提供决策依据。展位平面图是展览会招展时的必备材料之一，在绘制时要精确、细致，图标和线条要清楚。展览会官方网站上一般都会有展位分区图。

第四节　展览会附设活动策划

一、展览会附设活动的类型

1. 开幕式

展览会的主要目的是促进交流交易，开幕式并不是展览会的必备要素，很多展览会（尤其是小型展览会，并不举办开幕式，而是直接进入展览展示环节。但一些大型博览会、展览会还是需要举办开幕式的，如上海世博会、中国—东盟博览会等。

开幕式一般会邀请重要嘉宾致辞、剪彩，但 2012 年"中央八项规定"出台，规定领导干部特别是高级领导干部未经中央批准一律不准出席各种剪彩、奠基活动和庆祝会、纪念会、表彰会、博览会、研讨会及各种论坛，详见资料 4-5。

资料 4-5

"八项规定"中关于会展的内容

中共中央政治局 2012 年 12 月 4 日在北京召开会议，会议强调，领导干部特别是高级干部作风如何，对党风政风乃至整个社会风气具有重要影响。抓作风建设，首先要从中央政治局做起，要求别人做到的自己先要做到，要求别人不做的自己坚决不做，以良好党风带动政风民风，真正赢得群众信任和拥护。要下大决心改进作风，切实解决群众反映强烈的问题，始终保持同人民群众的血肉联系。

要精简会议活动，切实改进会风，严格控制以中央名义召开的各类全国性会议和举行的重大活动，不开泛泛部署工作和提要求的会，未经中央批准一律不出席各类剪彩、奠基活动和庆祝会、纪念会、表彰会、博览会、研讨会及各类论坛；提高会议实效，开短会、讲短话，力戒空话、套话。

2. 会议

会议是一个相对比较宽泛的概念，展览会的附设会议可以有多种类型，如论坛、专业研讨会、技术交流会、产品订货会、产品推介会等。

展览会附设会议可以丰富展览会的信息功能、扩展展览会的展示功能、强化展览会的发布功能，使展览会同时具备贸易、展示、技术和信息发布等功能，可以对相当一部分参展商和观众产生吸引力。很多时候，专业观众不是被展览而是被会议、论坛吸引来的。附设会议和论坛可以对行业发展趋势以及热点、难点问题进行探讨，以帮助业内企业做出理智的决策，促进交流合作。

资料 4-6
2015 中国（大连）国际纺织服装博览会的会议策划

2015 中国（大连）国际纺织服装博览会共举办 8 场高峰论坛、6 场专题推介会、3 场大型专业对接会和本地大型商场专场对接会。

8 场高峰论坛

● DT 时代与 2025 中国纺织服装制造高峰论坛。

● 辽宁服装大会。

● "互联网＋毛皮"产业的协同与创新论坛。

● 中韩自贸协定下中韩时尚贸易趋势论坛。

● "一带一路"的纺织服装机遇论坛。

● 互联网时代的纺织服装产业价值链国际高峰论坛。

● "互联网＋微信支付"开启智慧生活。

● 2016 "互联网＋"背景下时尚品牌的中国前景。

4 场推介会

● 大连服装纺织专场推介。全球梭织服装 ODM 基地暨大连普兰店中国西装名城、大连甘井子区辽宁省内衣名城、大连瓦房店中国家纺流苏名城、大连中山区时尚女装品牌聚集区、走出去—大连在东南亚等境外加工贸易优势推介。

● 大连金普新区、跨境电商、中韩自贸区服装纺织板块推介。

● 国内及辽宁省产业集群推介。

● 国际品牌推介。

3 场大型专业对接会

● 全国重点百货零售商、代理商、买手与参展企业对接会。

● 国际采购集团及买家与参展企业对接会。

● 电子商务企业"互联网+"对接会。

本地大型商场专场对接会

为参展的海内外企业落地大连，举办大商、麦凯乐、新玛特、万达广场、友谊商城、佳兆业广场、天兴罗斯福、福佳新天地、西安路百盛、柏威年十大商场专项对接，延伸展览会的服务，扩大展览会的影响，满足参展商的需求。

3. 其他活动

其他活动的形式主要有评奖活动、娱乐活动。评奖活动主要有三类：第一，与展览会现场表现有关，如评选最具人气展台、最佳展台设计、最佳参展商等；第二，产品评奖，如"××金奖"；第三，也可以称为评奖活动的附加活动，即颁奖晚会。娱乐活动包括多种形式，如表演、抽奖、竞赛、游戏等各种娱乐活动。

展览会是展品的展示，是相对静态的活动，而附设活动则加强了参展商、观众之间的交流和互动，提高了参展商和观众的参与程度，可以活跃展览会现场气氛。比如，在 2016 中国国际高尔夫球博览会的现场，除了门类齐全的展商和五花八门的展品，还有一系列的精彩活动。观众随时可以到舞台区及活动地点参与现场活动，加深自己对高尔夫运动以及高尔夫行业的了解，如 PGA 专业教练现场教学、高尔夫亲子嘉年华、PGA 教学与教练峰会、球队下午茶、球杆测试评选、高尔夫入门课堂等。

二、展览会附设活动的组合策划

在会展业中，"会"、"展"和"活动"往往是密不可分的，其实可以用"活动"或"事件"统一地概括这三个概念。当今，大部分展览会中都或多或少地包括会议、论坛及其他相关活动。大型展览会附设活动往往是多种类型活动的组合，这就需要对各种活动的组合进行策划，使各种活动能够相互配合，最大限度地提高展览会的价值。展览会附设的不同活动有不同的功能，如可以丰富展览会的内容、拓展展览会的功能、活跃展览会的气氛、提升展览会档次、扩大展览会影响等。活动组合策划应该考虑不同活动的特点、功能，以与展览会的需求相契合。

1. 活动主题组合策划

策划附设活动应紧紧围绕展览会主题，是对展览会主题进一步细化和深化，附设活动应从不同角度、不同层次对展览会主题进行诠释。以中国国际工业博览会为例，2010 年中国国际工业博览会论坛作为"中国工博会"重要活动之一，紧扣"科技创新，振兴装备制造业"主题，共设有 70 余项论坛活动。本届论坛选题适应我国应对世界经济危机，应对全球能源、资源、环境等约束和世界经济全球化、多极化发展的挑战，选择世界装备制造业发展中的经济、技术及管理方面的前沿议题。

活动主题应该相互呼应、相互配合，发挥不同的功能。一般来说，展览的主要功能是展览展示，会议论坛的主要功能是信息发布和交流，活动的功能在于提高参与度、活跃现场气氛。以 2010 年上海为例，展示、论坛与活动是 2010 年上海世博会的三大组成部分，三者都围绕"城市，让生活更美好"这一世博会核心主题展开。其中论坛是与世博会主题理念、思想成果有着紧密联系的一个板块，它直接演绎世博会主题，既是世博会精神遗产的集中体现，也是展望世博会未来的重要平台。上海世博会期间将举办 1 个高峰论坛和 6 个主题论坛及系列的公众论坛。上海世博会活动分为组织者组织的活动和参展者组织的活动，目的在于促进各国文化交流，展示中华优秀文化，推动文化发展。以上海世博会所需要的节目内 20 个关键词作为引领，为组织者遴选节目、参展者申报节目提供依据。这 20 个关键词是主题、首演、名人名团、本土特色、时尚、奖项、街头巡演、艺术节庆、世界非物质文化遗产、合作、创新、启迪、开闭园活动、同城效应、创意、传递、互动、合理、艺术展览和科技含量。上海世博会文化演艺活动可以分为"2 块、6 类、18 条线"，见表 4-2。

表4-2　世博会的会议论坛和活动主题

项目	主题	备注
高峰论坛	城市创新与可持续发展	略
主题论坛	信息化与城市发展	
	城市更新与文化传承	
	科技创新与城市未来	
	环境保护与城市责任	
	经济转型与城乡互动	
	和谐城市与宜居生活	
公众论坛	世博青年论坛	
	世博省区市专题论坛	
	世博上海区县论坛	
	世博文化传媒论坛	
组织者组织的活动	仪式	仪式、巡游、舞台和主题4类，下辖开幕庆典活动、开园仪式活动、中国国家馆日活动、开闭园活动、闭幕盛典活动、乐盛装大巡游、原创剧目、"三民"活动、节庆活动、"年轻的世博"系列活动和社区市民活动11条线
	巡游	
	舞台	
	主题	
参展者组织的活动	馆日活动/荣誉日活动/特别活动/省区市活动周活动	国家馆日活动、国际组织荣誉日活动、城市特别活动、企业特别活动、省区市活动周活动、世博主题月和日常活动7条线
	日常活动	

2. 活动时间组合策划

对于展期相对较短的展览会来说，展览会附设活动一般都是与展览会同期举行。但对于一些展期相对较长的展览会，附设活动的举办时间也可能在展览会举办前，起到提前预热的作用。比如，上海世博会在2010年5月初至10月末期间举办，持续6个月，上海世博会的大部分附设活动都是在这期间举办的。但其中的第一场公众论坛"爱城市，爱生活"世博青年论坛在2009年4月11日就在日本东京六本木森大厦揭幕。即使是与展览会同期举办的活动，对于像世博会这样持续半年的展览会，也要策划好各种活动的时间组合，使展览、展示与论坛、活动能够在时间上配合。

如果展览会确实需要举行开幕式，需要注意开幕式的时间。对于小型展览会，开幕式一般在展览会当天的早晨举办；对于大型展览会或博览会，开幕式一般在展览会举办的前一天举办，如第七届东盟博览会于2010年10月20~24日在广西壮族自治区南宁市举办，而开幕式是在 10 月 19 日下午 2:00 举办的[①]；再如上海世博会是在 2010 年 5 月 1 日至 10 月 31 日举办的，而开幕式则在 4 月 30 日晚上 8:10 举办。另外，如果展览会是某项综合性大型活动中的一项，那么整个大型活动会统一举办开幕式，而开幕式的时间则可以更加自由灵活地确定。

3. 活动地点组合策划

展览会附设活动地点的选择相对灵活，可以是室内，也可以是室外；可以是展览场馆内，也可以在室外展馆，还可以是独立于展览场馆的其他地方。在展馆内举办活动，有助于与展览会一同营造气氛；在场馆外举办活动，可以给参与者更多的新鲜感。但在场馆外举办附设活动，会给组展商带来更多的管理工作。

上海世博会在园区内共拥有 32 块活动场地，分为室内和室外两种。室内场地有 6 块，室外场地有 26 块，32 块场地每天可容纳的观众数为 20~22 万人。浦东片园区和浦西片园区的活动内容有不同定位。浦东片园区因拥有中国馆、主题馆、五大洲国家展馆、世博中心和演艺中心等场馆，活动内容求"经典"；浦西片园区因拥有企业馆、城市最佳实践区、博览广场、大型船坞、综艺大厅等场馆，活动内容总体定位在"未来创意"。同时，上海世博会的论坛还有在馆外举办的，如主题论坛"和谐城市和宜居生活"就是在杭州举办的。

第五节　展览会广告和赞助产品策划

除展位收入外，广告和赞助收入也是展览会的一项收入来源，需要对广告和赞助产品进行策划。赞助回报有时就是为赞助企业提供广告机会，所以，在此把赞助和广告放在一起策划。

一、广告产品策划

展览会是参展商宣传及展示自己产品和服务的有效平台。从时间上来看，参展商展示宣传产品和服务的机会不仅限于展览会现场，展前、展中和展后有多种

---

① 前几届东盟博览会的开幕式也有在博览会举办当天上午举办的。

多样的宣传推广机会；从空间上来看，参展商展示宣传产品和服务的机会也不仅限于展台上，在整个展厅、甚至展馆外也有多种多样的宣传推广机会。广告策划就是根据参展商的需要，从时间维度和空间维度尽可能地挖掘、拓宽宣传推广的机会和资源的过程。购买广告产品的企业既可以是参展商，也可以是参展商之外的其他企业。下面主要从时间维度来介绍各种可利用的广告资源。

1. 展前广告资源

参展商在展前就有机会与目标观众接触，这可以增加观众对参展商的认知度，并有机会在展前就产生意向订单或实际业务合作。展前的广告资源主要包括以下几种：

（1）参观邀请函。这是吸引观众去参展商展台的一个非常有效的方法。组展商可以依托庞大的观众数据库，把参观邀请函通过直邮方式直接发送到目标观众手中，在展前预热，使参展商在整个参展过程中曝光度大大提高。目标观众包括上一届展览会的观众、VIP 贵宾、主要买家及其他重要的采购团体。同时，参观邀请函还可用于行业杂志夹带、礼品市场派发、写字楼派发等宣传机会。

（2）展览会预览。组展商将会在展览会开幕前 1~2 周把参展商和展览会的信息发送给已经进行过预先登记的观众，便于他们了解展览会信息。进行过预先登记的观众是最为精准的目标客户群体，是绝佳的宣传推广机会。

（3）买家数据库 EDM 和 SMS。在展前，组展商可以利用其完备的买家数据库将参展商的信息进行邮件（Email Direct Mail，EDM）群发或短信（Short Message Server，SMS）群发，实现展前预热，增加观众现场参观参展商展台的机会。

（4）官方网站、微信、微博等平台。观众可通过展览会官方网站和官方微信、微博等渠道全面了解参展商的产品及核心竞争力，因此，展览会的官方网站、微信和微博等是参展商推广营销的重要平台。当然，网站、微信、微博的广告资源不仅在于展前，应该说是贯穿整个展览会始终的。

资料 4-7
2016 北京国际礼品、赠品及家庭用品展览会的电子营销方案

北京国际礼品、赠品及家庭用品展览会是中国礼品行业久负盛名的品牌展览会，在业内享有极高的美誉度，被称为"中国北方第一礼品展"。为了帮助参展商更好地实现其参展目标，主办方励展华群制定了电子营销方案，包括官方网

站、EDM 会员营销、SMS 短信营销、微信营销、微博营销等多种推广渠道，各种推广渠道的具体内容和价格见表 4-3。

表 4-3　2016 北京国际礼品、赠品及家庭用品展览会电子营销方案

推广渠道	具体内容	价格
官方网站：首页轮播屏	将企业广告放在网站首页最显眼的位置，吸引每一位浏览网页观众的眼球。点击广告进入企业网站，高效转化为礼品展览会网站流量	10000 元/2 周
官方网站：banner	首页两侧边栏弹出广告 单条规格：120×600	单联广告：5000 元/2 周 双联广告：8000 元/2 周
EDM 会员营销：banner	个性化展览会邮件，吸引买家眼球；特定买家选择，精准发送；嵌入式广告 banner，公司资料一目了然；广告直接对接公司官网，方便查看详细信息。每期限 2 家企业，共 6 期	3000 元/期
EDM 会员营销：定制邮件、定向发送	北京礼品展将帮您通过我们的数据库，为适合您的定向人群发送您的宣传邮件，用我们的资源为您搭建商机。仅限 2 家	6000 元/3 万封
SMS 短信营销	套餐 1：网罗 10000 个礼品展有效的买家数据，精准发送。仅限 2 家	2000 元
	套餐 2：覆盖 20000 个礼品展有效的买家数据，精准发送。仅限 2 家	4000 元
	套餐 3：横扫 50000 个礼品展有效的买家数据，精准发送。仅限 1 家	8000 元
微信营销	微信推荐参展商	2000 元/期
微博营销	推送内容：展览会新品、商家活动	1000/期

资料来源：2016 北京国际礼品、赠品及家庭用品展览会的官方网站。

2. 展览会现场的广告资源

展览会现场是参展商展示和营销自己最好的机会，除了展台内的产品和服务的展示，在展台之外甚至展馆之外都有多种多样的营销机会和广告资源。

（1）印刷品广告。印刷品广告主要包括会刊广告、门票广告、观众指南广告、参展商指南页面广告、导览图广告、证件广告（参展商证、参观证、嘉宾证等）、手提袋广告等。策划此类型广告时应确定哪些物品上可以印刷广告，印刷广告的规格、形式、数量等要素。

会刊将会分发给参展商、观众、使馆、协会及不能参会的其他买家，在展览会期间及展后可以使用会刊与买家保持联系。

作为出入展馆的通行证，每一位参会人员都会佩戴参观证。现场观众、参展商、VIP 买家所佩戴的参观证都为参展商提供营销的机会和可能。参观证吊绳与

参观证一样将出现在展览会现场的每一个角落。

观众指南是观众参观展览会的必备资料，是观众了解展览会活动、展馆分布、参展企业名录等基本信息的有效渠道。参展商在观众指南上做宣传，具有很高的宣传推广价值。

手提袋用于装预先登记观众的资料，所有行业内预先登记的观众都会持有手提袋参观展览会，具有很好的宣传效果。

当观众在展厅内看到突出标有某参展商展位号或展台位置的展位图标志牌，他们一般会径直走向该展位。这样的宣传不仅使观众更加轻易地找到该参展商，也使参展商的名字以及标识给观众留下更深刻的印象。

（2）悬挂张贴广告。悬挂张贴广告主要包括横幅、条幅、彩旗、灯杆旗、喷画、气球、充气拱门、太阳伞、灯箱、飞艇、三脚架等。悬挂张贴广告应该考虑悬挂的位置、广告的数量等问题。悬挂张贴广告位置主要包括观众登记处、贵宾休息室、展馆内序厅、展厅内吊点、地面以及户外合适场所。

登记处是观众进入展厅前的必经之地。参展商可以选择观众登记处作为宣传阵地，用公司的商标装饰登记台、用公司的形象装饰填表区，让观众对参展商有深刻的印象。所有预先登记的观众都将在此处领取展览会资料，包括展览会电子会刊、相关资料及小礼物。在该区域进行宣传，彰显企业的实力，同时可以全面锁定高质量的预先登记观众，进行精准营销。

贵宾/买家是一组经过挑选的高层决策者，具有很大的购买决策能力。贵宾休息室是非常好的宣传地点，组展商可以用企业的商标装饰贵宾室、在贵宾室派发某企业的产品资料、张贴某企业的宣传海报。

地贴指示可以直接把观众引向参展商的展台。带有参展商展台号及箭头的路面标志可以出现在展馆门口及任何参展商所希望并提前选好的地方，它会提醒观众有关展台位置，吸引并指引观众光临参展商的展台。

除了以上的宣传推广机会，户外宣传具有强悍的视觉冲击效果，每名进入展馆的观众都会首先关注到户外的宣传广告。户外广告可以有馆外道旗、户外广告牌、展厅入口包柱广告、户外挂墙广告等多种形式。户外广告可以说是观众首先接触到的企业宣传载体，可以有效地吸引观众光临展台，是极具价值的市场宣传形式，是绝佳的形象品牌宣传机会。

（3）视频广告。视频广告包括在展厅内的等离子电视，场馆内的大屏幕等地方播放视频，当然也可在展览会官方网站上播放。

资料 4-8

2016 北京国际礼品、赠品及家庭用品展览会的展中广告宣传机会

励展华群在 2016 北京国际礼品、赠品及家庭用品展览会现场上为参展商量身定制各种类型的配套广告宣传方案，以便能够最大效益通过宣传推广提升品牌知名度，吸引更多买家注意力。

表 4-4　2016 北京国际礼品、赠品及家庭用品展览会的展中广告宣传项目

宣传项目	价格（元，RMB）	宣传项目	价格（元，RMB）
参观证	40000	会刊广告——封内第一页、第二页	6000
参观证吊绳	40000	会刊广告——封底第一页、第二页	6000
观众指南——封底	10000	会刊广告——中间页	1500
观众指南——彩色内页	5000	会刊广告——彩色内页跨板式	3000
手提袋	30000/10000 个	户外广告——1 号馆正门门楼	40000
观众登记处	40000	户外广告——2~3 号馆、4~5 号馆门楼	20000
贵宾休息室	20000	户外广告——6~7 号馆门楼	20000
预登记观众资料领取处	30000	户外广告——8 号馆门楼	20000
产品推介会	8000	户外广告——1 号馆电梯处门楼	20000
地贴广告	5000/组 10 张为一组	户外广告——1 号馆二层门楼（2 个）	20000/个
员工制服	10000	户外广告——1 号馆正面墙体条幅广告	略
展位图标注	3000	户外广告——2~5 号馆正面墙体条幅广告	略
会刊广告——封面拉页	20000	户外广告——8 号馆正面墙体条幅广告	略
会刊广告——封底	15000	户外广告——展览中心广场广告	略

资料来源：2016 北京国际礼品、赠品及家庭用品展览会的官方网站。

3. 展后的广告资源

组展商可以通过展览会印刷品和电子快讯等形式，使参展商的目标客户再次关注参展商，与参展商的展后跟进密切配合，帮助参展商稳固订单、延续参展效果。因此，展览会印刷品和电子快讯是参展商或企业可以利用的展后广告资源。展后广告资源依托组展商完备的买家数据库，展览会印刷品通常以快递方式送达买家，电子快讯通过邮件（Email Direct Mail，EDM）群发或短信（Short Message Server，SMS）群发的方式送达买家。

二、赞助产品策划

赞助是众多机构宣传组合（广告、人员推销、促销、公共关系）中的一部分。赞助是一种商业交易行为，或者说是一种商业投资，这一点与无偿的捐款是不一样的。赞助是一种商业行为，在此过程中，赞助人和接受赞助者在明确各自的权利和义务的基础上签订协议。组展商在寻找赞助商之前一定要考虑所举办的展览会是否能给赞助人带来商业回报，如赞助企业通过赞助此项活动可以提高知名度、宣传企业形象、推广企业的产品、扩大自己的影响等。企业从赞助中获得的回报最终将对企业的利润产生积极而深远的影响。许多大型公司已经把赞助视为综合营销战略的一部分。

1. 赞助类型策划

展览会的赞助类型多种多样，从赞助的内容来看，既可以是现金赞助，也可以是实物赞助（如资料袋、设备等），还可以是现金和实物混合赞助。

从赞助的形式来看，既可以是独家赞助，也可以是联合赞助。独家赞助是指只有一个机构或企业赞助，要求赞助企业具有很强的资金实力，能够提供展览会所需的全部赞助，当然展览会的主办方也要给独家赞助商以很高的赞助回报。独家赞助商一般是为了显示自身实力并扩大自身影响而独家赞助的，但对于赞助商来说风险较大。联合赞助则是多个企业联合起来对同一展览会提供赞助，联合赞助中每个企业提供的资金或实物价值相对较少，可以使每个赞助商承担较小的风险，但由于赞助商过多，也会分散展览会参与者对赞助商的注意力，从而影响赞助回报，甚至是赞助完全没有回报。

从赞助的对象来看，既可以是单项赞助，也可以是多项赞助。单项赞助是指赞助商只对展览会中某个部分或某个活动提供赞助，如只对门票、资料袋提供专项赞助。多项赞助是指对展览会提供多项的赞助形式，如同时对欢迎晚宴、资料袋等提供赞助。

2. 赞助等级和金额策划

组展商通常需要根据赞助力度的不同，将赞助商划分为不同的级别。如有的组展商将赞助商划分为白金赞助商、黄金赞助商、白银赞助商、资讯伙伴、供应商和经济发展赞助商；再如，有的组展商将赞助商简单划分为一级赞助商、二级赞助商和普通赞助商等。2010 年上海世博会共有 56 家赞助商，分为不同的等级，包括 13 家全球合作伙伴、14 家高级赞助商和 29 家项目赞助商。

不同等级的赞助商对应着不同的赞助金额，或者说不同的赞助产品有不同的价格。赞助金额的确定既要考虑展览会的需要和影响力，也要考虑赞助商的承受能力。赞助金额的策划需要组展商既要对展览会的价值和影响力有客观的认识，也要对潜在的赞助商的支付能力有详尽的了解。

3. 赞助回报策划

赞助商在支付赞助费的同时，需要从展览会获得相应的回报。赞助等级不同，相应的赞助回报也会有所不同。赞助回报应该层次分明，使赞助商的付出与回报相对应。赞助回报应该详细明确，具有可操作性。大多数情况下，赞助商是以获取展前、展中和展后的各种宣传推广机会作为回报的。因此，很多展览会的广告产品和赞助产品是放在一起统一策划的，如资料 4-9 所介绍的 2015 全国药品交易会市场赞助机会其实也是其广告产品。

资料 4-9

2015 全国药品交易会市场赞助机会

全国药品交易会（Pharm China）是中国历史悠久的医药制剂、健康产品及相关技术、服务交易会。2015 年全国药品交易会市场赞助机会的主要内容详见表 4-5。

表 4-5　2015 全国药品交易会市场赞助机会

时段	内容		价格	名额	发行数量	发放对象
手机终端	彩信		非独家 1 万元/次	5 家/期	12 万	专业观众
			独家 2 万元/次	1 家/期	12 万	专业观众
电子邮件	电子快讯主横幅广告		5000 元/期	独家	7 万	专业观众
	电子快讯企业推广		3000 元/期	5 家/期	7 万	专业观众
	电子快讯（独家）		1 万元/次	1 家/期	7 万	专业观众
展前宣传	官网广告	官网首页幻灯片图	3 万元/家	2 家	20 万浏览量/月	参展企业和专业观众
		官网首页横幅广告	2 万元/家	2 家		
		官网首页推荐展商	2000 元/家	10 家		
		官网首页推荐产品	2000 元/家	10 家		
		官网展商动态	1000 元/家	10 家		
		二级页面右侧广告（所有）	1.5 万元/家/月	2 家		
		二级页面底部广告（单个）	独家 1.5 万元/家	20 家		
			非独家 1 万元/家	20 家		
		企业会议推广（官网）	1000 元/家	3 家		
		企业会议专题推广	2000 元/家	3 家	7~12 万	

续表

时段		内容	价格	名额	发行数量	发放对象
展前宣传	微信广告	非展期独家多图文	8000 元/次	共 20 次	3 万	微信粉丝
		非展期展商、产品推荐	2000 元/次；5000 元/5 次	共 150 次		
		非展期文章末图片	3000 元/次；8000 元/5 次	共 30 次		
		展期（5 月 15~17 日）文章末图片	1 万元/家			
	印刷品	展前预览	1 万元/期	4 家/期	2 万	参展企业和专业观众
		观众邀请函	3 万元	独家	6 万	专业观众
展览会现场宣传	现场广告	现场观众登记表	2 万元	独家	8 万	专业观众
		观众登录区（填表台）	2 万元	独家	10 万人次	专业观众
		观众胸卡广告	6 万元	独家	8 万	专业观众
		观众挂绳广告	3 万元	独家	8 万	专业观众
		地贴	5000 元/组	4 家/馆	8 万	专业观众
		瓶装水	3 万元	独家	1 万瓶	参展企业和预登记观众
		观众礼品	5 万元	独家	3000	预登记观众
		展位图 Logo（索引版、参观指南）	1000/家	多家	10 万人次	参展企业和专业观众
	现场活动	开幕晚宴赞助	10 万元	独家	企业领导人	参展企业和 VIP 观众
		互动游戏	商议	多家	10 万人次	参展企业和专业观众

思考题：

1. 展览会名称的构成要素有哪些？

2. 展览会的组织架构包括哪些内容？

3. 如何进行展位划分？

4. 展览会附设活动有哪些形式？如何进行策划？

5. 展览会有哪些广告资源？

6. 展览会赞助产品策划需要考虑哪些方面？

□ 拓展阅读

资料 1

事件利益相关者分析

"利益相关者"一词最早被提出可以追溯到 1984 年弗里曼出版的《战略管理：利益相关者管理的分析方法》一书，该书明确提出了利益相关者管理理论。利益相关者包括企业的股东、债权人、雇员、消费者、供应商等交易伙伴，也包括政府部门、本地居民、本地社区、媒体、环保主义者等压力集团，甚至包括自然环境、人类后代等受到企业经营活动直接或间接影响的客体。利益相关者管理理论是指企业的经营管理者为综合平衡各个利益相关者的利益要求而进行的管理活动。与传统的股东至上主义相比较，该理论认为任何一个公司的发展都离不开各利益相关者的投入或参与，企业追求的是利益相关者的整体利益，而不仅仅是某些主体的利益。事件的举办需要众多利益相关者的参与，需要对事件利益相关者的问题进行研究。

事件需要依靠利益相关者增加价值，如志愿者贡献他们的时间和知识，赞助商增加事件的经济价值，观众的兴趣和参与通过购买门票和纪念品的方式直接影响经济，并通过吸引媒体和赞助商的方式间接影响经济。利益相关者同时参与事件的生产和消费过程，并在事件中起重要作用，例如一项体育活动如果没有观众或只有较少的观众，就会影响该赛事的感知质量。Prebensen (2010) 从利益相关者角度，以挪威芬马克 (Finnmark) 狗拉雪橇 (dog-sled) 比赛为案例，研究了事件利益相关者参加事件的目的，以及利益相关者对于自己及他人参加事件创造价值的评估。在该案例的研究中，利益相关者包括组织和个体，主要有股东/董事会、员工、当地俱乐部、志愿者、媒体、赞助商、合作组织（当地/地区组织）、参加比赛的狗、观众（当地的、国内的和国际的）。研究表明，各种机构和个人因多种原因参加活动。这些利益相关者在事件价值创造中起各种不同的作用。价值可以是享受方面的效果（如乐趣和享乐等），也可以是实用方面的效果

（如经济的、促销的和形象的），或者是二者的结合。利益相关者通过参加和融入事件中可以体验到不同的价值，同时这种价值创造过程也是其他利益相关者参加的结果。也就是说，赞助者通过媒体报道和更多的观众参与获得更大的价值，事件对于赞助商和媒体来说也就变得更有吸引力。研究也指出目的地通过网络化和合作获得价值。

资料来源：Prebensen N. K. Value Creation through Stakeholder Particaipation：A Case Study of An Event in The High North［J］. Event Management. 2010（14）：37-52.

思考题：

1. 展览会的利益相关者有哪些？

2. 展览会的利益相关者如何相互作用？

3. 如何进行利益相关者管理，实现事件和利益相关者的价值最大化？

资料 2

活动赞助的品牌形象转移研究

赞助在提升企业和品牌知名度、提高产品销量等营销目标方面的重要性已被广泛认同，但在如何科学地评估赞助活动效果方面还没有达成一致（Cornwell and Maignan，1998）。较早期的研究大多数以赞助品牌的知晓度作为赞助的主要目标来测量，另外还有部分研究关注的是赞助前后消费者品牌购买意愿的变化。由于后续的研究逐步意识到品牌形象的重要性，一部分学者开始将研究重点转移到赞助对消费者如何感知品牌形象的影响上来，品牌形象作为赞助的结果变量越来越受到学术界的重视（Walliser，2003）。

研究品牌形象转移中的重要一环是分析影响转移的因素（Keller，2001）。Grohs、Wagner 和 Vsetecka（2004）通过实证研究提出了一个分析影响赞助效果因素的模型。在这个模型中，赞助前的品牌知名度、赞助品牌与赞助活动的拟合度、消费者对于活动的介入程度、活动的曝光率这 4 个变量直接影响赞助后的品牌知晓度；而赞助前品牌的知晓度和形象，以及赞助活动形象 3 者共同影响了赞助后的品牌形象。总体上看，以 Grohs 等为代表的相关研究中所讨论的影响赞助效果的因素大致可以分为 3 类：一类是赞助活动的相关因素，包括赞助活动的形象、受众的参与度及兴趣、活动曝光率和活动质量等；第二类是赞助的交互因素，主要是赞助品牌与赞助活动的拟合度；最后一类是赞助前消费者对赞助品牌的认知因素，即赞助前的品牌态度、品牌形象和产品的使用以及品牌的市场知晓度等（Gareth，2004；Grohs 等，2004；Speed 和 Thompson，2000）。

张黎、林松、范亭亭（2007）以蒙牛酸酸乳对具有较大社会影响的"超级女声"活动的赞助作为研究对象，分析影响形象转移的因素。结果发现消费者感知的赞助活动的质量以及赞助活动和赞助品牌之间的拟合度是影响形象转移的关键因素。而消费者介入活动的程度和感知的活动曝光度只会影响其对活动本身的评价。

资料来源：张黎，林松，范亭亭.影响被赞助活动和赞助品牌间形象转移的因素——基于蒙牛酸酸乳赞助超级女声的实证研究 ［J］.管理世界，2007（7）：83-93.

思考题：

1. 如何评估赞助的效果？

2. 不同类型的会展活动（会议、展览、节庆、赛事和演出等）在开发赞助产品时有什么不同？

| 第五章 |
展览会的可行性分析和审批

[主要内容] 本章介绍了展览会可行性分析的概念和主要阶段，就展览会可行性分析中的三个方面做了重点介绍，包括展览会SWOT战略分析、展览会财务可行性分析和展览会风险分析，最后介绍了国外展览会的管理体制及我国展览会目前针对不同类型展览实施的审批制。拓展阅读分享了"政府主导型展览会的市场化改革"和"我国会展业资金类政策的传播和效果评估"两个主题。

第一节　展览会可行性研究

一、可行性研究

在项目管理中，可行性研究是指在项目投资决策前，调查研究与拟建项目有关的自然、社会、经济、技术资料，分析、比较可能的投资建设方案，预测、评价项目建成后的社会经济效益，并在此基础上，综合论证项目投资建设的必要性、财务的盈利性和经济上的合理性、技术上的先进性和适用性以及建设条件上的可能性和可行性，从而为投资决策提供科学依据的工作。

项目可行性研究的主要任务是通过对项目进行投资方案规划、技术论证、经济效益的预测和分析，经过多个方案的比较和评价，为项目决策提供可靠的依据和可行的建议，经过多个方案的比较和评价，为项目决策提供可靠的依据和可行的建议，并应该明确回答项目是否应该投资和怎样进行投资。因此，项目可行性研究是保证项目一定的投资耗费取得最佳经济效果的科学手段。

二、展览会可行性研究的阶段

1. 开始阶段

在开始阶段，展览会策划者要详细讨论可行性研究的范围，明确主办者的目标。

2. 调查研究阶段

调查研究阶段是可行性分析的重要步骤，是展览会信息的重要来源。调查的对象和范围主要有以下内容：展览会所处的宏观环境，包括经济环境、政治安全环境、社会各界对展览会的关注程度；市场环境，包括市场规模、市场发展前景、市场进入壁垒；竞争环境；会展举办地条件分析，包括经济发展水平和产业体系、基础设施和社会服务体系、自然环境和人文环境、会展中心的规模和服务水平；自身环境，包括项目管理团队、财务约束和以往举办同类展览会的情况。

3. 优化和选择方案阶段

将展览会的各个方面进行组合，设计出各种可供选择的方案，然后对备选方案进行详细讨论、比较，要定性与定量分析相结合，最后推荐一个或几个备选方案，提出各个方案的优缺点，供决策者选择。

4. 详细研究阶段

对选出的最佳方案进行最详细的分析和研究工作，明确项目的具体范围，并对项目的经济与财务情况做出评价。同时进行风险分析，表明不确定因素变化对展览会经济效果所产生的影响。在这一阶段得到的结果必须论证出项目在技术上的可行性，条件上的可达到性，资金的可筹措性和展览会的风险性。

5. 编制可行性研究报告阶段

可行性研究报告的编制内容，国家一般有规定，如工业项目、技术改造项目、技术引进和设备进口项目、利用外资项目、新技术产品开发项目等都有相关的规定。对于展览会的可行性研究报告，目前国家并没有统一规定，所以展览会可行性研究报告应该参照其他类型展览会的可行性研究报告的内容和体例，并根据自身的特点来编写。

6. 编制资金筹措计划阶段

展览会的资金筹措在项目方案选优时，已经做过研究，但随着项目实施情况的变化，也会导致资金使用情况的改变，这都要编制相应的资金筹措计划。

三、展览会可行性研究报告内容

（1）总论：有关展览会主题主要的理念、思想和简要的背景资料。

（2）展览会目标和范围。展览会目标有定性目标，也有定量目标，可以展览面积、参展商、观众、媒体和满意度等多个层面来确定。范围主要指展览会工作任务的边界。

（3）与行业市场有关的全国性和地区性宏观经济资料（如统计数字、销售额、增长速度、雇员数量等）

（4）行业市场分析

● 供给（国际、国家/地区）：如市场细分、市场结构、相关的和潜在的展览公司名单。

● 需求（国际、国家/地区）：如市场细分、市场结构、相关的和潜在的展览公司名单。

● 市场—销售系统：如市场结构、销售渠道、有关分销商名单。

● 确定目标群体、利益相关者，并对他们进行目标分析。

● 市场趋势和未来发展，国际、国内和地区趋势及发展；技术进步；新需求和日益增长的需求）。

（5）竞争

● 国际竞争，中国国内竞争。

● 类似的主题、构想。

● 相同的参展商结构。

● 顶尖展览会。

（6）展览会的实施—可利用资源

● 根据预期参展商确定展览地点和规模。

● 战略合作伙伴（如协会、报刊、主办商、大学）。

● 组织（如项目小组、时间可用度、员工数量）。

● 营销（如媒体、销售渠道）。

● 规划（如内容管理和项目管理，时间表）。

（7）财务分析

● 粗略评估项目的预算（如计算成本和销售额）。

● 预期利润（如总成本计算和直接成本核算）。

● 预期收益。

（8）活动预测

● 最差和最好的典型情境。

● 风险分析（如影响因素、政治和法律风险）。

● 项目实施评估（如利用评分模型对项目、标准、展览主题、计划进程、竞争、可利用资源、财务负担/风险进行评估）。

（9）总结和建议

● 总结。

● 建议。

第二节 展览会 SWOT 战略分析

一、SWOT 分析的概念

优势—劣势—机会—威胁（Strengths－Weaknesses－Opportunities－Threats，SWOT）分析的核心思想是通过对展览会的外部环境和内部条件的分析，明确展览会可以利用的机会和可能面临的风险，并将这些机会和风险与项目的优势和劣势结合起来，形成展览会管理的不同战略措施。

表 5-1 SWOT 战略分析

优势	劣势
我们的优势在哪里？ 我们哪些地方做得好？ 在别人眼里我们的优势在哪里？	哪些地方有待提高？ 哪些地方做得最差？ 应该避免做哪些工作？ 在别人眼里我们的弱点在哪里？ 竞争者哪些地方比我们做得好？
机会	威胁
我们面临的好机会是什么？ 与项目相关的变化趋势如何？ 技术进步、国内外市场规模的变化、政府政策的变化、生活方式的改变等	我们面临的障碍是什么？ 我们的竞争者在做什么？ 技术进步威胁到我们了吗？ 我们的财务状况和现金流如何？ 项目所需的要素是否发生变化？

展览会同时受内部因素和外部环境的影响。通常来说，内部因素在一定时期内相对稳定，而外部环境却处于经常变化之中，使外部因素对展览会的影响难以控制，这需要展览会根据环境变化采取一系列适应性措施。

二、SWOT 分析的基本步骤

第一，分析项目的内部优势和劣势，重要的是找出对展览会具有关键性影响的优势和劣势。

第二，分析项目面临的外部机会和威胁。展览会所处的外部环境不断变化，管理者应该抓住机会，回避风险。

第三，将外部的机会和威胁与项目内部优势及劣势进行匹配，形成可行的备选战略。

三、SWOT 分析的不同组合战略

SWOT 分析有四种不同类型的战略组合：优势—机会（SO）组合战略、劣势—机会（WO）组合战略、优势—威胁（ST）组合战略和劣势—威胁（WT）组合战略。

1. 优势—机会（SO）组合战略

优势—机会（SO）组合战略是一种发挥展览会内部优势与利用外部机会的战略。当展览会内部具有特定方面的优势，而外部环境又为发挥这种优势提供有利机会时，可以采取该策略。如具备类似展览会经验、可利用空间和人力资源；主题新颖，没有竞争者，地区行业支持展览会，同时国家宏观经济发展趋势和产业发展政策有利于展览会的发展。

2. 劣势—机会（WO）组合战略

劣势—机会（WO）组合战略是利用外部机会来弥补内部劣势，使展览会改变劣势而获得优势的战略。当外部存在一些机会，而项目目前的状况又限制了它利用这些机会时，可以采取此战略，利用外部机会克服内部劣势。如某展览会管理者没有类似活动的管理经验，项目实施没有足够的场所和人力资源，管理人员没有就此活动接受充分培训；但主题新颖，没有竞争者，地区行业支持展览会。

3. 优势—威胁（ST）组合战略

优势—威胁（ST）组合战略是利用展览会的优势回避或减轻外部威胁的影

响。威胁可能来自外部环境的变化，也可能来自竞争对手。如项目具备类似活动经验、可利用空间和人力资源，主题新颖，但外部存在竞争者，行为受到法律限制，此时可以采取优势—威胁（ST）组合战略。

4. 劣势—威胁（WT）组合战略

劣势—威胁（WT）组合战略是一种旨在减少内部劣势的同时回避外部环境威胁的防御性技术。没有类似活动经验，项目实施没有足够的场所和人力资源，管理人员没有就此活动接受充分培训，存在竞争者，行为受到法律制约。

第三节　展览会的财务可行性分析

展览会的财务可行性分析就是判断展览会在财务上是否可行，是展览会可行性分析的重要组成部分。但在展览会的不同发展阶段，财务可行性分析的重要性是不同的。展览会是有生命周期的，比如在展览会最初的发展阶段，很难实现盈利，此时不能因为财务上的不可行而认为展览会是不可行的。而当展览会已经发展多年，如果还不能在财务上实现盈利，就可以否决展览会的可行性。展览会财务分析需要了解展览会收支项目、财务预测的内容和财务可行性分析的具体方法。

一、展览会的收支项目

1. 展览会收入项目

展览会收入主要包括以下几个方面：

（1）展位销售收入。与展位价格和展位数量有关。由于展位价格与所处位置、展位类型等因素有关，因此，应该掌握不同展位价格和相应的展位数量。展位销售收入是展览会最主要的收入来源。

（2）赞助收入。

（3）注册/会议费收入。展览会经常会同期举办会议及相关活动，参加会议和相关活动的注册费用通常是展览会仅次于展位销售收入的第二大收入来源。

（4）其他收入，如设备租赁收入，储藏室、休息室租赁收入，搭建、拆卸、修补收费，监督、安保、清洁、能源使用收费，其他收入（如停车收费、门票收入、退展费、商业活动收费、电话费等)。

2. 展览会支出(费用)项目

展览会的费用也包括固定费用和变动费用,从大的方面来看主要包括以下方面:

(1)展位销售/赞助销售费用。营销费用(广告、印刷、邮寄、数据租用、平面设计、代理费用等)、交通和住宿、电话、所有其他销售费用(合同印刷等)。

(2)观众营销费用。数据库、直邮(手册、明信片、宣传单、邮资)、广告(广播、电视、印刷、电子、代理费用、设计费用等)、其他营销费用。

(3)展览场馆费用。场馆租金(会议室、宴会厅,等等)、其他所有场馆费用(电话、维护等)。

(4)装饰费用。标识系统、地毯、劳动力成本、视听设备、特殊活动装饰、注册区装饰、其他费用。

(5)注册费用。胸卡、表格、注册公司费用、现场管理费用、注册设备租用、所有其他注册费用。

(6)餐饮费用。场地租金(场馆外)、午餐、宴会、招待会、特殊活动。

(7)会议论坛费用。场地租金(场馆外)、演讲费、酬金谢礼(交通、住宿、每日招待、印刷品、礼物等)、招待费用、视听设备、其他有关的费用。

(8)安保费用。保卫费、引领费、设备费、紧急救护费。

(9)现场费用。展览指南(设计、印刷等)、交通(往返巴士、小汽车及豪华轿车的租金)、其他所有现场费用(摄像、设备、复印费用等)。

(10)参展商相关费用。展商资料(手册、印刷、邮资、劳动力等)、展商奖品。

(11)杂费。信封、外包费用、保险、日常邮费、所有其他费用。

(12)网站。网页设计费、运营费、维护费。

(13)员工工资、佣金、奖金。

(14)其他费用。

二、展览会财务预测的内容

1. 规模的预测

展览会的规模主要是对参展商数量、参会人数以及展览面积等指标所做的预测。展览会规模预测是收入和成本预测的基础。

2. 固定成本和可变成本的预测

所有的现金支出最终形成两大部分的成本：固定成本和可变成本。固定成本是指那些不随参展商和观众人数的变化而变化的成本，如项目小组成员的工资、保险费、演讲嘉宾费用、管理费用等。可变成本则是指那些随展览会参加人数的增加而增加的成本，如展览场地租金、参展手册的印刷费以及其他需要最终确定数量和价格的项目累计费用。展览会所涉及的费用科目繁多，同一费用项目在展览会中的性质可能不一样，如展览场地租金一般随着参展商数量的增加而增加，而展览会中的活动场地租金则不会随着参加人数的变化而变化。也就是说，展览场地租金在展览会中通常属于可变成本，而活动场地租金则通常属于固定成本。

划分固定成本和变动成本主要是在展览会做利润预测和本量利分析时使用，同时也有利于成本控制。但无论是固定费用还是可变费用都是资金的耗费或者说是资金的流出，是利润的减项。而展览会要想实现利润最大化，就必须要从固定成本和可变成本两方面入手控制成本支出。

3. 盈亏平衡点的预测

展览会成本包括固定成本和可变成本，即使没有一个人参加展览会，即没有销售收入，固定成本也是存在的，而此时展览会处于亏损状态。随着参展商和观众数量增多，展览会的收入在增多，同时可变成本也在增大，而固定成本的数额还是固定不变。一般来说，单位收入要大于单位变动成本，二者的差额要弥补固定成本。当展览会的销售达到一定量时，收入与可变成本之间的差额就能完全弥补固定成本。当销售量继续增长时，展览会就会有利润出现。上面这个过程就是展览会的利润规划，而成本、销量和利润之间的关系分析被称为本量利分析。

盈亏临界点销售量＝固定成本/单位边际贡献
＝固定成本/（单价−单位变动成本）

4. 收入预测

根据所预测会展活动的规模以及单位注册收入、展位销售收入，就可以预测出收入。当然，对于展览会来说，除了注册收入、展位销售收入之外，还有许多其他的收入来源。收入预测要综合考虑各个方面的收入来源，力求做出准确的收入预测。

三、展览会的财务可行性分析

主要从收入成本分析、盈亏平衡分析和现金流量分析三个方面进行分析。

1. 收入成本分析

收入成本分析首先要清楚展览会的各项收入和各项支出项目，然后编制成本收入预算表，并进行初步的测算和预测。根据初步测算，可以进一步计算两个指标：一是投资收益率。投资回收率是项目在未来年度的收益额与项目总投资额的比值，通常情况下，投资收益率越高越好。二是投资回收期。投资回收期是用投资项目所得净现金流计算回收项目初始投资所需的年限，通常情况下，投资回收期越短越好。

2. 盈亏平衡分析

盈亏平衡分析就是要找到能够使展览会达到盈亏平衡的点。具体方法见盈亏平衡点的预测。盈亏平衡点的分析不仅是财务风险分析的重要工具，同时也是展览会经营风险分析的重要工具。

3. 现金流量分析

现金流量分析是指用现金流入与现金流出的差额来分析财务风险，现金净流量可能是正数，也可能是负数。如果是正数，则为净流入；如果是负数，则为净流出。现金净流量反映了展览会各类活动形成的现金流量的最终结果，即现金流入大于现金流出，还是现金流出大于现金流入。可用以下几种方法或指标来做分析：净现值法、净现值率、获利指数、内部收益率。

第四节　展览会风险分析

展览会在做可行性分析时，一定要对展览会所面临的风险进行分析。风险的发生意味着对展览会产生直接或间接的消极影响，使办展机构举办展览会的实际收益与预期相背离，或者展览会不能如期举办，使办展机构蒙受一定的损失。一般来说，展览会所面临的风险可以划分为两大类：外部环境风险和内部经营风险。

一、外部环境风险

外部环境风险主要包括政治风险、经济风险和不可预测风险等。

1. 政治风险

政治风险主要指的是战争、内乱、政权更迭、政府干预等。政治风险具有一定的特殊性，一旦发生往往无法挽救，且后果严重。对于国际性展览而言，如果举办地发生政治风险，项目难以顺利举行；如果发生在参展商集中的地区，则会影响参展商的参与，从而难以达到预期的效果。

2. 经济风险

经济风险主要是由于经济发展周期变化、市场波动、价格管制、贸易限制、汇率调整、通货膨胀等宏观经济因素的变化而给展览会所带来的风险。从会展业发展的历史和布局可以看出，一个国家整体的经济环境对于会展业的影响十分重要，会展产业的发展与整体经济之间存在密切关系。然而经济发展是带有周期性的，经济有高速增长的时期，也有萧条甚至衰退的时期。当经济发展不景气时，展览业必然会受到影响。

3. 不可预测风险

不可预测风险是指靠人力暂时无法准确预见的风险，其主要表现为自然风险，如地震、洪水、风暴、水灾等。即使最有经验的人或科技水平很高的国家也无法预见这类风险，要防范或避免这类风险也相当不容易。可预见风险与不可预见风险是相对的概念。随着知识的增长、占有资料的增加和管理技能的提高，原来不可预测、不能控制的风险，可变为可以预测、可以控制的风险，即成为可预见风险。

二、内部经营风险

内部经营风险是指因办展机构经营方面的原因给所举办的展览会带来的不确定性，常见的内部经营风险有展览会定位不当、主办方招展不力、招商不顺、宣传推广效果不佳、人力资源不合适、展览会出现新的竞争者、管理不善、展览会现场的饮食卫生出现问题、与会人员健康保障问题、现场安全问题等。可以使用展览会安全系数对展览会内部经营风险进行预测和评估。

展览会经营安全系数=1－展览会盈亏平衡规模/展览会预期（实际）规模

如果展览会经营安全系数大于或等于 40%，则举办该展览会将非常安全；如果该系数在 29%~39%，举办该展览会将是安全的；该系数在 16%~20%，举办该展览会将是较安全的；该系数在 10%~15%，举办该展览会有一定的风险；需要注意，该系数在 9% 以下，举办该展览会的风险较大，要加倍小心。

第五节 展览会的审批

一、国外展览会管理模式

1. 美国：市场主导、政府支持

美国的展览业完全交予市场主导，不设单独会展管理机构，而是由会展行业协会进行调控和管理。商业机构和办展单位也不需要进行审批，就能进入会展业，由"无形的手"来进行调控，实行优胜劣汰。

在展览业发展中，政府除编制产业规划、开展行业统计、制定政策法规和提供配套服务外，对于某些特定的项目，尤其是涉及对外贸易时，美国政府还会提供全方位的支持和服务以帮助展览会顺利举办。此外，美国商务部还要求展览会组织者专门为展览会出版《出口意向商品目录》，详细刊登美国参展企业名录、意向出口商品目录和意向出口地区目录等方面的信息。

目前，美国有影响力的展览业行业协会有美国展览管理协会（Internatianal Association of Exhibitions and Euents IAEE），美国独立贸易展学会（Society of Independent Shew Orgnizers，SISO）及展览和活动营销协会（Exhibit and Euent Marketers Assouatnen，E2MA）等。它们是美国的展览企业独立、自发建立起来的组织，具有极强的行业自律作用，与政府部门寻求展览业发展的有力措施。

美国政府虽然不对展览会进行直接的管理，但美国商务部通过贸易展认证计划（Trade Faiv Certification TFC）和国际购买商项目（International Buyer Program IBP）分别对出国展和国内展进行认证管理。获得认证的展览会可以得到美国商务部提供的徽标，以及得到商务部在国内外的分支商务机构的宣传。通过 TFC 和 IBP 计划，优秀的展览会得到了认可。美国商务部通过政府力量对这些展览会进行营销，使这些优质展览会在开发国内外市场时宣传成本更低，营销力度更大。

2. 德国：授权协会进行管理

德国政府对展览业非常重视，对展览业的管理主要是宏观调控，通过支持展览场馆和基础设施的建设，制定促进展览业发展的政策，但并不直接参与展览会的举办和管理。德国政府没有设立专门的会展管理机构，而是授权德国贸易与展览业协会（Association of the German Trade Fair Industny，AUMA）对全国的会展业进行管理，代表政府对会展业进行宏观调控。德国政府只进行展览业宏观方面的调控。

AUMA 是德国贸易展览业协会，是由参展商、购买者和博览会组织者三方面力量组合而成的联合体，以伙伴身份塑造博览会市场，是德国展览业最高协会。AUMA 支持各方合作，通过制定一系列措施保证市场透明度以及会员单位之间信息和经验交流的顺畅。虽然 AUMA 是政府授权的管理机构，但作为连接政府和企业的桥梁，它同时也代表企业与政府部门和议会进行谈判，维护展览企业的利益，保证德国展览业有序发展。AUMA 每年秋季发布德国展览会组织者在次年举办的国际性展览会，以将带有"德国制造"标签的高水平展览会推向世界。AUMA 还有针对性地打造全球范围内的营销活动，如针对中小型企业的以"Your Success is Only Fair"为主题的营销活动，再如以推广德国展览会为目的的"德国国外展览会计划"，都取得了很好的效果。

3. 法国：政府和协会共同管理

和德国授权行业协会进行管理的模式不同，法国政府设有专门的会展管理机构。法国工业部及下属的商业、手工业、服务和自由职业总局是负责会展管理的行政部门。它负责制定和修改会展管理法律、法规和行业标准[①]。目前法国的展览业已从审批制度转向了申报制度。

另外，法国海外展览委员会技术、工业和经济合作署（CFME-ACTIM）负责法国出境展览会的管理，其性质类似中国的贸促会。法国海外展览委员会技术、工业和经济合作署是法国境外出展委员会与技术、工业和经济合作署合并后的名称[②]。隶属于法国经财部对外关系总司，是法国主要的贸易机构之一，其中一项

---

① 张敏，花勇. 中外会展业管理模式比较 [N]. 中国贸易报，2011-08-02007.
② 法国的主要贸易促进机构名单 [EB/OL]. http://resource.emagecompany.com.

重要的职能就是组织法国企业参与国际展览会或博览会。CFME-ACTIM 和法国对外贸易中心合作，促进法国企业走向世界。

此外，法国会展协会众多，如法国企业国际化发展组织、法国展览协会、法国国际专业展促进会以及巴黎工商会等①。政府将一部分权力授权给会展协会进行管理。因此法国的会展业属于政府和行业协会共同管理的模式，比较难区分到底是谁发挥的作用比较大。法国贸易机构和商会众多，代表企业利益与政府进行谈判、合作等。

4. 意大利：依靠行业协会

意大利展览产业主要依靠展览行业协会来管理。意大利不仅有全国性的展览协会（如意大利展览和交易会协会），也有行业性和区域性的展览委员会（工业展览委员会、第三产业展览委员会）。意大利的行业协会在展览产业中扮演着重要的角色，协会之间以及协会与政府部门之间的联动机制也非常完善，各司其职，有效地促进意大利展览业的行业水准与国际化水平。意大利展览和交易会协会是代表意大利全国展览业系统，独立进行组织和管理的非营利性机构。意大利展览和交易会协会代表会员的利益与意大利政府和议会进行谈判，使意大利的展览业能够有效地面对国际竞争。同时，也与政府进行协商，促成有利于展览业发展的政策。工业展览委员会是意大利展览协会系统的重要组成部分，主要负责组织和促进意大利工业领域的展览会。

5. 韩国：政府全面介入

韩国将会议与展览视为两个不同性质的产业，从目前的情况来看，韩国政府更看重会议产业的发展，但不可否认的是，韩国对展览业的支持力度也不可小觑。韩国会展业的主管部门是韩国旅游发展局下设的会展局，韩国会展局（KMB）旨在为在韩国举办会展活动的企业提供支持和建议，并和地方会议观光局一起，保证在韩国举办的会议或展览活动达到预期的目标并令人印象深刻，获得良好的体验。此外，韩国会展局一个最重要的职能是对韩国的会展城市以及会展活动进行全面营销，为韩国会展业树立良好的形象，并为不同规模和层次的会议和展览会提供资金补助与支持。韩国会展局下设会展战略部门为韩国会展业提供发展战略，开展行业调查，开展活动营销，发布会展举办信息。韩国会展局除

---

① 张敏，花勇. 中外会展业管理模式比较［N］. 中国贸易报，2011-08-02007.

下设会议部门和会奖旅游部外，还设立了展览部门，专门促进展览业的发展。

二、中国展览业管理体制

多年来，我国会展业管理体制一直是审批制。根据展览的涉外程度不同，可将展览分为国内展、来华展和出国展。不同展览的审批部门和审批办法不同，所经历审批体制的变革也不同。根据展览会的性质，主办单位应该向不同的审批部门申报或备案，获得批准之后，便可以启动项目，进入展览会的实际管理运营阶段。

1. 国内展

国内展览先后由商业部、内贸部、国内贸易局归口管理，后来又由国家经贸委行使管理职责，贸促会可以审批其系统举办的国内展。2002 年 11 月，国务院取消了关于"全国性非涉外经济贸易展览会"的审批制，改为登记制。即从2002 年起国内举办全国性非涉外经济贸易展览会已经不再实行审批制，只到有关部门登记就可以了。国内非涉外展率先实现了登记制。

2. 来华展

1988 年，根据国务院《关于加快和深化对外贸易体制改革若干问题的规定》，对外经济贸易部研究制定了《举办来华经济技术展览会等审批管理办法》，明确对来华经济技术展览会实行审批制。随着我国对外开放程度的加深以及会展市场的发展，境内举办的涉外展览会越来越多，各种市场主体争相举办涉外展览，对同类展览会也有多个部门审批，市场秩序出现了一定程度的混乱。为加强对境内举办的对外经济技术展览会的管理，规范境内涉外展览市场，保障境内涉外展览业的健康发展，国务院办公厅于 1997 年下发《国务院办公厅关于对在我国境内举办对外经济技术展览会加强管理的通知》（以下简称《国办通知》）。《国办通知》明确规定：境内举办对外经济技术展览会（包括国际展览会、对外经济贸易洽谈会、出口商品交易会和境外民用经济技术来华展览会等），由外经贸部负责协调和管理。

2003 年 2 月，国务院发布了"国务院关于取消第二批行政审批项目和改变一批行政审批项目管理方式的决定"，决定取消了"境内举办对外经济技术展览会主办单位资格的审批《国务院办公厅关于对我国境内举办对外经济技术展览会加强管理的通知》（国办发〔1997〕25 号）"和"《对外贸易经济合作部、国家工商行政管理局关于审核境内举办对外经济技术展览会主办单位资格的通知》（〔1997〕外经贸政发第 711 号）"。

为进一步规范在境内举办对外经济技术展览会，促进展览业健康发展，2014 年商务部对现行《在境内举办对外经济技术展览会管理暂行办法》（外经贸政发〔1998〕325 号）进行修订。根据此暂行办法，举办申请应当在展览会开幕之日前 6 个月至 18 个月期间提交，商务部依职权负责审查、批准、监督和管理对外经济技术展览会。各省、自治区、直辖市、计划单列市商务主管部门（以下简称地方商务主管部门）依商务部委托审查、批准、监督和管理对外经济技术展览会。举办首届展览面积在 1000 平方米以上的对外经济技术展览会须经审查批准。展期不足 6 个月的，依据第三条规定，由举办地的地方商务主管部门审查批准后报商务部备案。其中，地方商务主管部门审查冠名含有"中国"、"全国"、"中华"等字样的展览会，须经商务部复核同意后方可批准。展期在 6 个月以上的，由商务部审查并商海关总署同意后批准。经批准后再次举办，且展览会名称、展览内容、办展地点、主办方无一变化的，由首次批准机构进行备案。首届申请批准后再次举办，且展览会名称、主办方、办展地点、展览内容等要件之一有变化的，应重新履行批准手续。

3. 出国展

我国出国展览的审批管理体制发生了多次变革。20 世纪 80 年代初，由国务院审批出展计划。后来出展审批一度下放到各地外经贸主管部门。20 世纪 90 年代初，出展审批权收归当时的外经贸部。90 年代中期，形成了由贸促会协调、归当时的外经贸部审批的管理格局。2001 年 1 月 1 日，国务院办公厅发布《国务院办公厅关于出国举办经济贸易展览会审批管理工作的有关问题的函》规定，自 2001 年 1 月 1 日起，外经贸部负责出展的宏观管理和出展资格的审核，各地区、各单位举办出国展览一律由中国贸促会审批。2001 年 2 月 15 日，贸促会和外经贸部出台了《出国举办经济贸易展览会审批管理办法》，对出国办展单位、审批和备核的程序、审批的依据和要求、展览团的管理以及处罚措施做了明确的规定。虽然出国展览依然实行审批制，但这与原来由外经贸部审批的行政性审批的性质有了很大的改变，在审批的内容和范围方面都比过去有所减少，更加强调审批的工作效率和为组展单位提供服务，是一种协调服务行为。2006 年 5 月 14 日，中国国际贸易促进委员会、中华人民共和国商务部贸促展管（2006）又对《出国举办经济贸易展览会审批管理办法》进行修订并重新公布，并一直沿用至今。

根据现行的《出国举办经济贸易展览会审批管理办法》，出国办展须经中国国际贸易促进委员会审批（会签商务部）。组展单位应当向中国国际贸易促进委员会提出出国办展项目申请，项目经批准后方可组织实施。贸促会负责协调、监督、检查组展单位实施经批准的项目，制止企业和其他组织未经批准开展出国办展活动，并提请有关行政管理部门依法查处。商务部负责对出国办展进行宏观管理和监督检查。组展单位可在每年 2 月、5 月、8 月、11 月的最后一个工作日前向贸促会递交项目申请。每年 3 月、6 月、9 月、12 月的第一个工作日为贸促会受理的起算日。项目开幕日期距受理起算日不足 6 个月的，不予受理。对于经批准的项目，组展单位还须至迟在展览会开幕前两个月向贸促会提出出国办展人员复核申请。符合条件的，核发《出国举办经济贸易展览会批件》。

三、我国展览业管理体制改革方向

近年来，我国展览业快速发展，已经成为构建现代市场体系和开放型经济体系的重要平台，在我国经济社会发展中的作用日益凸显。同时，我国展览业体制机制改革滞后，市场化程度发展迟缓，存在结构不合理、政策不完善、国际竞争力不强等问题。为进一步促进展览业改革发展，更好地发挥其在稳增长、促改革、调结构、惠民生中的作用，国务院于 2015 年 4 月 19 日发布了《国务院关于进一步促进展览业改革发展的若干意见》（见资料 5-1），在改革管理体制方面强调应从以下几方面入手：第一，加快简政放权。适时将审批制调整为备案制；第二，理顺管理体制。建立由商务主管部门牵头、多部门和单位共同参与的部际联席会议制度；第三，推进市场化进程。建立政府办展退出机制，放宽市场准入条件；第四，发挥中介组织作用。

资料 5-1
国务院关于进一步促进展览业改革发展的若干意见

国务院 2015 年 4 月 19 日发布了"国务院关于进一步促进展览业改革发展的若干意见"（以下简称"意见"）。意见指出，中国展览业的发展目标是，到2020年基本建成结构优化、功能完善、基础扎实、布局合理、发展均衡的展览业体系。为实现上述目标，应改革管理体制、推动创新发展、优化市场环境、强化政策引导。其中在改革管理体制方面应该从以下几个方面入手：

第一，加快简政放权。改革行政审批管理模式，按照属地化原则，履行法定程序后，逐步将能够下放的对外经济技术展览会行政审批权限下放至举办地省级商务主管部门，并适时将审批制调整为备案制。运用互联网等现代信息技术，推行网上备案核准，提高行政许可效率和便利化水平。

第二，理顺管理体制。建立商务主管部门牵头，发展改革、教育、科技、公安、财政、税务、工商、海关、质检、统计、知识产权、贸促等部门和单位共同参与的部际联席会议制度，统筹协调，分工协作。加强展览业发展战略、规划、政策、标准等制定和实施，加强事中事后监管，健全公共服务体系。

第三，推进市场化进程。严格规范各级政府办展行为，减少财政出资和行政参与，逐步加大政府向社会购买服务的力度，建立政府办展退出机制。放宽市场准入条件，着力培育市场主体，加强专业化分工，拓展展览业市场空间。

第四，发挥中介组织作用。按照社会化、市场化、专业化原则，积极发展规范运作、独立公正的专业化行业组织。鼓励行业组织开展展览业发展规律和趋势研究，并充分发挥贸促机构等经贸组织的功能与作用，向企业提供经济信息、市场预测、技术指导、法律咨询、人员培训等服务，提高行业自律水平。

资料来源：国务院关于进一步促进展览业改革发展的若干意见，国发 [2015] 15 号（详细内容参见书后附件2）。

2015 年 9 月 23 日，国务院以国函 [2015] 148 号印发《关于同意建立促进展览业改革发展部际联席会议制度的批复》（以下简称《批复》），《促进展览业改革发展部际联席会议制度》（以下简称《制度》）作为《批复》附件一并印发。《制度》分主要职责、成员单位、工作规则、工作要求四部分（见资料 5-2）。

资料 5-2

促进展览业改革发展部际联席会议制度

为深入贯彻落实《国务院关于进一步促进展览业改革发展的若干意见》（国发 [2015] 15 号），加强部门和单位间有关工作的统筹协调，促进展览业更好地服务于国民经济和社会发展全局，经国务院同意，建立促进展览业改革发展部际联席会议（以下简称联席会议）制度。

一、主要职责

统筹协调和深入推进促进展览业改革发展的主要工作任务，促进展览业向市场化、专业化、国际化、品牌化、信息化方向发展；加强展览业发展战略、规划、政策、标准等制定和实施；加快简政放权，发挥中介组织作用，加强事中事后监管，推动展览业创新发展；落实财税、金融保险等方面政策，优化展览业布局，提高便利化水平；加强统计监测和信息共享，健全公共服务体系，提高服务水平；对各地区、各部门促进展览业改革发展工作进行指导、督查和总结；完成国务院交办的其他事项。

二、成员单位

联席会议由商务部、发展改革委、教育部、科技部、公安部、财政部、海关总署、税务总局、工商总局、质检总局、新闻出版广电总局（版权局）、统计局、知识产权局、贸促会共 14 个部门和单位组成，商务部为联席会议牵头单位。商务部主要负责同志担任联席会议召集人，分管负责同志担任副召集人，其他成员单位有关负责同志为联席会议成员。联席会议成员因工作变动需要调整的，由所在单位提出，联席会议确定。

联席会议办公室设在商务部，承担联席会议日常工作。联席会议设联络员，由各成员单位有关司局负责同志担任。

三、工作规则

联席会议根据工作需要定期或不定期召开会议，由召集人或副召集人主持。联席会议以纪要形式明确会议议定事项，经与会部门和单位同意后，印发有关方面并抄报国务院。重大事项按程序报批。

四、工作要求

各成员单位要按照职责分工，主动研究促进展览业改革发展有关问题，切实履行职责，认真贯彻落实联席会议确定的工作部署和任务。联席会议办公室要定期向有关单位收集工作进展情况，汇总后向各成员单位通报。各成员单位要相互支持，密切配合，形成合力，充分发挥联席会议作用。

《国务院关于进一步促进展览业改革发展的若干意见》和展览业部际联席会议制度的建立是我国展览业发展史上的重要事件，指明了展览产业管理体制未来改革发展的方向，也建立了展览产业改革的保障机制。

□ 拓 展 阅 读

资料 1

政府主导型展览会的市场化改革

政府主导型展览会是我国展览会中的一个重要组成部分，近年来政府主导型展览会的市场化改革问题成为研究热点。王起静（2008）深入分析了政府主导型展览会存在的原因及政府主导型展览会市场化改革的路径。

政府主导型展览会存在的原因很多，如我国展览业发展历史不长，展览企业还不成熟，在资源约束下与政府相比不具有竞争优势；展览市场还不规范、展览企业缺乏诚信，政府作为主办单位可以增加参展商的信任等。然而以上制度上或经济上的原因则是政府主导型展览会存在的深层次原因，如制度上的路径依赖，展览会活动面临多重资源约束（尤其是审批制的约束）、会展经济外部性使会展企业无法享受举办展览会所带来的全部收益等原因。

因此，推动政府主导型展览会的市场化改革主要应该从以下几个方面入手：

第一，打破政府主导型展览会的制度依赖。均衡状态的打破需要政府从中起到更大的作用，如果说政府在政府主导型展览会的形成过程中起到了关键作用，那么在跳出路径锁定状态的过程中，政府同样要发挥作用。而这种作用并不是直接的微观干预，而是创造一个良好的经济环境，使政府成为展览会运行中的监管者，而不是直接参与者。政府作为监管者，最主要的作用就是进行制度供给。目前我国还没有会展业的法律，也没有从法律的角度规定政府在会展产业中的发展地位问题。因此，如何通过制定法律、法规来规范政府在展览会中的地位，打破政府主导型展览会的制度依赖将是未来一段时间政府的主要工作。这样可以从增量的角度保证政府不再作为展览会的主办主体，并逐渐通过增量带动存量改革。

第二，加快现有政府主导型展览会的产权改革。对于现存的政府主导型展览会，要解决所有者缺位问题和委托代理中的寻租行为，就应该加快政府主导型展览会的产权改革。产权改革有两条路：一是把政府主导型展览会通过拍卖的方式完全卖给企业；二是政府以展览会品牌作价成立股份有限公司来经营展览会，政府只是有限公司的股东。无论是哪种方式，在出售国有资产时，需遵循一些共同的前提条件。关键的条件是要将交易置于阳光下，向全社会公开。

第三，降低展览会运作的资源约束。首先，要逐步取消会展业的行政审批制；其次，要加强部门协调与合作，与有关部门进一步加强沟通交流，协调制定政策，规范行业秩序，共同促进会展经济持续、快速、协调、健康地向前发展。规范市场行为和秩序，培养具有竞争优势的会展企业，使其具有足够的人力、物力和财力举办大型的展览会，并且具备先进的管理经验和技术，使所办展览会能够可持续地发展。

第四，会展企业要争取与相关企业形成战略联盟，使展览会的外部收益最大限度地内部化。会展企业不仅要与行业内部企业结成战略联盟，还应该积极地与旅游业、餐饮业、交通运输业、邮电通信业、娱乐业等相关产业内的企业结成战略联盟。当组成战略联盟之后，会展企业主办大型会展活动所面临的资源约束就会降低，同时，会展经济的外部性还可以在战略联盟内部最大限度地内部化。

资料来源：王起静. 我国政府主导型展览会的市场化改革［J］. 北京第二外国语学院学报，2008（7）.

思考题：

1. 政府主导型展览会存在的弊端是什么？

2. 政府主导型展览会的改革还应该从哪些方面入手？

资料 2

我国会展业资金类政策的传播和效果评估

我国会展业资金类政策已经成为地方政府间相互效仿和借鉴的典型政策，传播速度快、范围广，某种程度上被认为是城市会展业竞争的必要条件之一。然而，会展业带有很强的产业特征，政府与业界对此类政策的目标与功效并不清晰，其效仿和传播还在继续蔓延与扩大。可以说，在中国情境下，各地方政府采纳此类政策的原因及影响因素以及如何作出理论解释尚不清晰。靳文敏、罗秋菊（2012）运用质性研究方法收集数据，得出四点结论：第一，地方政府采纳会展业资金类政策是由内外部因素共同决定的，这进一步证实了国外学者提出的不能割裂内部决定模型和传播模型的结论。第二，内部因素主要包括：受会展业带动效应的驱动、通过扶持展览会数量进而带动质量的发展倾向、表明政府态度和增强行业信心的需要、体现会展业在城市发展中的地位；外部因素包括：学习、竞争、压力。第三，由于效果感知模糊，地方政府在出台此类政策时存在非理性的比拼式竞争，主要源于效仿和学习。第四，政府方纠结于矛盾与反思之中，一方面认识到资金补贴并非最重要的因素，另一方面倘若没有资金支持政策又有可能陷入不作为、不竞争的境地。

靳文敏、罗秋菊（2013）以地方政府、主办方、场馆经营方、参展企业、展览行业协会、会展业界人士作为政策的主要利益相关者，通过质性研究方法分别论证了主办方、参展企业两方政策主体的感知和态度，并进而站在整个会展行业健康发展的立场，运用寻租理论及补贴理论综合评估资金类政策的利弊和效果，得出以下结论：第一，税改政策兼备公平与效率；第二，对主办方的场租补贴政策产生悖论；第三，补贴利弊共存，虽在一定程度上降低了企业成本，使其有更多资金用于企业的发展，却也助长了企业的依赖心理，使政府退出资助变得困难；第四，补贴总体效果是低效的，弊大于利；对参展企业的补贴收效甚微，甚至诱发不良效应；政策执行过程中存在寻租现象；缺乏公平性。

参考文献：

1. 靳文敏，罗秋菊. 城市会展业资金类政策传播研究———以广州、深圳、东莞为例 [J]. 旅游学刊，2012，27（1）：101–110.

2. 靳文敏，罗秋菊. 城市会展业资金类政策效果评估 ———以广州、深圳、东莞为例 [J]. 旅游学刊，2013，28（8）：69–78.

思考题：

1. 应该如何制定会展业资金类政策？

2. 国外会展产业的政策是如何制定的？

第六章
展览会营销管理

[**主要内容**] 本章按照营销的基本理论框架介绍展览会营销的一般流程，分别介绍展览会营销的产品策略、定价策略、渠道策略以及展览会宣传与推广的相关知识。拓展阅读资料中分享了"事件动机研究"和"大数据时代营销创新研究的方向"两个主题。

第一节　展览会营销管理概述

展览会营销是指展览会确定目标市场、研究目标客户需求、根据客户需求设计展览会产品和服务、制定产品价格、选择营销渠道并设计促销手段等一系列活动的总和。展览会营销以参展商与观众的需求为核心，其目的在于实现展览会的市场价值，促进展览会产品和服务的供需匹配。

营销是成功举办一个展览会的核心环节，好的营销活动需要对展览会市场进行精准分析。完整的营销活动包括展览会市场分析、目标市场确定以及展览会营销策略制定三个重要的组成部分，即根据市场分析结果，确定展览会的目标和任务，进而确定参展商和观众的范围，确定宣传对象，针对宣传对象需求展开营销活动。

一、市场分析

市场分析是指要对展览会所处的经营环境及其在市场竞争中所处的位置进行评估，展览会的市场分析通常包括对展览会业务能力的分析，展览会竞争态势的分析以及展览会所处市场环境的分析。

1. 展览会业务能力分析

以展览会以往经验为基础，以现在和潜在的市场资料为线索对展览会的顾客吸引能力、服务水平进行综合评价，包括对展览会的供应商、场馆、物流公司、参展商、观众（专业观众和普通观众）和社会公众（如金融、媒体、政府）等的分析。

2. 展览会竞争态势分析

随着会展业的不断发展，展览会的市场竞争日益激烈，展览会要想在激烈的竞争中取得优势地位，就必须树立竞争观念，明确在市场中的位置并根据竞争态势不断调整营销策略。

（1）识别竞争者。在竞争态势分析中，首先要识别竞争者。竞争者识别一般采用波特的"五力模型"，即认为竞争的五种主要来源是供应商和购买者的讨价还价能力、潜在进入者的威胁、替代品的威胁、来自同一行业的公司间的竞争。据此，要从供应商、购买者、潜在进入者、同业公司和替代品五个角度来完成竞争者的识别工作。

（2）分析竞争者。分析竞争者一般要辨别竞争者的战略、判断竞争者的目标、评估竞争者的优劣势以及反应模式。

（3）界定竞争者。在对市场当中可能的竞争对象进行识别和分析后，还要在诸多竞争者中界定出强竞争者与弱竞争者、近竞争者与远竞争者、"良性"竞争者与"恶性"竞争者，以此作为营销策略的制定基础。

3. 展览会市场环境分析

展览会处于市场环境当中，不可避免地要受到外界环境变化的影响，市场环境既可能给企业带来机会，也可能给企业带来威胁与挑战，因此，需要通过对市场环境的分析来扬长避短，实现企业的既定目标。展览会市场环境分析主要是宏观环境分析，通常从政治法律环境（political）、经济环境（economic）、社会环境（social）、技术环境（technological）四个层面进行。

（1）政治法律环境。政治法律环境是指一个国家或地区的政治制度、体制、方针政策法律法规等方面。对于展览会来说要避免处于不安定的政治法律环境之中，例如反恐、战争、动乱等，同时密切关注与会展业有关的各种经济立法以及相关群众利益团体的发展情况。

（2）经济环境。市场是由那些想购买物品并且有购买力的人构成的，这种人越多，市场规模就越大，而购买力水平乃至市场的活跃程度直接或间接地受到消费者收入水平、价格水平、社会信贷发展水平等一系列经济因素的影响。展览会很容易受到经济形势的影响，宏观经济运行情况和产业运行状况都应该得到重视。

（3）社会环境。社会环境包括态度和看法、价值观念、道德规范、世代相传的风俗习惯等，这些因素对于展览会营销决策造成很大影响。展览会营销必须考虑所处的社会环境，国际展还要了解和考虑各国的文化差异。

（4）技术环境。新技术可能会催生新的产业，给企业带来新的市场机会，也可能对已有产业形成威胁甚至带来致命打击。当今社会处于互联网时代，互联网对展览会的运营管理产生重要影响。展览会营销要充分考虑互联网背景下的技术环境，充分利用互联网技术。

二、目标市场定位

展览会营销首先需要确定进入哪一个市场，确定目标顾客是谁。因此，在对市场的宏观环境、竞争态势进行全面分析的基础上，还需要对市场进行细分，选择有发展空间的市场领域，确定营销活动的重点对象，对市场营销活动进行精准的定位。

1. 市场细分

市场细分指根据需求差异把某个产品或服务的市场划分为一系列细分市场的过程。对于展览会来说，要根据自身的条件和能力确定进入市场的范围，列出市场范围内所有潜在顾客的需求情况，分析潜在顾客的不同需求，初步划分市场，然后根据有效市场细分的条件，对所有细分市场进行分析研究，剔除不合要求、无用的细分市场，选定要进入的目标市场。一般来讲，展览会的细分市场需要考虑以下几个维度：

（1）产业细分。一个展览会往往要涉及多个产业，如汽车展览会的参展商可能既包括汽车生产企业，也包括汽车服务性企业（比如融资租赁公司等），还包括一些行业协会和研究机构等。所以，在进行市场细分时，要确定展览会涉及哪些细分产业，这与前面产品策划中的展位策划是有联系的。

（2）地理细分。由于不同地区的参展商和专业观众有不同的需求特征，所以地理变量经常被作为划分展览会市场的依据。在进行地理细分时，展览会组织者不仅要分析不同国家的参展商对展览会的不同要求，还要分析本国不同地区参展商的差异。

（3）行为细分。行为细分是指根据参展商的参展动机、购买动机、购买状态或对展览会的态度等进行划分，其中参展动机被认为是进行行为细分的最佳起点。

2. 目标市场与市场定位

目标市场（Target Market）是展览会营销活动所要满足的市场，是展览会决定要进入的市场，也是对展览会最有利的市场组成部分，展览会的一切营销活动都围绕目标市场进行。市场定位（Market Positioning）是确定自己产品或服务在目标市场上的竞争地位，也是通过对产品或服务的设计，使本展览会与其他展览会提供的产品和服务严格地区分开来，并使顾客明显地感觉和认知这种差别，从而在目标顾客心目中占有独特的、有价值的位置。

针对不同的目标市场和不同的市场定位，会形成不同的目标市场策略：无差异性策略、差异性策略和集中性策略。

（1）无差异性策略。这种策略是指把整体市场看作一个大的目标市场，只考虑顾客的共同性，而不考虑顾客的需求差异。展览会组织者向整体市场长期投放单一的标准化展览会服务，设计单一的市场营销组合，通过类似的促销手段，吸引尽可能多的消费者。

（2）差异性策略。这种策略以市场细分为基础，把整体市场划分为若干个细分市场，从中选择两个以上乃至全部细分市场作为自己的目标市场，并为每个选定的细分市场制定不同的市场营销组合方案，分别开展有针对性的市场营销活动。比如，对于特邀买家和一般买家的区别以及不同的营销方案就属于差异性策略。

（3）集中性策略。这种策略指不面向整体市场，而是集中力量进入一个或几个小细分市场，对这些市场实行同一种市场营销组合。

第二节　展览会产品策略

产品是指企业向市场提供的能够满足用户某种需求的有形物品或者无形服

务。有形产品包括产品实体及其品质、式样、商标和包装等；无形的服务产品不具有实体形式，而以各种劳务形式表现出来。展览会营销首先要明确营销对象是什么，也就是展览会产品是什么，具备哪些特征，只有在了解产品的基础上，才能选取适当的手段和方式展开营销活动。

对于展览会来说，产品分为三个层次：核心产品、形式产品、附加产品。本节主要是围绕营销管理这个主题介绍展览会产品特征和展览会产品策略。

一、展览会产品特征

从本质上来看，展览会是一种"服务产品"，具有以下几个方面的特征：

1. 无形性

展览会作为服务产品，首先具有无形性的特点，或者说是有形设施和无形服务的结合。组展商为参展商和观众提供的是一种无形服务产品。

2. 不可分离性

展览产品的生产过程与消费过程是同时进行的，两者难以相互割裂开来。在组展商提供服务的同时，参展商和观众也就享受了该种服务。在展览会举办期间，参展商和观众不仅在现场直接消费展览会，而且同时也参与了展览会服务的生产过程。

3. 差异性

展览会服务的提供者是组展方服务人员，享用者则是参展商和观众等需求者。不同的组展方和展览会服务供给方的实力不同，同一服务人员在为不同对象服务及在不同时间为同一对象服务时的状态不同，导致展览会产品具有差异性特征。

4. 不可储存性

展览服务的不可储存性是指展览服务无法保留、转售及退还。展览企业在形成提供展览服务的能力后，如果没有顾客购买服务产品，则服务能力就是一种浪费，如组展商组织的某一个展览会，如果参展商和观众很少，就是一种浪费。也正是由于服务的不可储存性，展览服务的供给方无法用预先储存起来的服务满足高峰时期顾客的需要。

二、展览会产品策略

"产品"是营销活动的宣传推广对象，产品质量是营销效果的重要保障，因此，展览会的产品开发和产品创新至关重要。

1. 展览会产品开发策略

从产品的营销概念出发，展览会产品的开发要首先满足参展商和专业观众的需求，最终服从于展览会的目标。因此，展览会产品开发的第一步就是要围绕客户需求策划整体展览会产品，然后要在确定客户追求的核心利益的基础上，根据既有资源选择适合的核心利益具体化的途径。

2. 展览会产品创新策略

展览会产品创新，即在展览会主题不发生根本变化的情况下通过增加活动内容、改变活动形式、增加服务项目等方式来实现产品的升级。一个展览会能持续多年举办的根本原因就在于其能不断实现产品创新，给消费者更多、更好的体验。

首先，形象创新。展览会产品的形象影响着人们的心理感知，提升展览会产品形象即在原有展览会产品形象的基础上提炼新形象，它能够使展览会的受众从新的角度认识展览会产品，从而增强参加展览会的兴趣。

其次，服务创新和管理创新。通过增加服务项目，改进服务质量，提供个性化服务提升展览会的产品体验。

资料 6-1
广交会的服务和管理创新

作为一个持续举办近 60 年、近 120 届的展览会，广交会不断推陈出新，不断在各方面进行创新，力求为参展商和观众提供最佳的参展体验。2015 年第 118 届广交会积极推进实施"广交会+互联网"行动计划，努力打造智慧广交会，成效显著。智慧广交会是信息化助推广交会的新举措，以信息技术改进和完善广交会招商、招展、组展、筹展、开展、撤换展等展会组织和服务的各个环节，贴近参展商和采购商的需求，推动信息化与实体展会全面融合，惠及展会客户。

智慧广交会的服务创新表现在以下几个方面：全新推出"采购商关注度"数据服务、新增"展商动态"资讯服务、全新推出"品牌橱窗"专栏、新设"信息驿站"智慧服务区、微信服务号功能升级、巧借"脸书"加强广交会招商效能、广泛推行全球远程视频招商、借力互联网，实现精准营销。

获取"智慧广交会"服务的渠道有以下几种：第一，官方网站，官网上有参展易捷通网上服务平台、采购商电子服务平台、展商展品查询、智慧商旅等项目；第二，移动终端，包括官方网站手机版、微信公众号、手机客户端；第三，智能呼叫中心，该中心是一对一咨询、提供多语种服务，可以覆盖全业务流程；第四，信息驿站，信息驿站具备自助上网、展商展品查询、展品上传、现场咨询、资料获取的功能。

资料来源：广交会官方网站。

最后，技术应用创新。展览会是集人流、物流、资金流、信息流为一体的服务产品，需要依靠现代技术实现展览会的服务，让参展者获得好的体验和感知。但当我们在使用一项技术时，这项技术已经成为过去时。组展者应该关注展览技术方面的变化和趋势，当一项新技术可以运用到展览会管理中时，应该大胆尝试使用，争取给客户更新、更好的体验。

第三节　展览会定价策略

展览会提供的是一系列综合服务，展览会的价值通过与其紧密相关的产品与服务的价值予以体现。展览会产品的价格通常涉及四类产品和服务的价格，即展位价格、广告价格、赞助价格和门票价格。其中展位收入是展览会的主要收益来源，因此，招展是展览会营销业务的核心，也是本节中展览会定价策略的主要阐述对象。

一、展览会产品的定价方法

按照一般的价格理论，影响企业产品定价的因素主要有三个方面，即成本、需求和竞争。成本是产品价值的基础部分，它决定着产品价格的最低界限，如果价格低于成本，企业便无利可图；市场需求影响顾客对产品价值的认识，进而决定着产品价格的上限；市场竞争状态则调节着价格在上限和下限之间不断波动，并最终确定产品的市场价格。具体到展览会产品，其价格受到组展企业运行成本、展览会项目成本、展览会项目竞争力、展览会竞争对手价格策略、展览会行业平均展位价格水平以及展览会目标顾客价格接受能力的影响。基于对这些影响因素的综合考虑，可以采取以下几种定价方法：

1. 成本导向定价法

成本导向定价法是以展览会所花费的成本为依据来制定价格的方法。它是一种较常用的定价方法，其优点体现于以"成本＋利润"来确定价格，相对简单明了。在实践当中，通常采用以展览会项目为中心的成本导向定价法和以综合成本为依据的成本导向定价法两种方式。

项目成本导向定价法，即以"具体的某个展览会项目"运作成本为依据进行定价，"项目成本"通常包括组织者从会展中心租赁场地的费用、营销费用、人员费用等。

综合成本导向定价法，即以"具体的某个展览会项目运作成本＋展览公司运作的分摊成本"为依据定价，也就是说，运作多个展览项目的会展企业要把企业的办公场所租赁费、办公经费、企业管理人员工资等成本分摊到不同的展览会项目中，再进行计算。

2. 需求导向定价法

这种方法又称为"市场导向定价法"，它不是根据产品成本状况来定价，而是根据市场需求状况和消费者对产品的感觉差异来确定价格。目前很多展览服务企业运用需求导向定价法，即根据市场需求强度来确定服务的价格，而不考虑提供服务的成本。这种定价方式的好处是，只要满足了顾客的需求，那么顾客能够接受多高的价格，就可以制定多高的价格，这样就可以最大限度地扩大利润。

采用需求导向定价法可以根据不同顾客的价格敏感性差异采取差异化的定价方法，例如，可以根据顾客的付款能力差异采取差别性定价方案、根据顾客对服务质量的偏好差别，对不同形式的服务制定不同的价格等。需要注意的是，需求导向定价要求事先做好市场细分化，把握不同顾客的需求特征，再根据各细分市场的成本、需求和利润目标，来确定各细分市场的服务价格。

3. 竞争导向定价法

处于激烈竞争的市场环境中的企业通常不以成本或需求为定价依据，而是以竞争者的价格水平为参照标准制定价格。对于展览会产品来说，竞争导向定价法通常有三种表现形式：

（1）领先定价法。领先定价是展览会组织者制定的价格总是领先于市场平均水平，其他同类展览会的价格基本是跟随其调整的。一般情况下，只有在市场上具有重要影响力的展览会才会采取这种定价方法。

（2）跟随定价法。跟随定价是指根据同一市场或类似市场上竞争对手的价格来制定展览会的价格，即跟随龙头展览会的价格调整而调整。从本质上讲，这是适应市场竞争的一种防御策略。实力一般的展览会在遇到竞争对手调整展位价格时，通常会采取这种价格策略。

（3）独立定价法。独立定价是指不管竞争对手的价格如何调整，总是按照既定的价格方针，实施自己的价格策略。如果因为竞争对手降低价格等原因导致自己的市场受到威胁，则采取提高服务质量、增加服务项目、加强客户关系管理等措施加以弥补。

4. 战略导向定价法

战略导向定价是指以实现战略目标为参照标准而制定价格的策略。当展览会想通过低价竞争迅速占领市场时，采用"渗透战略"的定价方法，以较低的价格切入市场，待到市场份额较大时再采取高价策略收回成本。一般而言，在展览会初创时期可能会采取战略导向定价法，组织者不考虑成本、市场需求和竞争因素，在一段时间内允许展览会亏损。经过一段时间的培植后当展览会具有获利能力时，再采用其他的定价策略。

以上四种定价方法是展览会定价的主要方法，展览会组织者应根据具体情况采取合适的定价方法来确定展览会的价格。事实上，展览会组织者在定价时可能会综合考虑多种因素，比如既要考虑成本，也要考虑市场需求，还要考虑竞争情况，等等。

二、展览会产品的定价技巧

针对不同的展览会产品、面向具有不同诉求的参展企业，采用不同的定价技巧是实施价格策略的重要手段。灵活运用定价技巧不仅有利于敦促参展商按时付款，而且对于鼓励参展商扩大展位面积、多家联合参展以及连续参展等都具有明显的效果。下面主要介绍差别定价、折扣定价和尾数定价三种常用的定价技巧。

1. 差别定价

差别定价是一种根据顾客支付意愿制定不同价格的定价方法，在展览会中差别定价的形式主要包括：根据参展企业的类型制定不同价格，即不同参展商不同价格；根据报名参展或支付费用的时间差异制定不同价格，即不同时间不同价格；根据展位类型不同制定不同价格，即不同类型不同价格；根据展位位置差异制定不同价格，即不同位置不同价格。这四种形式的差别定价在实际的展览会定价中都非常普遍，很多展览会同时使用这四种定价技巧。

不同参展商不同价格的典型例子是价格实行双轨制，即国内参展商和国际参展商有不同的价格体系。虽然价格双轨制一直饱受诟病，但这种差别定价形式一直长期存在。不同时间不同价格的定价技巧通常会设定一个时间期限，在此期限之前付款的参展商（early bird）将享受价格优惠，如2015年10月27~29日在上海举办的中国汽车工程学会年会暨展览会就规定在2015年4月30日之前付清全款的参展商将享受展位价格优惠。不同展位类型不同定价一般是指展览会分为特装展位和标准展位，两种类型的展位价格体系不同。而在不同类型的展位中，又会根据展位的位置不同制定不同的价格（见表6-1）。

表6-1　2016第16届中国国际保健博览会展位价格

特装展位		标准展位	
类别	价格	类别	价格
一类光地	2000元/平方米	三类	14600元/3×3平方米
二类光地	1800元/平方米	四类	11500元/3×3平方米
三类光地	1500元/平方米	五类	8100元/3×3平方米

注：标准展位转角位置（两面开展位）加收原价格的20%。

值得注意的是，采用差别定价法要保证低价购买者不能转卖产品和服务，并且企业需要向消费者宣传推广传达有关信息，使差别定价获得更好的营销效果。

2. 折扣定价

为了鼓励参展商增加购买数量和购买额，可以采用折扣定价技巧。当参展商消费达到一定数量或金额之后给予其折扣优惠，消费量越大、金额越多，折扣比例也越高。展览会采用折扣定价的方式有以下几种：

第一，单次认购折扣。单次认购折扣是指在一次展览会上，参展商认购的展位面积达到一定数量或数额，就可以享受折扣优惠。这种定价技巧按每次购买展位的数量或数额制定折扣方案，可以激励参展商扩大单次参展认购面积。

第二，累计数量折扣。即当参展商在一定时间内累计认购展位达到一定数量或数额，则给予折扣优惠。例如，参展商如果认购展览会面积累计达到 100 平方米，超过 100 平方米的展位面积享受 8 折优惠。这种折扣方式的主要目的是鼓励参展企业长期参展。

第三，团体消费折扣。为了鼓励行业协会等机构集体组团参展，展览会组织方常常对团体大量购买给予相应的优惠。一般来说，团体认购的面积越多，获得的价格折扣越高。

资料 6-2

2015 年义乌小商品博览会的优惠政策

1. 提前交款优惠

2015 年 5 月 31 日前交足全款的企业给予 800 元/展位的优惠。

2. 特装优惠

（1）申请 6 个展位及以上的特装企业可给予 5%的优惠。

（2）申请 10 个展位及以上的特装企业可给予 10%的优惠。

注：以上两项优惠不含双开口费。

3. 品牌优惠

（1）全球 500 强企业参展展位费（限 36 平方米）免费（中国总代理以上）；

（2）中国制造业 500 强企业参展展位费优惠 50%（限 36 平方米）；

（3）拥有（有效期内）国家驰名商标优惠的企业，由国家工商局认定的按照 30%优惠，由司法认定的按 15%优惠；（之前已享受过 30%优惠的司法认定的国家驰名商标企业可继续享受）。

（4）拥有省级著名商标、省名牌产品、省知名商号企业优惠 10%。

（5）拥有地市级知名商标或地市级名牌产品的企业优惠 5%。

注：以上五项优惠不含双开口费。

资料来源：2015 年义乌小商品博览会官方网站。

3. 心理定价

运用心理学原理，依据不同类型的消费者在购买商品时的不同心理要求来制定价格，以吸引消费者增加购买，扩大销售量的定价方法。在展览会中常用的方式有以下几种：

（1）声望定价。声望定价属于心理定价的一种，是指为了提高潜在消费者的认知价值，有些名牌商品或著名企业，故意把价格定成整数或高价，限制潜在的买主，并创造一种高品质的印象，成为声望定价或整数定价。质量不易鉴别的商品最适合采用此法，因为消费者有崇尚名牌的心理，往往以价格来判断质量。展览会的质量不容易鉴别，可以采用声望定价法，但前提是展览会应该具有一定的声望，具有一定的品牌知名度。

（2）尾数定价。尾数定价又称零头定价，是指企业在商品定价时有意制定与整数有一定差额的价格。心理学家的研究表明，价格尾数的微小差别，能够明显影响消费者的购买行为。尾数定价法会给顾客一种经过精确计算的、最低价格的心理感觉，有时也可以给顾客一种是原价打了折扣的感觉。因此，展览会定价时也可以灵活采用此方法。

（3）招徕定价。组展商利用部分参展商的求廉心理，将少数展位降价，借此吸引那些对价格高度敏感的参展商，带动整个展览会的人气。

第四节　展览会渠道策略

美国市场营销学权威菲利普·科特勒认为："营销渠道是指某种货物或劳务从生产者向消费者移动时，取得这种货物或劳务所有权或帮助转移其所有权的所有企业或个人。简单地说，营销渠道就是商品和服务从生产者向消费者转移过程的具体通道或路径。"美国市场销售协会（AMA）认为："营销渠道是企业内部和外部的代理商与经销商（批发和零售）的组织机构，通过这些组织运作，商品（产品或劳务）才能得以上市行销。"根据上述定义，本书认为，营销渠道就是指产品从制造商手中传至消费者手中所经过的各中间商连接起来的通道。展览会的营销渠道是指把展览会从生产者（展览会的组织者）销售给目标顾客（参展商、观众、赞助商和广告商）的过程。展览会的组织者很难完全依靠自身力量接触所有的目标市场，应该选择适当的营销渠道来销售展览会。

一、展览会营销渠道的功能

展览会营销渠道的起点是主办、承办单位，终端是参展商和观众等消费者，中间各种途径均可称为营销渠道或者营销通路。营销渠道具有信息传递和展览会推广的功能。

1. 信息传递功能

组展商要顺利地出售展览会，首先要使参展商了解展览会的特色、办展宗旨、办展规模等有关信息。其次企业决定参展是认为参加展览会能为企业带来价值，能满足他们宣传企业产品、树立企业形象、促进贸易的需求。组展商要了解参展商的需求，才能设计出满足参展商需求的产品，提供相应的服务；参展商获取足够的展览会信息，才能做出参展与否的决策，这些信息都需要通过营销渠道中的主体来传递。

2. 宣传推广功能

企业建立营销渠道的一个重要原因是通过渠道主体的营销活动，可以降低自己的宣传推广费用，并且能够获得更好的推广效果。各级代理商在招展期间利用各种形式的促销手段，吸引参展商的注意，并且及时、有效地解答参展商的各种疑问，使他们尽早做出购买决定。

二、展览会营销渠道的类型

1. 按照销售环节划分

按照展览会从组展商到参展商之间经历环节的多少，可以将营销渠道划分为直接渠道和间接渠道两种类型。

直接渠道是指组展商直接将展览会销售给目标客户，没有中间商的存在。间接渠道是指组展商通过中间环节的辅助将展览会销售给终端客户，其间至少要经过一个中间环节。

2. 按照中间商数量划分

按照组展商在同一区域内选择的中间商数量多少，可以将营销渠道划分为"窄渠道"和"宽渠道"两种类型。

窄渠道指组展商在某一特定区域内利用唯一的中间商进行招展，宽渠道是指组展商在某一特定区域内利用两家或两家以上的中间商进行招展。

资料 6-3

2010 上海世博会门票营销渠道

2010 年上海世博会门票分为个人票和团体票。个人票分为指定日票和平日票，其中指定日票分指定日普通票和指定日优惠票两种；平日票分平日普通票、平日优惠票、3 次票、7 次票和夜票五种。团队票分普通团队票和学生团队票两种。

上海世博会选择了 4 家境内指定门票代理商（中国移动、中国电信、交通银行、中国邮政）和 9 家境外指定门票代理商，代理商通过手机订票、网上订票系统、语音电话订票、邮政投递系统等多种形式进行门票销售。上海世博会的门票销售网点众多。负责境内销售的 4 家代理商每个开出 800 个销售点，一共是 3200 个销售点，平均每个省有将近 100 个销售点，基本上可以覆盖到地级市，在一些发达的省市还延伸到县级市。

从销售环节来看，上海世博会门票的营销渠道属于间接渠道；从中间商数量来看，上海世博会门票的营销渠道属于宽渠道。

3. 按照渠道类型多少划分

根据展览会采用的营销渠道类型多少，营销渠道可以分为单渠道和多渠道。单渠道指采用单一类型渠道的分销策略，例如全部直接销售或者全部交给中间商销售。多渠道则指通过不同类型的渠道来销售展览会产品，例如采用自营与中间商代理销售相结合的营销方式。

4. 按照分销主体的类别划分

按照参与展览会分销的主体类别，展览会营销渠道可以划分为“中间商”和“合作者”。

“中间商”是独立的法人企业，这些企业专门从事展览会代理业务或者在经营其他主营业务的同时从事展览的销售代理业务，通过代理业务获取佣金。比如，京慕国际展览有限公司就是慕尼黑国际博览会公司在中国的总代理（见资料 6-4）。

“合作者”是指展览会在举办过程中以“合作单位”、“支持单位”等名义出现的政府部门、行业协会、媒体等机构。这些机构不以明确的销售代理商身份出现，但是同样参与展览会的分销工作。对组展商来说，与这些"合作"以及"支持"机构建立业务合作关系，其主要目的是为了利用这些合作机构的客户网络以及行业影响力来提高展览会的声誉，这种方式有利于展览企业建立拓展市场，获得更多的资源和更大的收益。

资料 6-4

京慕国际展览有限公司的代理业务

京慕国际展览有限公司成立于 1995 年，是由慕尼黑国际博览集团亚洲公司（MMI Asia–Munich International Trade Fairs Pte. Ltd.）和中国国际展览中心集团公司（CIEC–China International Center Group Co.）共同组建的中国展览业内第一家合资公司，同时也是慕尼黑国际博览会公司在中国的总代理。

作为慕尼黑国际博览会公司的在华子公司，京慕公司代理其在中国以外举办的所有展览会。具体为：在中国市场推介慕尼黑国际博览会公司举办的展览会，为中国厂商提供有关展览会信息及其相关国际市场的咨询，并组织厂商前往参加或参观展览会。此外，京慕公司还为前往慕尼黑参展或参观的中国企业办理申请赴德商务签证所需要的邀请函，并提供慕尼黑展览会的参观门票预售服务。

资料来源：京慕国际展览有限公司官方网站。

三、展览会营销渠道的特点

营销渠道包括某种产品的产、供、销过程中所有相关的企业和个人，这一渠道可直接可间接，可长可短，可宽可窄，往往根据商品特征而制定。在一般情况下，展览会的营销渠道具有以下几个特点：

1. 直接营销渠道多于间接渠道

通常情况下，展览会的目标客户相对集中，尤其是那些已经举办了多届的展览会，往往已经建立了比较完整的客户数据库，因此，目前国内展览会在营销渠道的选择上大多采取直接的营销渠道，即使使用间接渠道，其层级也很少。采用直接营销渠道的好处是，一方面能够加强与客户的沟通和交流，直接获得参展企业和专业观众的信息，有助于提高展览会的针对性，更好地满足目标客户的需要，另一方面由于不经过中间环节，不需要中间流通费用，能够有效降低营销成本。

2. 窄渠道多于长渠道

在一般情况下，大众化的产品倾向于通过"宽渠道"进行销售，但展览会的目标客户以机构为主，目标客户的专业领域相对集中，目标客户的绝对数量不多，因此适用于窄渠道。现实中，大多数展览会采取独家代理的方式，因为这种"窄渠道"有助于企业更好地进行价格、服务、宣传等方面的管理。

3. 多渠道多于单渠道

展览会营销多采取"多通路"的营销渠道。例如对展览会的国内与国外目标受众采用不同的销售渠道（在本地区采用直接渠道，对外则采用间接渠道），对不同层次的参展企业采用不同的营销渠道等。此外，面对不同的细分市场，采取长渠道与短渠道相结合，宽渠道与窄渠道相结合的策略也属于"多渠道"。

在一般情况下，小规模展览会或影响力极大的展览会可采用单渠道营销方式；反之，则可采用多渠道的营销方式以提高销售覆盖面。

第五节　展览会宣传与推广

促销（promotion）是指营销者向消费者传递有关本企业及产品的各种信息，说服或吸引消费者购买其产品，以达到扩大销售这一目的的过程。对于展览会来说，为了将展览会信息顺利传递给目标顾客（参展商和观众），并且促使他们产生"购买"行为，也需要进行促销活动，也就是对展览会的"宣传与推广"。展览会的宣传与推广是吸引目标客户的主要手段，在招徕参展商、观众以及树立展览会形象等方面能够发挥举足轻重的作用，对于展览会的成功举办具有至关重要的意义。

一、宣传与推广的目的

宣传和推广，本质上就是解决供应商和需求者在产品与服务方面的信息不对称状态，更好地进行招展、招商工作。展览会的宣传与推广目的体现于以下几个方面：

1. 扩大展览会的影响

宣传与推广的作用是使那些本来不知道、不了解展览会的潜在参展商和观众有机会获取展览会信息，将该展览会纳入考虑范围，并根据自身情况做出是否参加展览会的决定。因此，那些在行业中影响力不大的组展机构更应该加大宣传与推广力度，努力吸引目标参展商和观众参加展览会。

2. 树立展览会形象

随着会展业的迅速发展，办展机构越来越多，如何在竞争激烈的会展市场上占有一席之地，获得参展商和专业观众的认可？宣传与推广是一种重要的手段。宣传与推广有助于让客户清楚地认识到该展览会将提供怎样的服务，与同类展览会相比有哪些不同。如果办展机构不进行宣传，展览会提供的服务，特别是增值服务就可能不被人所知。因此，组展商应该借助宣传与推广来树立展览会形象，创造展览会的竞争优势。

3. 建立展览会品牌

将展览会做大做强，培育有国际影响力的品牌展览会，是每个展览会主办者的努力目标。品牌展览会的形成往往需要卓有成效的品牌经营，而品牌的经营离不开宣传和推广。因此，组展商应借助宣传和推广来扩大展览会的知名度，塑造品牌展览会。

二、宣传与推广的对象和内容

就某一特定展览会而言，只有向其目标受众宣传和推广才能取得相应的效果。因此，展览会的宣传和推广应首先明确对象，之后再明确宣传和推广的内容，最后选择合适的宣传和推广方式。

1. 确定宣传与推广的对象

确定宣传与推广的对象，也就是确定向哪些参展商和观众进行宣传与推广。

（1）行业类别。大多数展览会都是要按照行业类别划分的，如工博会、服装展、汽车展、旅游展，只不过有的展览会包括的行业范围宽些（如工博会），有的窄些。这种行业类别的划分其实就已经把参展商的大概范围确定了，所以，行业类别是营销首先要考虑的问题。

（2）参展商地域。首先要确定展览会是国际展还是国内展。如果是国内展，参展商主要来源于哪些区域、哪些省份；如果是国际展，还要确定国外参展商主要来源于哪些大洲、哪些国家。显然，国际展和国内展的营销投入、营销内容等肯定大不相同，全国展和地区展也有所不同。

（3）参展商的数量。根据展览会想要达到的预期规模和预期效果，确定要吸引多少参展商参展，再根据以往经验中实际参展数量与宣传推广时接触的企业数量之比来确定需要向多少潜在顾客宣传和推广展览会。

（4）参展商规模。除了一些以中小企业为目标参展商的展览会（如中小企业投资洽谈会等）之外，大多数展览会不会对参展商规模有所限制，任何规模的企业都有参加展览会的需求。但针对不同规模的参展企业，展览会营销与推广的内容和重点应该有所不同，比如针对大规模的参展商营销，重点应该放在展览会帮助参展商树立品牌形象方面；针对小规模参展商，重点应该放在展览会帮助参展商拓宽销售渠道、增加销售机会等方面。

2. 确定宣传与推广的内容

办展机构通过宣传与推广活动介绍展览会的主要内容，吸引目标参展商参加，并逐步扩大影响，树立展览会品牌。不同的展览会宣传与推广的侧重点不同，但通常都包括以下方面：

（1）展览会基本信息。

● 开展时间、展览时限、地点、场馆、交通住宿状况、会务组接待事宜等。

● 参展者情况、往届展览会情况、社会评价等。

● 参展要求与条件等。

（2）展览主要活动的宣传。

● 展览会的开幕式、闭幕式、文艺演出等。

● 展览会期间将举办的研讨会、论坛、技术交流会、行业峰会。

● 围绕着展览会主题开展的考察、现场参观等。

● 其他相关活动，如比赛、旅游等。

三、宣传与推广的方式

宣传与推广的方式，即促销手段有很多种类型，本节将着重介绍展览会营销中常用的宣传与推广手段。

1. 大众传媒工具

大众传媒的推广方式即通过印刷媒体（包括报纸和杂志）、电视媒体、广播媒体和网络媒体发布展览会信息。近年来，网络媒体以其传播成本低、传播速度快、不受时空限制等优势成为展览会宣传与推广的主要方式之一。营销人员通过专门为展览会构建独立的网站、搜索引擎推广、行业论坛推广或在其他相关网站上发布展览会广告、网站互惠链接等方式来展开宣传和推广工作。网络可以为展览会带来更多的参展商及精准观众，组展方、参展商和观众之间通过网络进行信息交流。

2. 特种媒体工具

特种媒体工具指通过微信、微博、手机客户端（APP）、海报、户外广告、小型纪念品等形式制作相应宣传资料进行的宣传和推广活动。这些媒介工具不依赖于报纸、杂志、电视、广播、网络等大众媒体进行传播。一般来说，涉及普通观众比较多的消费品展览会，如服装展、体育用品展等比较适合采用特种媒体工具。这里需要特别说明的是微信。

资料 6-5

全国药品交易会微信平台能为我们提供哪些服务

● 参展信息。

● 会议资讯。

● 参展/参观攻略。

● 展览会举办地交通/餐饮/住宿信息。

● 进馆/撤馆提示。

● 观众预登记快速入口。

● 快速查询展览会资讯。

● 获取参展/参观服务信息。

资料来源：全国药品交易会官方网站。

3. 公共关系

公共关系是一个组织与公众间为了增进信任和理解而进行的各种交往的总称。展览会公共关系营销指通过策划和实施能够引起公众注意力的公共关系事件而达到宣传与推广目标的营销方法。展览会的公共关系营销方式一般包括会议演说、路演、新闻发布会、公益赞助等。此外，通过在营销过程中充分体现绿色营销理念、环保意识和社会责任意识、向参展企业和观众提供科学环保的服务等方式，也可以实现公共关系营销的效果。

资料 6-6

2014 年中国国际信息通信展览会新闻发布会

2014 年中国国际信息通信展览会新闻发布会于 9 月 9 日在京召开。工业和信息化部通信发展司司长闻库代表组办单位介绍展览会筹备组织情况。据介绍，2014 年中国国际信息通信展览会将于 2014 年 9 月 23 日至 27 日在北京中国国际展览中心（静安庄）举办。展览会将深度关注 4G/5G 技术、移动互联网、云计算、大数据、物联网、信息消费、信息安全、虚拟运营等行业热点话题，重点展示相关领域的最新技术发展成果、科技创新产品和服务。本届展览会将从六个方面进行重点展示：宽带网络技术、4G 最新成果、移动互联网体验、智慧城市应用、移动转售企业、信息安全应用。本届展览会总展出面积超过 45000 平方米，是该年度在亚太地区举办的规模最大的信息通信展览会之一。

4. 销售促进

销售促进又称营业推广，是指在一个比较大的目标市场中，为了刺激购买者需求而采取的能够迅速产生购买行为的促销方式。它由一系列具有短期诱导性的战术性促销方式所组成。在展览会的营销中，一般采取展位折扣、回扣、赠送礼品、费用补贴等手段实现销售促进。

5. 人员促销

人员促销主要通过电话营销、传真、直接邮寄、电子邮件、登门拜访等方式实现，为实现人员促销的效果，应做好销售人员的选拔和培训、销售人员的工作内容设计、销售人员的工作业绩评价等工作。

资料 6-7

2016 高博会的促销方式

2016 高博会通过多种渠道来联系我们庞大的数据库，确保行业内更多高质量的观众参加展会：

● 电子快讯。

● 直邮。

● 呼叫中心。

● 网站观众预登记。

● 多种社交媒体渠道。

● Twitter，LinkedIn，新浪微博，Flickr。

● 官方合作媒体，其他支持媒体。

● 当地媒体推广。

资料来源：2016 高博会官方网站。

思考题：

1. 展览会市场分析包括哪些内容？

2. 展览会产品具有哪些特征？产品营销策略有哪些？

3. 展览会产品的定价方法与技巧主要有哪些？

4. 如何加强展览会营销渠道的管理？

5. 展览会宣传推广方式主要有哪些？

□ 拓 展 阅 读

资料 1

事件动机研究

学者对事件动机做了很好的研究。Li 和 Petrick（2006）对节庆和事件动机研究做了回顾，综述认为搜寻和逃避理论（seeking and escaping theory）在很大程度上得到确认。研究者认为逃避因素引导人们参加事件，可获得的一般收益包括娱乐、转移、社会化、学习和做新奇的事情。动机研究往往和事件消费者细分捆绑在一起研究，或者说动机研究引导了事件消费者细分的研究。对于一些想从事件中获得特殊收益的有着特殊兴趣的人来说，推力和搜寻因素考虑得更多。例如，跑步健将需要参加体育竞赛（McGehee，Yoo 和 Cardenas，2003），专家参加特定的会议是因为会议的教育内容或者是为了获取特殊的网络关系 (Severt 等，2007)。

在研究为什么人们参加特定的事件以获得目标收益时，求助于一些重要的理论概念是重要的，如娱乐专业化 (recreation specialization)、深度休闲 (Serious leisure)、自我卷入 (Ego-Involvement) 等。Burr 和 Scott (2004) 在鸟类爱好者参加节庆活动的研究中检验了娱乐专业化的概念，Lamont 和 Jenkins (2013) 在对自行车赛手做细分时也使用了娱乐专业化的概念。深度休闲概念帮助解释了在各种娱乐追求中的融入和承诺的性质，也被越来越多地使用在事件旅游的研究中 (如 Jones 和 Green，2006；Mackellar，2009，2013)。自我卷入理论在娱乐研究中得到了很好检验 (Havitz 和 Dimanche，1999；Kyle 和 Chick，2002；Kyle 等，2007)，也被应用于事件旅游研究中 (如 Kim 等，1997；Ryan 和 Lockyer，2002)。卷入对于事件旅游职业理论的发展非常重要，在检验特定产品、事件或目的地的卷入程度时也使用了卷入的概念 (Filo，Chen 和 Funk，2012)。

另一个研究领域是限制条件 (Hinch，Jackson，Hudson 和 Walker，2006；Jackson，2005；Jackson，Grawford 和 Godbey，1992)，限制的一般种类包括个人头脑中的限制 (如个人的感知和态度)、个人之间的限制 (如缺乏娱乐伙伴) 和结构方面的限制 (如时间、金钱、供给和可达性等)。在事件旅游方面的限制条件研究持续增长，Van Zyl 和 Botha (2004) 研究了影响居民参加艺术节决策的需求和动机因素。Milner、Jago 和 Deery (2004) 研究人们为什么不去参加节庆和事件。Funk、Alexandris 和 Ping (2009) 研究了限制人们参加奥运会的因素。

资料来源: Getz D. & Page, S. J. Progress and prospects for event tourism research [J]. Tourism Management，2016 (52)：593–631.

思考题：

1. 事件动机研究应借助什么概念和理论？

2. 事件类型不同，参与者动机有何不同？

3. 试对展览参与者的动机研究做文献综述。

资料 2

大数据时代营销创新研究的方向

近两年国内外知名企业 (如 Amazon、淘宝等) 已相继展开利用结构化和非结构化数据推动业务创新与利润增长，以及运用机器学习和数据挖掘方法优化库存与供应链决策等方面的管理尝试。从相关研究基础和实践现状来看，要推动大数据与营销管理相结合，有效推动营销创新研究应该从以下几方面入手。

1. 大数据的营销应用价值研究

尽管大数据受到各行业的高度关注，但关于大数据的基本概念及其特征均存在很多疑问和争议；同时，大数据并不是一种单纯的技术手段，而是由于不断增长的数据量和数据种类所衍生出来的经济与技术现象，它只具有"工具特征"，并没有"专业属性"。通过将大数据特性置于管理和营销情景的分析，探索大数据的营销特性及营销应用价值，是大数据时代营销创新研究需要首先解决的问题。对大数据营销价值的探索应该从大数据的基本特性，即共性着手。首先通过"情景化"分析，即管理情景与营销情景，在将大数据与管理、营销的理论和实践进行结合分析的基础上，归纳和总结大数据在营销领域所具有的若干特性，即个性；进而基于大数据若干营销特性，对其营销应用价值进行探究。从本质而言，大数据的营销应用价值研究是一个由共性到个性逐步结构化的聚焦过程。

2. 大数据时代营销创新的内在机理研究

大数据是利用计算机技术和海量数据库为社会科学的定量分析提供更加准确的计算和分析，让企业与用户达到更为和谐的交换。大数据的产生极大地推动了数据透明化和数据共享的发展，以及在全球范围内掀起数据关联运动、政府数据开放运动，增加了数据资源的可获得性与可用性，因此，将大数据镶嵌于营销管理实践是深化营销创新研究、探索营销创新内在机理的重要手段。大数据作为一种技术工具不仅为现代营销管理带来新方法，更带来新理念，并能够从过程和内容上重塑营销。将营销创新置于企业战略和营销职能平衡与互动的组织视野下考察大数据如何升级并革新相关营销要素，为营销活动的形式和内容带来全新变化；通过探讨大数据及其营销层面特性对需求预测与产品开发、价格测试与收益管理、顾客发掘与营销传播，以及价值维护与顾客管理等关键营销环节的影响机制，并梳理营销创新构面之间的逻辑关系，从而厘清大数据背景下企业实施营销创新的内在机理。

3. 大数据时代营销创新的支撑体系研究

首先，在企业战略层面，运用大数据来推动或革新营销创新需要企业在战略层面的相应匹配，这些匹配涵盖组织文化、战略导向、决策模式与数据能力等关键战略要素；同时，营销创新的着力点（营销创新四大构面）不同，相匹配的战略因素也会有所差异。因此，大数据时代的营销创新研究需要明晰这些关键战略要素与创新构面之间是如何匹配以及如何动态演化的。其次，顾客是营销创新的出发点和落脚点，因而探讨顾客需求层面的影响作用对推动营销创新尤其重要。在大数据挖掘中，关键的顾客需求：顾客对隐私保护的基本诉求，顾客核心价值的发掘和利用以及顾客行为的培养与转化等方面。企业营销创新必须充分考虑来自顾客方面的正负效应，而让顾客全程参与创新实践是大数据时代营销创新的重要特征。最后，在产业政策层面。大数据作为新生事物，其兴起与发展离不开政府和行业主管部门的引导与推动。

资料来源：李巍，席小涛. 大数据时代营销创新研究的价值、基础与方向［J］. 科技管理研究，2014（18）：181-184.

思考题：

1. 大数据在会展营销中的具体运用表现在哪些方面？会展管理中大数据的运用现状如何？

2. 会展大数据营销的支撑体系是什么？

第七章
展览会客户关系管理

[**主要内容**] 本章介绍了展览会客户关系管理的内涵及意义，在此基础上阐述了展览会客户的分类、展览会客户的细分方法以及展览会客户关系管理的流程，最后讲授了展览会客户关系的管理策略。拓展阅读资料介绍了"展览会客户满意度影响因素"、"影响展览会品牌选择的因素——组展商和参展商之间的关系质量"以及"展览会组展商提升参展商投资回报率（ROI）的八个措施"三个主题。

第一节　展览会客户关系管理内涵和意义

客户关系管理（Customer Relationship Management，CRM）是一种管理策略。实施客户关系管理的企业秉承以客户为中心的理念，协调和统一企业与客户之间的交往，以便获取、发展、留住有价值的客户，挖掘潜在客户，提高客户满意程度，培育客户忠诚度，实现企业盈利能力的最大化。客户关系管理强调企业与客户之间动态的知识交换和价值交换，是使企业和客户之间保持互动的一种双赢战略观。对展览会而言，最重要的客户就是参展商和观众，因此，参展商和观众也是展览会客户关系管理的重点对象。下面所提到的展览会客户无特殊说明是指展览会的参展商和观众。

一、展览会客户关系管理的内涵

展览会客户关系管理是组织者利用计算机等现代信息技术搜集和整理客户资料，并根据客户数据分析客户的行为偏好和购买模式，有针对性地为客户提供个性化的产品或服务，最终达到提高客户满意度和培养客户忠诚感的目的，以此实现客户价值最大化和企业收益最大化的一种管理策略和运作模式。展览会客户关系管理是采用以客户为中心的经营理念和企业文化来支持市场、销售和服务的全过程，不断实现对展览项目的服务质量、成本及进度的控制，最终与客户建立起长期、良好的合作关系。

1. 展览会客户关系管理是"以客户为中心"的管理理念

传统的管理理念是以产品为中心，客户关系管理是从"以产品为中心"管理模式向"以客户为中心"管理模式的成功转变。客户（主要指参展商和观众）是实现产品价值的主要力量。因此，展览会客户关系管理的核心思想是将客户作为最重要的企业资源，通过完善的客户服务和深入的客户分析来满足客户的不同需求，保证实现客户长期价值的最优化。

2. 展览会客户关系管理以现代管理技术为基础

客户关系管理需要进行数据挖掘并对所获得的数据进行聚类分析、关联分析、演变分析等一系列分析，因此，现代信息技术是推动客户关系管理的基石。现代信息技术的发展，极大地促进了信息搜集与处理的速度，从而使组展商有可能对数量庞大的客户信息进行及时处理和分析，并从中找出不同客户的偏好与行为特征，为区别不同类型的客户、实现个性化的客户管理提供可能。

资料 7-1
iBeacons 技术在展览会上的应用

iBeacon 是苹果公司 2013 年 9 月发布的移动设备在 OS（iOS7）上配备的新功能。其工作方式是，配备有低功耗蓝牙（BLE）通信功能的设备使用 BLE 技术向周围发送自己特有的 ID，接收到该 ID 的应用软件会根据该 ID 采取一些行动。这一技术几乎可以为所有的会展应用开发者提供相应的手段，具体包括以下内容：

（1）位置信息和导航辅助。地理防护技术能够帮助观众/参会者识别自己在地图上的位置，并对其给出路线指引。根据到达情况给出个性化的欢迎信息和其他基于位置的提示信息。例如，当参会者进入某个地理防护区域时，通过应用向胸卡打印处发出信息，进而帮参会者及时打印出胸卡。

（2）社交媒体的联络和信息分享。因为 iBeacon 通信是双向的，因此在用户许可的情况下，手机应用可以发送联络信息、社交媒体描述、特定会议室访问信息、就餐跟踪、食物喜好等。观众/参会者之间的沟通也可以借助附近参会者的提示、图片、信息得到增强。

（3）参展商可以加入时间测试。因为人们在某个展位停留时间越长，他们越有可能对产品感兴趣。在现场可以自动展示某个展位的产品或其他任何兴趣点，特定参展商或会议管理的信息可以发送给不同类别的观众/参会者。

（4）本地信息和交易。只要观众/参会者愿意接收，本地商家可以向他们发送打折券。

（5）防止物品丢失。AV 公司或场馆方可以运用连接地理防护系统的无线射频（RFID）标签，来避免未经许可的设备搬移。

（6）观众/参会者行为分析。基于提示信息或对各种问题的处理，譬如过长的注册登记等候队伍或者穿过展厅的人流，组织方能够追踪观众/参会者的时间利用情况。

3. 展览会客户关系管理是一种新型管理机制和互动系统

展览会客户关系管理是一种旨在改善组展商与客户之间关系的新型管理机制，是一个基于客户偏好建立起的组展商与现有客户、目标客户、潜在客户和合作伙伴之间的互动系统。组展商通过向展览会的策划、营销和客户服务人员提供全面、个性化的客户资料，并强化跟踪服务、信息分析的能力，使他们能够协同建立和维护与客户之间的"一对一关系"，从而使组展商能够以快捷和周到的优质服务，提高参展商和观众等核心客户的满意度，以吸引和保持更多的客户，实现企业与客户的长期互利合作。

二、展览会客户关系管理的意义

鉴于客户在会展活动中的地位及作用，组展商建立和保持同客户的长期合作关系对其生存与发展是至关重要的。

1. 客户关系管理有助于留住老客户

平均来说，企业每年要流失 10%~30%的客户，许多企业不关心正在流失的客户，只是想方设法赢得新客户，表面看起来，只要保证一定的客户数量，即使存在客户流失，企业的销售业绩也不会受到影响，然而，据研究显示，企业争取1 位新客户的成本是留住 1 位老客户所需成本的 5 倍，因此，客户流失会给企业带来很大的利润损失。据调查结果显示，1 个满意的客户会给企业带来 8 个潜在客户，其中至少有 1 个客户会购买企业的产品或服务；1 个不满意的客户会影响其他 25 个客户的购买意向。据此，很多组展商都推出了老客户邀请新客户的活动，如广交会邀请新采购商服务（见资料 7-2）。对展览会而言，参展商的连续参展是展览会长期利润的源泉，也是培育品牌展览会的根本所在，参展商是否连续参展，已成为一个展览会成功与否的重要指标。竞争的加剧加大了企业赢得新客户的难度和成本，保留现有客户就显得尤为重要。良好的客户关系管理是留住老客户的必要条件，重视客户关系管理已成为展览会长远发展的必由之路。

资料 7-2

广交会邀请新采购商服务

如果您是广交会的采购商，可在广交会官方网站 BEST 平台，向您的朋友发出与会采购的邀请。忠诚采购商亦可直接将您收到的专用门票赠予朋友，让您的朋友共享广交会的商机盛宴。发送邀请，马上获得广交会寄送的精美纪念明信片，还有机会获取更多的优质服务和丰厚奖品。参加"老采购商邀请新采购商"有奖活动的新老采购商，将有机会获得以下大礼：

● 广交会精美纪念明信片。参与 i-分享活动的采购商，只要发送邀请邮件，即能得到广交会寄送的精美明信片。

● 更多优质服务和丰厚奖品。参与 i-分享系列活动的采购商，凭发送邮件数量可在 i-分享俱乐部兑换广交会纪念品及 i-分享活动专享服务。

● 专享快捷通道。持有忠诚采购商赠予的活动专用门票的新采购商凭门票及境外个人有效证件可免费办理首张广交会进馆证，同时尊享绿色通道。收到 BEST 平台邀请邮件的新采购商，凭邀请邮件及境外个人有效证件可免费办理首张广交会进馆证。同时，凭邮件上的兑换券免费换取咖啡券。

资料来源：广交会官方网站。

2. 客户关系管理有利于提高展览会营销与服务的针对性

展览会面对的客户范围非常大，当一个展览会项目规模不大时，客户群体有限，了解每个客户的需求特点，并逐一提供个性化的服务并不困难。然而，伴随展览会规模的不断扩大，客户不断增加，潜在客户群体不断扩大，简单的记忆和初级的客户资料处理系统已经难以实现对客户差异化需求的满足，很多展览会对客户的掌控能力急剧减弱，这时就需要对展览会客户进行系统化、专业化的管理。只有加强客户关系管理，通过长期的跟踪分析，才能在产品、服务、客户、接触渠道以及利润等因素间建立一个合理的分析模型，并据此准确判断不同客户之间的需求差异，掌握客户的真实需求，采用合适的方式把新的服务或产品的宣传精确地传递给那些对此感兴趣的客户或人群。

"4R"营销理论以关系营销为核心，着眼于企业与顾客的互动与双赢，强调企业不仅应积极地适应顾客的需求，而且应主动地创造需求，运用优化和系统的思想去整合营销，通过关联、关系、反应等形式与客户形成独特的关系，建立顾客忠诚，把企业与客户联系在一起，形成竞争优势。

R1：关联（Relevance），即认为企业与顾客是一个命运共同体。建立并发展与顾客之间的长期关系是企业经营的核心理念和最重要的内容。

R2：反应（Reaction），即在相互影响的市场中，对经营者来说最现实的问题不是如何控制、制订和实施计划，而是如何站在顾客的角度及时地倾听并建立高度回应需求的商业模式。

R3：关系（Relationship），在企业与客户的关系发生了本质性变化的市场环境中，抢占市场的关键已转变为与顾客建立长期而稳固的关系。

R4：报酬（Reward），任何交易与合作关系的巩固和发展，都是经济利益问题。因此，一定的合理回报既是正确处理营销活动中各种矛盾的出发点，也是营销的落脚点。

3. 客户关系管理有助于提升企业经营管理理念

客户关系管理可以帮助组展商树立以客户为中心的战略思想，培养以客户为主的服务意识。在经营思想上，展览会的工作重点不再是盲目扩张，而是分析有价值的客户的需求，及时推出有针对性的服务，然后通过高满意度的服务来维持客户，尤其是可以带来巨额回报的大客户。员工的服务意识也将通过客户关系管理的实施发生质的改变，各部门将树立起协同工作、共同服务客户的理念。总之，通过实施各种客户关系管理策略，客户与组展商之间建立起一个宽广的沟通界面。组展商针对客户的实际需求，制定相应的营销战略。

4. 客户关系管理有利于提高展览会的综合收益

成功的展览会客户关系管理要与客户建立一种合作伙伴关系，展览会组展商必须向客户提出一个为其所喜爱的、富有吸引力的价值主张，这个主张可能是展览会的定位，也可能是展览会的品质和功能，但不管是什么，这一主张一定要为客户所接受和喜爱。

展览会要真正建立与客户的合作伙伴关系，就要将客户关系管理上升到整体发展的战略高度来对待，要像支持展览会招展和招商一样来大力支持和倡导开展客户关系管理工作，要让所有员工都有客户关系管理的理念。所有员工都必须具备这样一个观念：不论客户的大小，每一个客户都不能被忽视；每一个客户都有一种能力和影响力，它既可以给展览会带来一定数量的业务，也可以导致丧失一些业务。只有这样，组展商才能与客户进行有效的沟通，并通过各种营销手段为客户提供个性化的服务，满足客户的特别需求。

组展商不仅需要把客户视为"合作伙伴"，而且应当把客户视为企业的重要资源。组展商通过与客户交流、建立客户档案以及与客户建立战略合作等方式，可以从客户那里获得大量针对性强、内容具体的市场信息，组展商只有把客户的这些知识、经验、愿望和需求视为展览会的重要资源，融入展览会产品的设计和改进中，才能更好地满足客户需求，从而实现综合收益的提升。

第二节　展览会客户细分

客户细分指根据参展商与专业观众的属性、行为、需求、偏好以及价值等因素对客户进行分类，并提供有针对性的产品与服务的经营模式。对展览会来说，不可能服务其所有的客户，应该把所拥有的有限资源发挥在更好地满足客户某一方面的价值上。客户细分是进行客户关系管理的前提条件，如果不将客户细分成不同类别，就不可能成功、有效地处理与不同客户之间的关系。针对客户细分市场有针对性地采取不同措施，既可以最大限度地满足客户需求，又有利于分清轻重缓急，降低营销成本。

实施客户关系管理首先要弄清与现有客户之间的"关系现状"以及"存在问题"。以此为前提，才能够清楚地了解谁是展览会的核心客户、对哪些客户的投入不足、对哪些客户的投入过度以及应当加强与哪些客户的联系等。为了有效评价客户关系的现状并进一步安排客户管理工作，可以通过不同的维度对展览会客户进行分类。

一、客户细分常用方法

在客户关系管理的实际操作过程中，有不同的细分标准和细分方法，下面介绍四种常用的方法：

1. 狄克和巴苏的客户细分法

美国学者狄克（Alan S.Dick）和巴苏（Kunal Basu）根据客户对企业的产品和服务的续购率与客户对企业的相对态度把客户划分为忠诚者、潜在忠诚者、虚假忠诚者、不忠诚者（见图 7-1）。客户对本企业的相对态度指客户偏好本企业的程度以及客户对本企业与其他企业的态度差异。

图 7-1 忠诚客户分类续购率

资料来源：Dick Alan S. and Kunal Basu. Customer Loyalty: Toward an Integrated Conceptual Framework [J]. Journal of the Academy of Marketing Science, 1994, 22（2）: 102.

A 类客户指续购率高的忠诚客户，他们是企业和营销人员追求的对象。A 类客户一般不会特意收集其他品牌的信息，不会因其他企业的促销措施而"跳槽"，更愿意向他人推荐自己所忠诚的品牌。

B 类客户是指对某个品牌有强烈的偏好，或者觉得这个品牌比其他品牌好，但由于环境因素，购买该品牌产品和服务的频率还比较低的客户。这类客户是企业的潜在忠诚者，也是企业需要重点关注的对象。

C 类客户是指虽然经常购买某个品牌的产品和服务，但认为各个品牌的产品和服务差别不大，并没有对某一个品牌的产品和服务产生情感依附的客户。这类客户是企业的虚假忠诚者，存在流失的风险。

D 类客户是指认为各品牌没有什么差别，也很少重复购买同一品牌的产品和服务的客户。这类客户对任何企业都不忠诚，他们会经常转换品牌，购买的随意性较大。

2. 诺克思的客户细分方法

诺克思（Simon Knox）根据客户购买的产品和服务的品牌数量与客户的投入
程度将客户划分为忠诚者、习惯性购买者、多品牌购买者和品牌改换者。

图 7-2　诺克思的客户细分法

资料来源：Knox Simon. Loyalty-Based Segmentation and the Customer Development Process［J］. European
Management Journal，1998，16（6）：733.

忠诚者和习惯性购买者往往只购买少数几个品牌的产品和服务，表现出较高
程度的行为忠诚。因此，企业为这两类客户服务往往最能获利。但是，忠诚者和
习惯性购买者的购买方式不同。忠诚者的投入程度较高，愿意花费时间和精力与
企业保持关系，而习惯性购买者每次购买的产品和服务基本上没有什么区别，但
他们之所以购买某个企业的产品和服务是因为这个企业能供应他们需要的产品和
服务，而不是因为他们对该企业有较强的情感依附。一旦该企业不能提供他们需
要的产品和服务，他们就会改购其他企业的产品和服务。忠诚者能够感觉到自己
与企业或品牌之间密切的情感联系。因此，在企业暂时没有他们需要的某种产品
和服务时，他们会暂时购买其他企业的产品和服务，一旦该企业能够提供这种产
品和服务时，他们又会继续转向与该企业进行业务合作。有时候，忠诚者甚至可
能因为企业暂时没有他们所需要的产品和服务而推迟购买行为。

多品牌购买者与品牌改换者都会购买多种品牌的产品和服务，但这两类客户
的购买动机也不尽相同。多品牌购买者在不同的消费场合购买不同品牌的产品和
服务，他们积极寻找各种品牌的产品和服务；品牌改换者一般对价格比较敏感，
他们的购买策略是以最低的价格购买自己需要的产品和服务。因此，他们会为了
一点点的价格优惠而改购其他企业的产品和服务。

3. 雷纳兹和库玛的客户细分法

美国学者雷纳兹（Werner Reinartz）和库玛（V.Kumar）根据企业为客户服务所能获得的利润和客户与企业保持关系的时间长短将客户划分为"陌生人"、"花蝴蝶"、"真正的朋友"和"藤壶"（附于水面之下的物体上的小甲壳动物）。

"陌生人"指那些对企业不忠诚、企业为他们服务不能盈利的客户，企业应尽早识别"陌生人"，不要花费过多的时间和精力为他们服务。"花蝴蝶"指那些对企业不忠诚，却可使企业盈利的客户，企业可以对这类客户进行短期的硬性推销，尽可能从他们那里获取最大的短期利润。"真正的朋友"指那些对企业忠诚且能使企业盈利的客户，企业应采取适当的措施回报客户的忠诚行为，以便维持稳定的合作关系。"藤壶"指那些对企业高度忠诚，却无法使企业盈利的客户。虽然这类客户反复购买企业的产品或服务，但由于这类客户与企业的交易规模太小，很难使企业从中获得满意的回报。

4. 布拉德特的客户细分法

美国学者布拉德特（D.Randall Brandt）根据客户的总体满意程度和客户的行为意向（包括客户向他人推荐企业的产品和服务的可能性与他们继续购买企业的产品和服务的意愿）将客户划分为安全的客户、满意的客户、脆弱的客户和不满意的客户。

"安全的客户"指那些对自己的消费经历非常满意、并肯定会向他人推荐本企业的产品和服务、会继续购买本企业产品和服务的客户。"满意的客户"指那些对自己的消费经历基本满意、可能会向他人推荐本企业、会继续购买本企业的产品和服务的客户。"脆弱的客户"指那些对自己的消费经历谈不上满意不满意、可能会向他人推荐本企业、会继续购买本企业的产品和服务，也可能不会向他人推荐本企业、不会继续购买本企业的产品和服务的客户。"不满意的客户"指那些对自己的消费经历不满意、很可能或肯定不会向他人推荐本企业、不会再次购买本企业产品和服务的客户。

总之，客户的忠诚度及其能给企业带来的经济利益是不同的，无论采用哪一种细分方法，企业的目的都是为了识别出客户的差异，即客户对本企业的利润贡献究竟有多大以及是否具有发展潜力。针对不同的客户，采取专门的营销推广方案，提供差异化的服务，培养并维护那些有价值的忠诚客户。

二、展览会忠诚客户的培养

展览企业所面对的客户市场是一个复杂的群体，不同的客户有着不同的参展需求。组展方需要在广泛的客户群体中识别出有参展需求的客户，把握不同类型客户的参展需求，预测客户在本次展览活动中可能的服务期望，以此作为客户关系管理决策的依据。为此，需要首先按照不同的客户细分方法对展览会的客户进行细分，再对其进行差异化、有针对性的客户关系管理。

组展商客户关系管理最重要的是要培养忠诚客户。组展商与不同客户之间的关系发展需要一个渐进的过程，忠实客户群体的培养不是一朝一夕就能够完成的事情，往往需要经过数届展览会的努力。组展商可以按照以下两种途径培养忠诚客户。

1. 根据合作的深入程度逐渐培养忠诚客户

按照组展商与客户合作的深入程度，可以将客户划分为基础阶段的客户关系、合作阶段的客户关系与相互依存阶段的客户关系。

（1）基础阶段的客户关系。在基础客户关系阶段，客户要求组展商证明其具有成功组织展览会的能力。显而易见，参展商和观众都愿意同那些已经成功举办了数届展览会的组织者发展为业务合作关系。基础阶段的客户关系尚未达成双方的相互信任和支持，因此，在这个阶段，关系双方中任意一方的退出障碍都很低，客户很容易转向其他展览会。

在客户关系的基础阶段，价格是达成交易的主要动力。但考虑长远发展，并不是价格越低，拉到客户越多越好；相反，要避免营销人员对客户的过度承诺。为了实现销售目标，销售团队有追求短期效益的倾向，但这种短期目标可能导致销售团队的短期行为，他们向客户做出各种承诺，甚至是自己无法履行的承诺，以取得订单而不是与客户建立长期关系，这种做法对展览会与客户之间长期关系的建立与维护危害极大。

（2）合作阶段的客户关系。超越基础客户关系阶段之后，进入到客户关系的"合作阶段"，参展商如果对参展效果以及展览会服务感到满意，就可能与展览会建立合作关系，并发展这种合作关系。在这一阶段中，客户具有一定的积极性，对组展商的防御心理减弱，但是在这一阶段，参展商并没有真正信任组展商，参展商和组展商之间的关系仍然"保持距离"，参展商除了参加该展览会，还可能选择参加其他类似的展览会。

（3）相互依存阶段的客户关系。在相互依存阶段，参展商和展览会都认识到彼此的重要性。展览会已经成为参展商唯一的或至少也是第一个选择。参展商把展览会看作是其外部的战略资源和竞争优势的组成部分，组展商和参展商会积极地分享敏感信息，致力于解决共同面对的问题。在相互依存阶段，参展商会把自己的良好建议融入展览会中，甚至成为组展商的顾问。与此同时，组展商在展台位置、广告配合等方面也会给予参展商更多的优惠。双方之间的关系逐渐趋于成熟，彼此更深入地理解对方，从双方稳定的依存关系中获利。

2. 根据客户与展览会的关系质量逐渐培养忠诚客户

"关系质量"是指参展商对组展商的满意度、信任感、归属感和忠诚度。按照客户与展览会的关系质量，可以将客户划分为对展览会满意的客户、对展览会信任的客户、对展览会有归属感的客户以及对展览会忠诚的客户。忠诚的客户乐意从众多展览会中选择某一个参加，并且维持长期稳定的合作关系。提高关系质量，对参展商和组展商双方都是有利的。对展览会及其组织者来说，提高关系质量可将其一般性客户最终转变为忠诚的客户。对参展商来说，提高关系质量，可以降低其参展风险，节省收集展览会产品和服务信息以及选择和评估这些信息的成本，从而提高参展收益。因此，无论对参展商还是对展览会及其组织者来说，都具有努力改善双方关系质量的内在需求。

（1）对展览会满意的客户。满意感是参展商的需要得到满足之后的一种心理状态，是参展商对展览会满足自己需要程度的一种判断。如果参加展览会的收获满足了参展商的需要，参展商就会满意；反之，参展商就会不满意。通常情况下，满意感是参展商对某一次展览会的心理感受。客户满意，则将大大提高参加下一届展览会的可能性；客户不满意，则很可能不再参加组展商组织的下一次展览会，但是客户与展览会之间的这种"满意"关系还仅仅局限于一般性的交易关系，并不一定带来客户的持续参展行为。

（2）对展览会信任的客户。信任感在展览会的客户关系中意味着参展商对展览会的组织能力和服务水平的认可，即使在展览会无法实现承诺时，参展商也会以善意和同情的方式来理解展览会。对展览会信任的客户在对待展览会服务中出现的问题时，不会像一般客户那样以"冲动"的方式来表达自己的不满。

（3）对展览会有归属感的客户。在展览会客户关系中，归属感指参展商与展览会保持长期合作关系的意愿。客户归属感包括情感性归属感和持续性归属感，情感性归属感指客户感情上对服务性企业的依赖，所谓持续性归属感指客户由于"跳槽"的代价过大，转换成本过高而不得不与企业保持长期的关系。无论是哪一种情况，当客户对展览会产生归属感后，就更可能成为持续参展客户。

（4）对展览会忠诚的客户。忠诚的客户指那些反复购买某个品牌的产品、只考虑该品牌的产品、不会寻找其他品牌信息、转向购买其他品牌商品的客户。忠诚的参展商具备以下几点特征：忠诚的参展商不仅会重复参加同一展览会，而且还会购买该组展商的其他产品和服务；忠诚的参展商不仅自己重复参加某个展览会，而且还会向他人推荐组展商的产品和服务，扩大组展商的客户群；忠诚的参展商会积极地向组展商反馈信息，帮助组展商改进产品和服务；忠诚的参展商对自己所忠诚的展览会的参展费用不是很敏感，他们相信组展商提供的产品或服务的价格是公正的，有时候他们甚至愿意支付较高的价格购买该组展商的产品或服务；忠诚的参展商往往能理解组展商在服务过程中出现的一些小错误或小失误，愿意在合理的范围内给组展商改正错误的机会。因此，忠诚的参展商群体是展览会的最大财富，也是展览会进行客户关系管理的重要目标。

一般情况下，客户关系质量是可以培养和改进的，满意的参展行为会使参展商逐渐对展览会产生信任，从而产生保持长期合作关系的可能性，最终成为展览会的忠诚客户，通过客户关系管理为每一个客户创造满意的参展体验在培养忠诚客户的过程中发挥着非常重要的作用。

资料 7-3
广交会的客户

中国对外贸易中心作为广交会承办单位，多年来一直高度重视客户服务，不断探索科学的办展模式、构建优质的服务体系，努力把广交会办成专业化、市场化、国际化、品牌化的世界一流展会。

对于忠实、优质的参展商，广交会推行 VIP 服务，每年对 VIP 参展商资格进行甄选。获得 VIP 参展商资格的企业可获得办理额外参展证、优先参与会议论坛及各类贸易配对活动、享用免费茶点等七大方面的专享服务。自第 105 届起，广交会创立"广交会境外贵宾俱乐部"，在广交会期间为客商提供系列 VIP 服务。俱乐部会员根据其不同的与会记录，又分为"普通"和"高级"两个级别，享受相应的 VIP 服务。俱乐部普通会员、高级会员和 VIP 参展商的待遇、条件见表 7-1。

表 7-1 广交会客户类别、待遇和条件

客户类别	待 遇	条 件
俱乐部普通会员	VIP 绿色通道提供的快捷报到办证服务；免费贵宾俱乐部午餐券 2 张/期；咖啡点心券 1 张/期，可在全馆咖啡店内享用一杯咖啡及一份点心；免费享用 B 区、C 区的 VIP LOUNGE 服务，免费参加广交会组织的采购商贸易配对活动	忠诚客户：到会 15 次以上的所有与会客商或合作机构；与广交会正式签订合作协议或合作备忘录的海外工商机构或跨境采购商；自第 93 届以来曾参加过广交会"跨采服务"的采购企业经理级别以上人员
俱乐部高级会员	VIP 绿色通道提供的快捷报到办证服务；免费贵宾俱乐部午餐券 2 张/期；咖啡点心券 1 张/期，可在全馆咖啡店内享用一杯咖啡及一份点心；免费享用 A 区的高级 VIP LOUNGE 服务；免费参加广交会组织的采购商贸易配对活动；广交会外事办领导会见或宴请；馆内专人陪同参观；可参加感兴趣的研讨会；可免费在广交会举办研讨会或采购会	到会 25 次以上的公司总裁；海外商会会长；或世界零售商 250 强、世界 500 强企业总部总裁、采购部总裁、中国区、大中华区和亚洲区总裁
VIP 参展商服务	邀请推荐采购商享受全面升级服务；提供信息发布、交流、商业合作机会及优惠服务；参加广交会论坛、研讨会及有关重大活动；提供额外证件及进馆绿色通道待遇；提供贸易配对机会及会议服务；提供专人跟踪现场服务；凭券供应免费茶点及午餐	品牌参展企业，在本行业内具有较高知名度；连续参加当届之前最近的五届广交会；当届广交会在单个展区内品牌展位数达到以下标准：第一期（工业类），大于等于 12 个标准展位；第二期（日用消费品类），大于等于 14 个标准展位；第三期（纺织服装类），大于等于 12 个标准展位；第四期（食品、医药类），大于等于 10 个标准展位；遵守行业规范、与同行良性竞争，具有行业模范带头作用；支持和配合广交会的各项工作，过去三年内没有违反广交会有关管理规定的记录

资料来源：广交会官方网站。

第三节 展览会客户关系管理的流程和策略

一、展览会客户关系管理的流程

客户关系管理是一个不断改善客户关系，培养忠诚客户的过程。这一流程的实施从收集客户信息开始，逐渐建立与客户的合作关系并不断维护这种合作关系，直到形成联系紧密、合作深入的良性互动。

1. 收集客户信息

客户关系管理的基础工作就是搜集和整理现有及潜在的参展商和观众的信息，并对其加以深入分析，在此基础上制定客户关系管理策略。这里所指的参展商既包括现有的参展商，又包括潜在的目标参展商，这是因为潜在的目标参展商尽管目前还未参加展览会，但他们是展览会扩大展览规模、提高展览会档次的重要客户来源。参展商和观众的信息包括参展商的企业性质、规模、历届展览会参加情况、展览会交易额、客户对展览会的态度和评价、客户对展览会的意见和建议、客户的需求特征和发展潜力等。这些数据可以是通过问卷调查等形式获得的客户原始记录，也可以是通过客户调查分析或向相关信息咨询机构购买的二手资料。

2. 制定服务方案

在全面收集和分析客户信息的基础上，要有针对性地对目标客户实施"定制化"服务，在这一流程中要采用差异化的营销宣传策略和服务方案，向目标客户输送展览会各项服务信息，以吸引客户的注意力，建立与客户之间的合作关系。以励展为代表的大型展览企业开始采用"客户价值体验计划"这种崭新的服务模式，基于客户体验之上为参展商和观众提供有价值的服务，从而带来有价值的生意机会，最终提高顾客的满意度。

3. 实现双向互动

本质上来看，客户关系管理的过程也是组展商与客户不断交流信息的过程。实现高效的信息交流是建立和保持与客户良好关系的重要途径。一方面，要充分利用现代信息技术手段及时将展览会产品与服务信息提供给参展商以及观众。另一方面，要从展览会参加者那里收集关于客户对展览会评价与建议的重要信息，客户反馈的信息既是衡量组展企业承诺目标实现程度的重要指标，又是组展商及时发现展览会举办过程中出现的相关问题的重要途径。组展商使用各种各样的互动渠道，如客户跟踪系统、销售应用系统等实现与客户的互动，随时追踪参展商的需求变化以及参展后的评价，从而不断完善客户方案，提供更好的参展体验，维护和改善与客户的长期合作关系。

二、展览会客户关系管理策略

实施具体的管理手段和策略来推进客户关系的发展并与有潜力的客户建立相互信任的合作关系是进行客户关系管理的出发点和最终目标。一般情况下，对于能够给展览会带来绝大部分利润的忠诚客户，应该将其列为"战略合作伙伴"，与其建立长期、密切的战略联盟型伙伴关系；对于那些对展览会具有重要经济价值，但是对展览会的认可度不是很高的客户，应该努力提高对这些客户服务的水平，争取给这些客户留下好的印象，并最终将其培育成忠诚客户；对那些与展览会有着良好的合作关系，但是对展览会利润贡献并不大的参展商，要注重与其建立"维持型合作关系"，因为这些参展商虽然对展览会的利润贡献不大，但是对提升展览会的人气来说非常重要；而对那些对展览会利润几乎没有贡献，同时又对展览会特别挑剔的客户来说，最好采取委婉谢绝的策略，终止与他们的合作关系。在维系已有客户，使普通的交易客户向主要客户转变，主要客户向忠诚客户转变的同时，也要积极开发新客户。为此，组展商可以采取以下几种客户关系管理策略：

1. 客户开发策略

客户关系管理的起点是开发客户，即建立客户关系。为了实现这一目标，首先应加强展览会的宣传力度，形成对目标客户的吸引，让更多客户了解展览会，进而产生参展愿望。大多数参展商对展览会的规模、知名度、同类参展商、主办者的资质等要素十分在意。因此，针对目标客户的需求，需要通过各种有效的传播手段向客户介绍展览项目及相关服务措施等信息，争取客户的支持与信任。其次，应提高展览会管理与服务水平，通过高效、完备、便捷、优质的服务，为客户提供良好的参展体验。励展博览集团通过特邀目标买家计划（TAP）对客户进行洞察、识别，进而开发、建立并维护客户关系（见资料7-4）。

资料7-4
励展博览集团的特邀目标买家计划（TAP）

客户的需求与期待不断发生变化，为了适应这些变化，励展所做的一切均围绕提高客户投资回报率和增值服务进行。2011年，励展博览集团大中华区首次推出"特邀目标买家计划（TAP）"，以实现为客户创造显著增值。TAP计划通过充满活力的在线社区、社交拓展活动和职业发展机会等，为雄心勃勃的商业人士与有采购影响力的关键人士提供面对面交流的机会，为展会参与者培育新的业务机会，从而对客户关系产生变革性的影响。

TAP 将吸引最具影响力和/或购买力的观众参加励展的展览会。励展设有专门的 TAP 小组，在展前、展中及展后的整个展览会周期里对展览会参与者的关系进行识别、建立和维护。

通过 TAP，励展将锁定核心采购决策者、需求制定者和具有影响力的行业人士。此外，励展还将核实他们在未来 12~18 个月有明确的采购计划，并在展前和展中为展商和买家提供牵线搭桥的服务。通过特别 TAP 胸卡，展商可在现场轻松识别 TAP 观众。TAP 计划是提升参展商投资回报率的一个关键助推器。

由于参展的时间有限，专业观众希望见到合适的参展商，并快速、高效地达成交易。参展商则更愿意在展览会上见到理想的观众或买家。通过 TAP，双方的投资回报率都将得到显著提高。首先，TAP 增强了励展的客户洞察——这一点对扮演关系经纪人角色至关重要。客户洞察是励展运营的核心，也是励展的关键举措：识别客户需求，深化与客户的关系，用客户的语言进行沟通，提高客户保留率。此外，励展还希望通过深入了解中国市场趋势和客户需求，提高客户满意度、亲密度、回头率和推荐度。通过客户洞察，TAP 小组在展前从成千上万的专业观众中识别核心买家，通过持续深度沟通和面对面交谈获取采购信息。这有助于为参展商创造业务配对。对参展商而言，当他们在展前、展中与展后获知此类信息并做好准备会见合适的买家，投资回报率自然上升。对观众而言，可为购买决策节约时间。他们将能够见到参展商，由 TAP 小组协助的若干在线或现场配对会议等着他们参与。

以 2014 高博会的 TAP 计划为例，励展的 TAP 团队在展前为 30 家甄选的参展商提供了 120 多个买家配对结果，吸引了 801 位 TAP 到场，并促进了现场 90 多场业务配对会议，得到展商高度肯定。TAP 团队展后跟进后预计这些配对会议将产生约 5000 万元的购买量，其中 10% 为现场采购，78% 将在展后 6 个月内完成，12% 在展后 12 个月内完成。

资料来源：励展博览集团官方网站（www.reedexpo.com.cn）.

2. 客户保留策略

老客户是企业最有价值的资产，为留住老客户，应采取座谈会、问卷调查、电话访问等方式捕捉客户信息，追踪与满足客户不断变化的服务需求，同时，关注客户在展览会上的交易情况，有效组织专业观众，促进贸易的达成，提高参展商的参展效益，取得客户的长期信任。当展览会面临失去一个甚至更多的客户时，应认真分析客户退出的真正原因，然后"对症下药"，采取措施，赢回流失的客户。

3. 客户忠诚策略

忠诚参展商会在很长一段时间里持续参加某个展览会，他们往往实力雄厚，在行业内具有较大的影响力，因而对展览会的成功举办至关重要。失去忠诚参展商可能会导致更多的参展商跟随退出，因此，实施一系列手段保持客户忠诚度有着十分重要的意义。实施促销激励是展览企业奖励忠诚客户的最常用方式，例如，香港会展中心为了培育顾客忠诚度，采取积分激励的措施，在客户档案中建立参展积分栏，按其一定时间内在中心参展的累计次数积分，积分达到不同数量时实施不同级别的奖励，即在缴纳展位租赁费用时享受不同的折扣，从而鼓励客户长期参展，形成客户忠诚。为吸引忠诚参展商持续参展，让他们感到享有某些特权也是重要的诀窍之一。特权的实质无非就是为其提供超值服务和特殊待遇，如提供主题演讲的前排座位、设置 VIP 休息室等，这些举措能使组展方和参展商的关系变得更加密切。另外，通过会员俱乐部等形式开展联谊活动，向会员无偿提供商业供求信息，为重点参展企业提供展览知识方面的服务以及优先保证他们参加展览企业组织的各种培训等也是维护客户忠诚的重要手段。

三、展览会客户关系管理系统

1. 会展客户关系管理软件和功能

客户关系管理是一种信息管理机制，客户关系管理系统是一套基于网络、通信、计算机等信息技术和工具支持的集成平台，是一种信息技术，它能实现不同职能部门的无缝连接，协助管理者更好地完成客户关系管理的基本任务。可以通过客户关系管理软件系统的分析，确定不同客户的重点建设方向，促进合作伙伴关系的最终形成。

客户关系管理系统是一种商业软件，它虽然容纳了丰富的现代客户关系管理理念，但并不具有个性化，要实施展览会客户关系管理，办展单位应有一套符合单位实际的 CRM 应用软件系统。这套软件系统必须具备以下几个条件：

第一，有一个强大的客户数据库，能将有关客户的数据集成在这个数据库中，客户数据能及时更新删补，敏感数据能得到有效保护。

第二，有较强的数据分类、分组、分析功能，能按办展单位的要求和会展的行业特色对有关客户信息进行分类、分组、分析。

第三，有较强的数据挖掘功能，能从大量纷杂的客户数据中挖掘出有用的客户信息。

第四，应用软件符合一般会展的办展业务和服务流程，能促进该流程的合理化和规范化。

资料 7-5
上海优品科技有限公司会展管理 CRM 系统的功能

优品会展 CRM 系统提供覆盖整个客户交互周期的核心功能，具体包括以下内容：客户接触，包括营销分析、活动管理、电话营销、电子营销以及潜在客户管理等内容；业务交易，包括销售分析、客户和联系人管理、机会管理、电话销售、移动销售、电子销售、订单订购等内容；履行实现，即客户交互周期中的履行实现阶段，CRM 系统支持供给能力分析和财务营收分析、后勤管理、信贷管理以及支付功能；客户服务，即客户服务阶段，CRM 系统支持服务状况和过程分析、客户关怀和桌面帮助、合同管理、移动服务、电子服务等功能。

优品会展 CRM 操作面板上的相关功能包括展商管理、专业观众管理、供应商管理、合作伙伴管理、内部员工管理等内容。具体功能如下：

● 展商管理

全部展商清单，本年签约展商，潜在展商，未审核展商，展商回收站，邮编为空的展商清单，联系人为空的展商清单，打印展商信封，批量展商分配，未分配展商清单，组团设置，从汉王名片通导入展商资料。

展位数量排序表，展商经营产品项目统计表，展商投入金额排序表，展商地区统计表，海外展商统计表。

展商款项情况表，展商广告款项情况表，展商活动款项情况表，展商运输款项情况表，展商租赁款项情况表。

● 专业观众管理

观众清单，本届预登记观众，未审核观众，观众回收站，错误列表，重复记录列表，条形码重复观众，地址为空观众，邮编为空观众，城市错误观众，国家错误观众清单，姓名地址重复观众，打印观众信封，成批设置观众条形码，成批删除未参展观众，观众查看。

观众查询统计，观众职业统计表，观众企业性质统计表，观众经营产品项目统计表，观众地区统计表，海外观众统计表，观众入场情况统计，观众来源统计。

从网上导入观众数据，标准观众数据导入，从汉王名片通导入，将有条形码观众导出到 Excel。

● 供应商管理

展馆管理，酒店管理，租车公司管理，鲜花供应商，公关公司，运输公司，展示设计公司，广告公司。

● 合作伙伴管理

主办单位管理，协办单位管理，支持单位管理，开幕嘉宾管理，媒体管理。

● 内部员工管理

人事管理（隶属 OA 模块），内部员工是系统的用户，其中涉及权限管理，业务流程过程中的绩效考核等。

2. 会展客户关系管理发展趋势

随着互联网的快速发展，"大数据"时代的来临，大量企业正用"电子"方式把遍布全球的客户与供应商联系起来。这种转变在会展客户关系管理中又体现在以下几个方面：

（1）EIP 系统的应用。企业信息门户系统（Enterprise Information Portal，EIP）已经成为客户关系管理的新工具，为许多企业所采用。EIP 就像一个超级主页，但比我们常用的搜索引擎小得多，甚至只相当于浏览器提供商的主页，但是它可以附加上许多服务和属于个人的东西，这样的站点可以使我们通过个性化的大门进入网络世界，为客户、合作伙伴和员工建立个性化以进入整个企业的大门。

EIP 作为一个应用系统，使企业能够释放存储在内部和外部的各种信息，让客户能够从单一的渠道访问其所需的个人化信息。客户可利用这些个人化信息做出合理的业务决策并执行这些决策，同时找到做出类似决策的其他人并和他们取得联系。

EIP 通过及时向用户提供准确的信息来优化企业运作和提高生产力。这些门户可把存放在企业数据库与数据仓库中的业务转变为可利用的信息，并通过浏览器送到客户眼前。

（2）WEB 在线自助服务。越来越多的会展客户关系管理系统可以为展览企业的客户提供在线自助服务。这种服务是全天候的——客户或潜在客户在登录网站时，自助递交商务需求，可以在任何时间、任何地点实现信息查询与信息提交；同时，网上自助服务系统与企业客户关系内部管理平台集成，可以即时处理来自互联网的客户需求，从而使得展览企业的客户需求及时得到满足。

（3）移动 CRM。随着 APP 在手机客户端的普及，在移动中提供全方位的会展服务已经变为可能。移动客户关系管理系统实现了生产力的延伸和拓展，不仅帮助展览企业实现管理客户、提高利润的目标，而且实现了支持多项目、多语言，以软件为载体导入先进的管理理念与经验的目的，极大地提升了参与者的体验，使信息与服务尽在掌握，在移动中送达更加体贴的服务。

思考题：

1. 什么是展览会客户关系管理？对展览会进行客户关系管理有什么意义？

2. 展览会客户有哪些，可以分为哪些类型？

3. 客户细分有哪些方法？如何对展览会客户进行细分？

4. 展览会客户关系管理的策略有哪些？

5. 展览会客户关系管理系统应具备哪些条件？

□ 拓展阅读

资料1

展览会客户满意度影响因素

消费者对于产品或服务的满意程度是影响其行为决策的决定性因素，"满意度"是客户关系管理中的一个重要指标。

迪金森（1985）研究指出，在同一展览会上影响参展商满意度的决策变量有6个，影响专业观众满意度的决策变量有4个。国内会展领域的相关研究起步相对较晚，陈冰（2003）认为，展览会举办成功与否应由参展商、专业观众共同评价得出。

在早期研究中，学者们往往将焦点聚集于"参展商满意度"的影响因素研究，张启伦（2007）以深圳高交会为例，根据参展商对各项指标的重要性和满意度进行了"四分图"分析，得出参展商满意度与成交额呈正相关关系。徐洁等（2008）以上海光大会展中心为例对参展商满意度的研究发现，为提升客户满意度，光大会展中心需重点关注展台搭建服务、展览货运代理服务和展馆导向解说系统三方面。

专业观众作为展览会业的另一重要组成部分，专业观众对展览会的行为反馈会直接影响参展商的后续参展决策，即专业观众的展览会满意度直接影响到参展商的满意度，因此，专业观众的重要作用也逐渐引起学术界的普遍关注。何天祥（2008）运用结构方程模型构建我国国际展览会贸易观众满意度影响因素模型，研究发现，影响贸易观众满意度最大的因子首先是组展商营销服务水平，其次是展览会现场管理水平和硬件设施条件。展览会品牌、组展商品牌及接待服务水平则影响较小。郇永强等（2010）以广交会和广州博览会为例，先后通过因子分析法、结构分析模型和"四分图"模型分析了影响会展旅游者目的地选择的21个主要因素，认为城市形象与环境、休闲娱乐设施、饭店与展览设施、可达性与饭店价格、花费与会议设施是影响会展旅游者是否参加展览的主要方面。

资料来源：李沛. 展览会参展观众的满意度影响因素分析——基于湖南省展览会调查数据的研究 [J]. 湖南大学学报，2012 (3). 陈江伟. 基于双向认知满意度的区域展览会平台提升研究——义乌文博会的案例 [J]. 商业经济与管理，2013 (6).

思考题：

1. 为什么客户满意度是客户关系管理的一个重要方面？

2. 应从哪些角度去衡量一个展览会的客户满意程度？

资料 2
影响展览会品牌选择的因素——组展商和参展商之间的关系质量

成功的展览品牌对于吸引参展商和观众来说至关重要，也是展览会在市场竞争中立于不败之地的关键因素。然而，对于如何塑造展览会品牌，以及展览会品牌的构成等问题并没有得到很好的研究。由于事件研究兴起的时间较短（Getz, 2008），对于品牌事件的研究主要集中在赛事领域（如 Brown, Chalip, Jago 和 Mules, 2002；Merrilees, Getz 和 O'Brien, 2005）。也有零星的研究是关于会议方面的品牌忠诚度（Lee 和 Back, 2008）以及事件品牌与目的地品牌整合方面的研究（如 Jago, Chalip, Brown, Mules 和 Ali, 2003）。而对于展览研究，目前只有一篇提出了品牌的问题（Sasserath, Wenhart 和 Daly, 2005）。

展览产业的内在特征有助于理解品牌价值和品牌形成过程，这些特征包括以下内容：①展览是服务性产业，②展览代表的是 B2B 或 B2C 的市场，③拥有多种分销渠道，④多个利益相关者（包括组展商、参展商、观众、场馆和目的地管理方）有助于品牌形成和品牌价值的提升。由于品牌不仅可以使产品和服务有所区别，而且也代表了一种价值承诺，因此成功地树立品牌是展览组织者的期望目标。Sasserath, Wenhart 和 Daly（2005）提出展览品牌包括三个组成部分：展览、组展商、展览中心。

展览本身是一个动态的复杂过程，包括启动、促销、组织、赞助和来自公共及私人部门的支持，因此展览本身融入了多方的努力。展览利益相关者关系的关键点是组展商、参展商和观众之间的关系。组展商的职责就是在展览的不同阶段（展前、展中和展后）使参展商和观众之间的关系更加顺畅。但需要说明的是，虽然组展商是展览产品的销售代表，但组展商却不是唯一的供给者，展览场馆也起了很重要的作用，因为展馆的设施和服务以及展馆工作人员可以直接影响参展商对展览的满意度以及行为意向（如 Breiter 和 Milman, 2006）。但是，参考一些相关的会议文献，尤其是在地点选择方面的文献，Jin 和 Weber（2013）认为，举办地作为展览的内在特征也是利益相关者，在展览品牌形成过程中起到了重要的作用。展览举办地也会影响参展商和观众参展的决策。因此，展览、组展商、展馆、举办地这四个因素形成了展览品牌的感知质量并影响消费者的感知和行为，这四个因素不是相互独立的，而是相互作用以形成展览的品牌。因此，展览品牌形成是一个动态的过程。

Jin 和 Weber（2013）认为，展览会品牌是非常独特的，而且比其他各种类型的品牌更加复杂。Jin 和 Weber（2013）把现有的品牌理论延伸至展览领域，从参展商的角度提出展览品牌模型，用来检验展览品牌的各项构成对品牌选择的影响。对 600 个参展商进行调研发现，相比于展览目的地（或展馆）的吸引力来说，供应商—采购者（组展商和参展商）之间的关系质量是决定展览品牌选择的更重要因素。

资料来源：Jin X., Weber, K.. Developing and testing a model of exhibition brand preference: The exhibitors' perspective [J]. Tourism Management，2013（38）：94-104.

思考题：

1. 展览会客户关系质量如何影响展览会的品牌选择？

2. 如何塑造展览会品牌？如何进行展览会品牌管理？

资料 3
展览会组展商提升参展商投资回报率（ROI）的八个措施

1. 措施

第一，观众与参展商的匹配。参展商和观众的匹配包括参展商展示的产品与观众对产品的兴趣和采购计划一致、观众的人口统计特征与参展商的期望目标观众一致、观众的参展原因与参展商的参展目标一致。为参展商输送重要观众是参展商获得好的投资回报率的坚实基础。组展商应该使用参展商的目标观众资料来指导自己的观众促销工作。当然，评估匹配的程度时，不仅要从参展商的角度来评估，也要从观众的角度来评估。

第二，从"净出席者"到"潜在观众"：参展商潜在的投资回报率。"净出席者"（Net Attendance）指展会中的总出席人数减去参展商工作人员的数量，"潜在观众"即产生于此。组织者通过量化参展商真正潜在观众的规模和价值，说明参展商潜在的投资回报率。该指标要依据不同的数据来源，组织者只有搜集到足够详细的人口统计数据，才能精确地定位参展商的目标观众。

第三，展台的吸引。通过加深对观众人口统计特征和具体产品兴趣的理解，组展商帮助参展商设定合适的期望值，并协助其开展计划。影响展台吸引力的因素主要包括：①展出规模，展出规模过大或过小都会对投资回报率产生负面影响。②促销，不论是展前造势还是现场赞助，促销都是提升展台吸引力的重要推动力。③使用提高关注度的技巧，如产品展示、演出等。

第四，员工与观众的洽谈。参展商投资回报率不仅受参观展台的观众人数影响，还受一对一洽谈的积极性和有效性的显著影响。员工影响投资回报率的因素包括：①数量。展台要配备足够数量的员工来吸引潜在顾客，组织者可以帮助参展商确定展台所需要的合适的员工数量；②结构。展台员工结构应该合理，既要包括技术专家，也要有各个层面的负责人；③培训。一些组展商可以帮助参展商培训展台员工。

第五，建立伙伴关系。组展商可通过分享展览会的关键数据以及特定展商的展览绩效指标，与展商建立战略合作伙伴关系。展览会具体的准则和数据有助于确定参展商目标观众的规模和价值，展览绩效衡量标准可以确定个别展台的优势和劣势，凸显绩效提高的机会。

第六，准备为参展商和赞助商提供定制化的体验。一些固定的参展商采用多层面的方法达到营销目标，如利用演讲或主旨发言的机会提高其领导地位，如在展厅外做产品展示和客户会见，如举办私人客户活动等。当主办方加深与展商的协作关系，帮助其实现预期的营销目标时，主办方也会从中获益。这些额外的活动会提升整个展会的观众体验，从而为组织者带来额外的收入。

第七，展会体验尤为重要。参展商在参加展览会（如注册、酒店、班车等）或展示（如布展、撤展）等方面的负面体验会影响参展商对整个展会的感受。通过对这些关键点的及时处理，组织者可以有效提高参展商的整体体验，提高展会的客户感知价值。

第八，展台的销售要基于其效用而非价格。倘若观众的数量和质量均有所提升，组展商可以考虑适当提价。

2. 结论

● 考虑投资回报率的问题，不能只想到销售线索、期望销售额、品牌提升等产出方面的指标，需要深入理解投入方面的因素。

● 在了解潜在顾客的特征和数量之后，组展商可以帮助参展商吸引和选择他们的目标观众。参展商的活动必须与其特殊的潜在顾客相吻合。组展商鼓励参展商使用促销手段，并强调展台员工的重要性，这些都对投资回报率产生重要影响。

● 通过对所有可得的展览会数据的有效利用，组织者可以更好地阐明展览会的潜在价值，并为参展商提供改善绩效的建议。

● 组展商为参展商创造更多价值的努力可以提升组展商和参展商的关系质量，这样可以在展览生态系统中创造更多的合作机会。通过更好地理解参展商如何衡量参展绩效，并帮助参展商真正实现其参展目标，组展商正在采取必要的措施以确保展览会在未来的竞争地位。

资料来源：Cox S. The Organizer's Role in Driving Exhibitor ROI-A Consultative Approach［N］. Exhibit Surveys' White Paper, 2014, 5.

思考题：

1. 如何计算参展商的投资回报率（ROI）？

2. 组展商促进参展商投资回报率（ROI）提升的措施？

3. 参展商促进投资回报率（ROI）提升的措施？

第八章

展览会供应商管理

[内容摘要] 本章主要对展览会供应商与展览会供应商管理展开系统阐述。主要内容包括展览会供应商的基本概念与主要类型，选择展览会供应商的原则和程序以及展览会供应商的绩效管理。拓展阅读资料分享"供应商评价指标的相关研究"和"征求信息书的信息来源"两个主题。

第一节　展览会供应商的概念和分类

一、展览会供应商的概念

供应商是指那些向买方提供产品或服务并收取相应数量的货币作为报酬的实体，他们可以为企业生产或输出产品（服务）提供原材料、设备、工具及其他资源。供应商既可以是生产型企业，也可以是服务型企业。展览会供应商是指那些向展览会提供产品或服务并收取相应报酬的实体。

二、展览会供应商的分类

展览会运营系统的复杂性决定了供应商的多样性。根据不同的分类标准，可以对展览会供应商进行不同的分类。本节主要根据供应商所供应的产品或服务的类型、供应商对组展商的重要性程度和供应商所提供的产品或服务的综合性/专业性三个维度对展览会供应商进行分类。

1. 按产品或服务的类型分类

（1）场地供应商。场地供应商主要为展览会提供展览场地和活动场地，例如会展中心、会议中心以及其他展览会场所租赁商。

（2）有形产品供应商。有形产品供应商包括旗帜供应商、鲜花供应商、气球供应商、办公用品供应商、灯光照明用品供应商、视听设备供应商等。

（3）服务供应商。服务供应商主要为展览会提供无形服务，主要包括以下供应商：

● 搭建装修类。主要负责提供展馆整体的搭建以及参展商所需的展位搭建、布展和撤展、展位内外装饰、装修服务。

● 物流服务类。主要负责提供参展商所需的物资进出口报关和报检、运输、仓储、现场装卸以及快递服务等。

● 场馆运营管理类。主要负责提供场馆运营服务管理和场馆内的保洁等物业管理服务。

● 活动公关和广告类。主要负责提供宣传、演出等公关、联络服务和广告服务。

● 信息技术类。主要负责提供数据处理、分析、网站信息维护等服务的公司。

● 商务服务类。主要提供商务活动的策划、组织、管理和接待。

● 法律服务类。主要负责提供法律咨询和知识产权申请代理等服务。

● 新闻宣传类。提供展览会宣传服务的新闻媒体。

● 展览会代理类。主要负责提供招展、观众组织、招商等工作的代理服务。

● 人力资源类。主要负责提供主办单位和参展商所需的各类服务人员的派遣、聘用等服务，如礼仪公司、翻译公司等。

● 安全保卫类。主要负责提供场馆安全保卫和安全防范设施的设计、施工等服务。

● 餐饮服务类。主要负责提供餐饮服务，其中包括正餐、快餐、茶餐、外卖等多种形式。

● 酒店住宿类。指展览会的协议酒店、官方推荐酒店等合作酒店。

● 旅游服务类。指为参展者提供旅游服务的机构，主要是指旅行社。

● 保险服务类。指为展览会提供保险服务的供应商，主要是有相应险种的

表 8-1　展览会供应商的类型

供应商类型	供应商具体类型
视听技术/事件技术 (AV/Event Technology)	● 视听设备租赁（AV Equipment Rental） ● 计算机租赁（Computer Rental） ● 数字投影（Digital Projection） ● 事件和展览分析（Event and Show Analytics） ● 交互式多触点（Interactive Multi Touch） ● 网络/无线服务（Internet / Wireless Services） ● LCD/等离子体显示器（LCD / Plasma Displays） ● 灯光（Lighting） ● 照明用品（Lighting Supplies） ● 移动应用（Mobile Applications） ● 视频/多媒体制作（Video / Multimedia Production） ● 网络/视频会议（Web / Video Conferencing）
设备供应商 (Contractor Equipment/ Supplies)	● 压缩机或泵（Compressors / Pumps） ● 复印机/收音机/设备租赁（Copiers / Radios / Equipment Rental） ● 推车/手推车（Dollies / Hand trucks / J–bars） ● 紧固件/五金件（Fasteners / Hardware） ● 梯子/脚手架（Ladders / Scaffolding） ● 焊盘/气泡包（Pads / Bubble Wrap） ● 管和悬垂（Pipe & Drape） ● 管和悬垂生产商（Pipe & Drape Manufacturers） ● 工作台/设备（Staging / Equipment） ● 胶带/粘贴带（Tape / Velcro） ● 帐篷（Tents） ● 工具（Tools） ● 垃圾袋（Visqueen / Trash Bags）
供应商（Contractors）	● 地毯/地板（Carpet / Flooring） ● 餐饮（Catering） ● 清洗（Cleaning） ● 电（Electrical） ● 花（Floral） ● 家具（Furniture） ● 总服务供应商（General Service Contractor） ● 安装和拆卸供应商（I&D Contractor） ● 医疗服务（Medical Services） ● 注册（Registration） ● 装配（Rigging） ● 安保（Security） ● 班车服务（Shuttle Service） ● 特殊活动（Special Events）
展览/事件营销服务 (Exhibit/Event Marketing Services)	● 广告/市场代理（Advertising / Marketing Agencies） ● 服装（Apparel） ● 旗帜/注册（Badging / Registration） ● 展台/赞助销售（Booth / Sponsor Sales） ● 品牌（Branding） ● 电话中心（Call Center） ● 数据收集/投资回报率（Data Capture / ROI）

供应商类型	供应商具体类型
展览/事件营销服务 (Exhibit/Event Marketing Services)	● 数据收集/投资回报率（Data Capture / ROI） ● 电子邮件/通信服务供应商（Email / Newsletter Service Providers） ● 事件审计（Event Audit） ● 线索追踪（Lead Tracking） ● 移动营销（Mobile Marketing） ● 公共关系（PR） ● 赠品/促销商品（Premiums / Promotional Products） ● 出版物（Publications） ● 展览日报（Show Dailies） ● 社会网络/社区软件（Social Networking/Community Based Software） ● 调查（Surveys / Polling） ● 虚拟展览生产商（Virtual Trade Show Producers）
展示/事件产品和服务 (Exhibit/Event Products & Services)	● 展台吸引 Booth Attractions ● 计算机辅助设计软件（CAD Software） ● 地毯/地板（Carpet / Flooring） ● 餐饮（Catering） ● 餐饮站（Charging Stations） ● 清洗（Cleaning） ● 压缩气体（Compressed Gases） ● 人流管理（Crowd Control） ● 花（Floral） ● 家具（Furniture） ● 游戏节目活动（Game Show Events） ● 图形/标牌/横幅（Graphics / Signage / Banners） ● 住宿/旅行（Housing / Travel） ● 国际展示服务（International Exhibit Services） ● 摄影（Photography） ● 活动摄影（Photography For Events） ● 展台摄影（Photography For Exhibits） ● 绿屏摄影（Photography For Green Screen） ● 风景（Scenic） ● 立柱（Stanchions） ● 台裙（Table Skirting） ● 帐篷（Tents）
展示（Exhibits）	● 视听显示器（Audiovisual Display Stands） ● 售货亭（Banner Stands / Kiosks） ● 经纪人/二手展品（Broker / Used Exhibits） ● 制造/翻新（Custom Fabrication / Refurbishing） ● 设计服务（Design Services） ● 展台租赁（Exhibit Rentals） ● 织物（Fabric） ● 图形/标牌/横幅（Graphics / Signage / Banners） ● 充气（Inflatables） ● 国际设计（International Design） ● 国际租赁（International Rentals） ● 国际支持（International Support）

供应商类型	供应商具体类型
展示（Exhibits）	● 金属挤压系统（Metal Extrusion Systems） ● 移动显示拖车（Mobile Display Trailers） ● 模块化显示（Modular Displays） ● 博物馆（Museum） ● 便携式显示器（Portable Displays） ● 桁架结构（Truss Systems） ● 双层展台（Two Story Exhibits）
设施（Facilities）	● 会议中心（美国以外地区）（Conference Centers） ● 会议中心（美国地区）（Convention Centers） ● 设施管理（Facility Management） ● 饭店（Hotels） ● 派对管理（Party Venues）
专业服务/顾问 （Professional Services/ Consultants）	● 集合（Collections） ● 会议观光局（Convention / Visitor Bureaus） ● 目的地管理（Destination Management） ● 事件管理（Event Management） ● 事件员工（Event Staffing） ● 事件（Events） ● 展览项目管理（Exhibit Program Management） ● 楼层管理（Floor Management） ● 保险（Insurance） ● 国际顾问（International Consultants） ● IT 顾问（IT Consultant） ● 租赁/财务服务（Leasing / Financial Services） ● 法律服务（Legal Services） ● 止损顾问（Loss Prevention Consultant） ● 薪资服务（Payroll Services） ● 风险管理（Risk Management） ● 安全组合（Security Bonding） ● 展览组织者（Show Organizer） ● 软件（Software） ● 翻译服务（Translation Services）
可持续性 （Sustainability）	● 咨询（Consulting） ● 标准认证（Standards Certification） ● 培训（Training）
人才/工作人员 （Talent / Personnel）	● 演艺人员（Entertainers） ● 模特（Models） ● 音乐（Music） ● 工作人员（Personnel） ● 销售人员（Sales Staff） ● 演讲人（Speakers）
运输/储存 （Transportation/Storage）	● 高级运输和接收（Advanced Shipping and Receiving） ● 航空货运代理（Air Freight Forwarder） ● 一般运输商（Common Carrier） ● 海关经纪人（Customs Brokerage）

续表

供应商类型	供应商具体类型
运输/储存 (Transportation/Storage)	● 国内航空/地面货运（Domestic Air/Ground Freight） ● 国际空运/海运货运代理（International Air & Ocean Freight Forwarder） ● 国际现场服务（International On Site Services） ● 当地运输（Local Cartage） ● 物流（Logistics） ● 储存（Storage） ● 运输管理（Transportation Management） ● 运输促销产品（Transportation Promotional Products） ● 长途搬运公司（Van Line）
工会（union）	● 木匠（Carpenters） ● 油漆工（Decorators） ● 电工（Electricians） ● 木工（Millwrights） ● 装配工（Riggers） ● 舞台管理（Stagehands） ● 钢铁工人（Steelworkers） ● 卡车司机（Teamsters）

资料来源：英文来自 http：//www.exhibitindustrybuyersguide.com，中文由本书作者译。

保险公司。

2. 按重要程度分类

根据供应商对组展商的重要性程度差异，可以将其分为战略型供应商、伙伴型供应商、优选型供应商和交易型供应商四类，四类供应商的重要性程度和合作密切性程度依次减弱。

（1）战略型供应商。战略型供应商是指公司战略发展所必需的少数几家供应商，它们与展览会关联度最强，例如展览场馆、展览会的总服务承包商。

（2）伙伴型供应商。伙伴型供应商关系是企业与供应商之间在相互信任的基础上达成的一种共担风险、共享利益的长期合作关系。展览会的伙伴型供应商指的是那些具有较强专业能力与技术实力的行业龙头企业，由于其较高的技术含量，在展览会服务中起到关键性作用，如与组展商长期密切合作的运输公司、展位搭建公司等。

（3）优选型供应商。优选型供应商指那些组展企业对其产品或服务的采购数量较大，但单位产品或者服务价值不高的供应商。它们通常是中小型企业或代理商，提供的产品或者服务为非关键产品，影响力有限。

（4）交易型供应商。交易型供应商作为优选型供应商的补充，与组展企业间的业务合作相对较少。当受外界条件影响，战略型供应商、伙伴型供应商和优选型供应商不能完全满足企业需求时，企业才会考虑与交易型供应商合作。

3. 按综合性/专业性分类

（1）总服务供应商。总服务供应商就是全权负责展览会运作的服务供应商。组展商可把展览会的全部工作全权委托给某个总服务供应商，并在企业内部组建一个项目小组或指定专门的人员负责与总服务供应商的协调。总服务供应商可根据自身能力和工作性质把展览会运作中的一项或几项分包给其他的单项服务供应商。组展商一般会与官方服务供应商（Official Service Contractor，OSC）签订合同，由官方服务供应商负责后勤服务的管理。组展商应该与官方服务供应商组建由各方参加的协调小组，包括接待设施、专业服务商以及其他一些服务商，如运输、注册或住宿服务商。

资料 8-1
Freeman 公司的服务内容

自由人（Freeman）公司是美国第一大会展服务供应商，从 1927 年开始，自由人公司已经为其客户提供了各种博览会、会议和公司活动及展示的全面服务。自由人公司提供的主要服务如下：

- 组织博览会、会议、公司活动和展示。
- 为顾客设计和搭建展台。
- 管理展览项目。
- 为各种类型的展览和活动做装饰设计。
- 为品牌发展、沟通战略和事件营销提供战略性方向和服务。
- 设计和生产数字图标。
- 协调公司活动服务。
- 安装和拆卸任何规模的展台。
- 供应展览地毯和家具并安装。
- 配送并操作视听展示技术。
- 布置和操作灯光、索具。
- 提供全球运输服务。

官方服务供应商是组展商指定的，负责向组展商和参展商提供某些特定的服务。当然也有一些服务的供应商是可以选择的，可以由组展商另选一家供应商，也可以由参展商自己选择供应商（Exhibitor-Appointed Contractor，EAC），如展台设计、搭建、展品运输、展台安装和拆卸。参展商指定供应商要与官方服务供应商遵守同样的规则和制度。

（2）单项服务供应商。单项服务供应商是指只承接展览会管理中的一项或几项工作的服务供应商，常见的重要的单项服务供应商有会议管理服务供应商、展览管理服务供应商、现场管理服务供应商、市场营销服务供应商等。

● 会议管理服务供应商

在大多数情况下，展览会同期举办相关会议和论坛。组展商受人力资源限制和专业知识技能限制往往会把展览会附加的会议项目外包给会议管理服务供应商，从而提高专业化服务水平并提高经济效益。

资料 8-2

外包会议项目

组织：潜水设备和市场协会（Diving Equipment and Marketing Association，DEMA））

员工规模：6人。

展览数据：10000多观众，600个参展商，净展出面积25000平方英尺。

外包关系：与国家贸易生产者（National Trade Productions，NTP）合作，由其负责管理展览会中的会议项目，包括确定能够满足协会目标的高质量的演讲者，安排会议日程和活动项目，安排住宿和旅游项目等。

外包原因：协会人员少，而且都是新手，经验少，没有举办会议的经验。

外包效果：NTP把自己与其他展览会合作的经验与协会共享。NTP有很好的评价演讲者的体系，这样可以为潜水设备和市场协会挑选最适合的演讲者并确定最合适的选题，从而节省潜水设备和市场协会的时间及精力。

● 展览管理服务供应商

当展览会组织者拥有多个展览会项目，或者同时举办会议、展览等多项活动时，可能会根据自身的资源条件和市场情况把某个展览会的所有工作全部外包给专业展览公司。

资料 8-3

外包展览项目

组织：美国卫生保健工程协会（American Society for Healthcare Engineering, ASHE）。

员工规模：15 人。

展览数据：美国卫生保健工程协会的年度会议和技术展览包括 1400 个观众，375 个展位，净展出面积 60000 平方英尺。ASHE 的卫生保健设施计划、设计和建造国际会议和展览包括 1400 个观众，275 个参展商，净展出面积 50000 平方英尺。

外包关系：美国卫生保健工程协会委托 Smith Bucklin 公司负责展览管理服务。Smith Bucklin 公司主要负责展位销售、展览运作和观众服务等。

外包结果：有效地将行业资源与展览会专业管理能力结合起来，在过去的三年中，展览效益增长了 35%~40%。

外包经验：选择一个可以信赖和依靠的并能够成为团队成员的合作伙伴至关重要，合作伙伴必须对你所在的产业和成员需求有很好的理解，并能够知道如何为你开发新的市场。

展览会管理服务供应商是展览会最重要的合作伙伴，要求供应商对展览会的发展战略、目标有很好的理解，掌握丰富的展览会运作资源，同时要熟悉与展览会相关的产业发展，具有较高的展览会管理水平，具备市场开拓能力。

● 现场管理服务供应商

展览会组织管理中所有前期准备工作都是为了在展览会现场为参展商和观众搭建一个合作的平台。现场秩序管理、服务管理的效果是前期准备的直接体现，也是参展商和观众对组展商服务最直接的体验。现场管理涉及现场注册、展台搭建和拆卸、展品进场和退场等多项内容，往往需要外包给专业的现场管理服务供应商。

资料 8-4

外包现场管理

组织：消费电子协会（Consumer Electronics Association，CEA）。

员工规模：130 人。

展览数据：2500 个参展商，130000 个观众，净展出面积 1500000 平方英尺。

外包关系：消费电子协会与多个场地管理供应商建立合作关系，共雇用了 56 个管理人员，其中有 4 个设备管理经理、20 个场地管理经理、15 个场地管理助理、8 个安保和 9 个负责其他现场管理工作的经理。

● 市场营销服务供应商

展览会营销效果直接决定了展位的销售情况，是展览会管理的关键部分。一些专业的展览会营销公司或机构往往掌握着大量的客户资源，在完成展览会策划之后，组展商可以把营销工作委托给专业公司，由其负责展位销售、展览会宣传等工作。

资料 8-5

外包市场营销

组织：国家采矿协会（National Mining Association，NMA）。

员工规模：35 人。

展览员工：2 人。

展览数据：30000 个观众，1226 个参展商，净展出面积 463000 平方英尺。

外包关系：Frost Milier Group 为国家采矿协会处理各种市场和营销方面的工作，包括展位销售、印刷和在线广告、网页设计等。

第二节　展览会供应商选择

展览会供应商管理是指展览会主办方对供应商的调查分析、选择开发、评估考核，并不断优化合作关系的动态管理过程。供应商管理的第一步就是调查分析和选择开发。

供应商选择是指企业在研究、分析、比较所有的备选供应商的基础上，选出一个或几个供应商的过程。本质上来看，供应商选择指的是对市场上的供应商所提供的产品和服务进行选择，如何选择出最好、最适合展览会发展的供应商是展览会管理者面临的重要问题。

一、供应商选择的影响因素

一般情况下，供应商选择的基本准则是"Q.C.D.S"原则，也就是质量（quality）、成本（cost）、交付（delivery）与服务（service），此外，价格（price）、创新（innovation）、技术（technology）、社会责任（social responsibility）等因素也越来越多地被考虑进来。在会展行业中，供应商选择的影响因素主要包括以下几个方面：

1. 质量因素

质量因素既包括产品的质量又包括服务的质量。产品和服务的质量是衡量供应商的首要标准，组展方在选择供应商时首先要确认供应商是否建立稳定、有效的质量保证体系，然后要确认供应商是否具有生产所需特定产品或服务的能力。

2. 价格因素

供应商的产品（服务）价格在某种程度上决定了展览会的利润，因此也是组展商要考虑的主要因素之一，通常组展商会对各供应商的报价进行比较，并通过双赢的价格谈判筛选供应商，实现成本的节约。

3. 交付因素

对展览会来说，供应商的交付能力即履约能力，主要是指交货的及时性，也就是供应商能否在指定的时间将产品或服务交付到指定的地点。如果供应商的交货准时性较低，必定会影响展览会的正常举办，在选择展览会供应商时要确定供应商是否拥有足够的生产能力，人力资源是否充足等因素。

4. 产品柔性因素

产品柔性因素指的是企业提供多样化产品或服务的能力。在全球竞争加剧、产品需求日新月异的环境下，只有不断创新，提高产品的丰富性程度，才能不断适应消费者变化的需求，达到占有市场和获取利润的目的。组展商的柔性生产能力是以供应商的产品或者服务柔性为基础的，因此在选择供应商时也要考察供应商的产品柔性因素。

5. 组织与战略因素

组织因素包括组织结构因素、财务状况、企业管理水平等。组织因素能够反映供应商对市场环境的适应情况，是企业实力的体现，直接影响到企业的生产经营状况；战略因素决定了组展商与供应商建立长期合作的可能性，从长远的角度来看，在选择供应商时，应该对其组织因素与战略因素进行系统考察。

二、选择供应商的原则

供应商选择要本着全面系统、科学客观的总原则，综合考虑供应商的业绩，一般来说，供应商选择应遵循以下几个原则。

1. 目标定位原则

目标定位原则要求组展商根据所要采购的商品或服务的品质特征、采购数量等要求，有目标、有重点地选择供应商，减小采购风险。为此选择的供应商的规模和层次应尽量与自身水平相当，即满足"门当户对"要求。如果采购商采购比例在供应商总产值中过小，则采购商往往在生产排期、售后服务、弹性和谈判力量等方面不能尽如人意。

2. 优势互补原则

每个企业都有自己的优势和劣势，组展商选择将全部或部分服务外包给专业的供应商主要是想利用对方在某个领域的专业能力来提升自身的服务水平。为此，组展商应明确自身的优势和劣势，在选择供应商时对供应商的技术水平、服务能力、长期供货能力等有一个全面的把握，选择那些最能弥补自身短板，最能实现优势互补的供应商往往会取得更好的效果，并可能成为日后的长期合作伙伴。

3. 择优录用原则

在选择供应商时，通常要通盘考虑报价、产品（服务）质量以及交货能力等多方面因素，根据供应商选择的标准和要求，在同等条件下选择那些形象好、信誉好、能力强的企业。因此，供应商的选择必须是综合考察、平衡利弊后择优录用的结果。

4. 共同发展原则

在愈发激烈的市场竞争中，供应商必须全力配合企业的发展规划，将双方的利益捆绑在一起，才能明确共同目标，促进共同发展。因此，组展商在选择供应商时，要尽力秉承共同发展原则，培育战略伙伴关系。

资料 8-6

展览会营销代理商的选择原则

在展览会营销过程中，通常需要代理商来执行宣传推广工作，代理商的选择一般遵循下列原则：

第一，代理商应该有一定的客户基础。代理商要有利于组展商预期业务的拓展。为此，代理商应该拥有比较丰富的客户资源，此外还需拥有勤恳敬业的市场开拓精神。

第二，代理商应认同展览会的价值理念。代理商是展览会直接面对客户的窗口，代理商的行为将直接影响展览会的市场形象和信誉。

第三，代理商要信誉良好且具有较强的营销能力。良好的商业信誉是合作的基础，熟悉展览会各项工作的运作，了解相关专业知识是保证招展工作顺利进行的前提。

三、选择供应商的程序

选择供应商的程序包括以下几个环节：明确对供应商的需要、建立评价标准、寻找潜在供应商、询价和报价，进行合同条款的谈判，最后确定最终供应商。许多成功企业的实践经验表明，目标明确、深入细致的调查研究、全面了解每个备选供应商的情况、综合平衡、择优选用是选择供应商的基本要点。

1. 明确需求

组展商应该根据自身的资源条件及展览会管理的需要，合理确定所需要的供应商的类别和数量。根据产品和服务的类型，供应商可以分为场地供应商、有形产品供应商和服务供应商，组展商应根据需要来确定所需要的各类供应商。

2. 寻找潜在供应商

在确定所需要的供应商类别和数量的基础上，组展商可以通过各种公开信息和公开的渠道得到供应商的联系方式。国外有很多展览会供应商行业协会，可以获得各种供应商的信息（见资料8-7）。我国目前还没有全国统一的会展行业协会，但有细分领域的行业协会，如展览馆行业协会，可以为组展商寻找潜在的展馆供应商。目前在"互联网+"大背景下，很多网络平台应运而生，为组展商和参展商提供潜在供应商信息，展酷网是典型的代表。展酷网是展览会全产业链O2O平台，旨在依托网站及移动端的全平台覆盖，打造展览会行业的"互联网+"开放生态圈，让展览会主办方、参展商、买家和展览会服务商均能尊享平台服务。

资料8-7

国外重要的展览会供应商行业协会

1. 展览和活动营销协会（The Exhibition and Event Marketing Association，E2MA）。

展览和活动营销协会（E2MA）是由原来的展商指定供应商协会（The Exhibitor Appointed Contractor Association，EACA）和展览参展商协会（Trade Show Exhibitors Association，TSEA）两个协会整合而成，旨在提高展览和活动策划者在展览和活动营销中的技能，并提高展览的服务水平。E2MA是一个专业的贸易协会，拥有500多个公司会员，代表公司展览和获得营销者，以及为参展商提供各种服务的参展商指定供应商会员。网址：www.e2ma.org。

2. 展览服务和合同商协会（Exhibition Services 和 Contractors Association，ESCA）

展览服务和合同商协会是为展览、会议产业提供产品和/或服务的企业的专业组织，是会展服务产业，致力于会展产业服务水平的提高。通过教育、信息交流和会员与顾客之间专业知识的分享，A提高了会展产业各个领域之间的合作。网址：www.esca.org。

3. 展览设计和生产协会（Exhibit Designers and Producers Association，EDPA）

展览设计和生产协会成立于1954年，是展览展示设计者和建筑商的国际专业协会，该协会会员主要从事展览和活动产业的设计、制造、运输、安装和展览展示服务。B致力于制定展示标准，主要目的是为展览行业和会员提供教育、领导和网络关系。网址：www.edpa.com。

4. 国际展览运输协会（International Exhibition Logistics Association，IELA）

国际展览运输协会总部设在瑞士，代表展览运输者的利益。1985年由来自5

个国家的 7 个公司发起成立。协会设立标准和职业道德委员会、海关委员会、组织者委员会。协会目的是使展览运输业专业化，提高展览运输的效率，更好地为展览组织者和展出者服务。此外，为展览运输业提供交流信息的论坛，向海关及其他部门施加影响。该协会发行了一种电子手册，登载着不同国家海关的有关规定，该电子手册定期更新。网址：http：//www.iela.org。

选择供应商的一个主要工作是调查、收集有关供应商的生产运作等全方位的信息，对潜在供应商进行调查了解和系统考察，对供应商的各项指标进行综合评估。可以使用统一标准的征求信息书（Request for Information，RFI，详见资料 8-8）来获得供应商的信息，这些信息应包括供应商的注册地、注册资金、主要股东结构、生产场地、设备、人员、主要产品、主要客户、生产能力等。在收集供应商信息的基础上，就可以利用一定的工具和技术方法进行供应商的评价，通过分析，剔除明显不适合进一步合作的供应商后，得出合格供应商名录。

资料 8-8

征求信息书

征求信息书（Request for Information，RFI）是向潜在供应商发布的，用以获得信息的文件，它是获取供应商信息的主要手段和工具，尤其是在选择总的服务供应商、视听服务供应商、注册服务、目的地管理服务、安保、运输等相对复杂而又不容易标准化的服务时，应该尤其重视征求信息书的作用。

征求信息书是采购产品或服务的第一个步骤，由一组问题组成，主要是了解供应商的财务健康状况、管理结构、服务、质量等方面的细节。企业面对大量的可供选择的供应商，需要对其竞争能力做出快速的评估，征求信息书的价值就在于它基于不同供应商对于同一套问题的回答，可以为企业提供一个可衡量的量化的比较基础。实践中，越来越多的组展商开始使用征求信息书来选择能够满足需求的供应商。

3. 询价和报价

对合格供应商发出询价文件，即征求建议书（Request for Proposal，RFP）。征求建议书是发单人为了收到供应商出价而发放的向外招标的详细要求的一种基本文件。为了让企业以更公平、便捷及快速的方式对所有的竞标进行评估，该建议书常常是正式的文件，以建议并引导未来的供应商完成整个竞标过程（询价、选择、授权）。征求建议书的内容一般包括规格、数量、大致采购周期、要求交付日期等细节，并要求供应商在指定的日期内完成报价。如果可能的话，要求供应商进行成本清单报价，要求其列出材料成本、人工、管理费用等，并标明利润率（见资料 8-9）。如有必要，也可以采用招标的方法来选择供应商。

资料 8-9

征求建议书的基本内容

征求意见书的基本内容包括以下几个方面：

● 目标的阐述。描述组展企业要求的产品和服务的范围及程度，合同的总目标。

● 背景信息。对组展企业的全面介绍，包括主要决策者的联系方式、活动的具体信息（包括事件的目的和观众的细节）、活动时间表（日期和时间、进场和退场时间）、预算信息、面临的挑战（如专业观众需求）等。

● 工程的范围。列举供应商具体的职责以及对供应商期望达到的效果，包括详尽的责任表。

● 效果及绩效的标准。把目标效果、供应商最低的绩效标准、监督其完成的方法以及实行修改的过程具体化。

● 合同的条款。把合同的时效，开始时间及结束时间以及合同的续订具体化。附带标准合同的格式、证书以及担保。要写出合同的具体要求，包含完整的项目负责人名单、职位职责以及各种联系方式，以便在需要了解征求建议书信息或是对其有疑问时联系。

● 付款、奖励及惩罚。列出所有按照规定履行的付款条款，对表现优异的供应商的奖励条款以及对没有按规定履行职责的供应商的惩罚条款。

● 评估及授予过程。制定出评估建议书以及最终授予合同的程序和标准。

● 过程时间表。清晰并简洁地标出各个阶段至最后决定的时间期限，如提交意向书日期，提出疑问的期限，提交建议书的日期。

在确定一份征求建议书的所有关键部分前，需简单回答以下几个问题。

（1）为什么（Why）。即为什么你的机构需要一份新的采购方案？回答这个问题后，就可以撰写完成"阐述目标"部分的章节。

（2）谁（Who)。提供关于组展商的简短描述。最好使用 RFP 模板，用模板文件里可以利用的信息来描述组展商。

（3）什么（What)。项目的本质是什么？需求是什么？预期的效果是什么？回答以上问题你就完成了对工程范围、效果及绩效的标准等的阐述。

（4）怎么样（How)。合同是怎么样的？您期望从提供者那里获得什么样的信息及文件？如何评估建议书以及怎样选择最匹配的解决方案？可以用于此部分的信息包括合同的条款，付款、奖励以及罚款，合同的条款和条件，建议书筹备的要求，评估和授予的过程。

（5）什么时候（When)。建议书何时提交？什么时候做决定？整个挑选过程的时间期限？谁负责评估建议书，并做最后的决定？回答以上的问题，就可以完成"过程时间表"等内容。

4. 合同条款的谈判

在合同谈判之前，组展商要做好充分的准备，设定合理的目标价格。一般情况下，对小批量产品，谈判的核心是交货期；对流水线连续生产的产品，谈判的核心应是价格；对于服务型产品，谈判的核心是要达到的效果和价格，因此，组展商的谈判重点是获得较高的性价比和服务效果。

5. 确定最终供应商

在运用相应的技术策略完成上述工作流程之后，会得到详细的供应商相关信息，把这些信息进行整理、归并到相应的准则中，给各供应商一个总体量化评定，以确定最终供应商。

第三节　展览会供应商绩效管理

一、展览会供应商绩效评估指标体系

对展览会供应商绩效的评估，既是对展览会供应商业绩表现的检验，也是对展览会供应商的一种竞争激励，促使他们努力提高业务水平，为实现展览会整体质量的提升做出更大的贡献。

根据展览会对供应商的要求，建立对供应商绩效评估的指标体系，并定期对供应商进行评估考核。展览会供应商绩效评价指标包括以下内容：

（1）质量指标。供应商所提供的产品或服务的质量优劣关系到展览会的服务质量，所以质量指标是评估考核的第一要素。质量水平指标一般包括提供产品的优良品率、质量保证体系运行情况、对质量问题的处理等。

（2）交货能力指标。为保障展览会的顺利进行，供应商必须按时交货，如果供应商供货延期将会影响整个展览会的运行，甚至使展览会无法开展下去。为此，在展览会开始之前要制定严格的计划与时间进程表。交货能力指标包括交货的及时性、扩大供货的弹性、增减订货的应对能力等。

其中：

交货期指标（天数/小时数）= 实际交货日期 – 规定交货日期

交货水平指标 = 按期交货次数/总交货次数

（3）价格指标。在满足会展企业所要求质量的前提下，供应商所提供的价格与折扣对企业的利润会产生很大影响。价格指标包括优惠程度、消化涨价的能力、成本下降空间等。

（4）技术能力指标。技术能力包括工艺技术的先进性、后续研发能力、产品设计能力等。

（5）后续服务能力指标。后续服务能力包括零星订货保证、可替代的元器件提供、后续技术支持等。

（6）履约情况指标。履约情况包括合同履约率、年均供货额外负担和所占比例、合作年限、合作关系融洽等。

二、展览会供应商阶段性评估体系

供应商的选择不仅是入围资格的选择，而且是一个连续的可累计的选择过程。对展览会来说，在开发和选择出适合自己的供应商之后就应该考虑如何管理供应商，如何维系与他们的关系，通过对合作伙伴关系的维护，使其高效完成产品和服务的供应，进而不断提升供应环节的价值增值能力。阶段性评价的方式是对供应商进行管理的一种非常有效的方法，这种方法是将供应商评价体系分为供应商进入评价、供应商运行评价、供应商问题辅导以及供应商战略伙伴关系构建几个方面。

1. 供应商进入评价

供应商进入评价是对供应商管理体系、资源管理与采购、产品实现、设计开发、生产运作、测量控制和分析改进七个方面进行现场评审与综合分析评分。对以上各项的满意程度按照从不具备要求到完全符合要求，分为 5 个分数段（0~100 分），根据各分项要素计算平均得分。80 分以上为合格供应商，50~79 分为需讨论视具体情况再定的持续考核供应商，50 分以下为不合格供应商。

2. 供应商运行评价

供应商运行评价一般采取日常业绩跟踪和阶段性评比的方法。采取 QSTP 加权标准，即供货质量（Quality）35%评分比重、供货服务（Service）25%评分比重、技术（Technology）10%评分比重、价格（Price）30%评分比重（根据不同行业的供应商特征和采购商要求，各项指标的权重不同）。根据有关业绩的跟踪记录，按照季度对供应商的业绩表现进行综合考核。

3. 供应商问题辅导和改进

供应商问题的辅导和改进工作是通过专项辅导和结果跟踪的方法实现的。组展商可以设立专门的小组对不同的供应商进行管理，实施绩效辅导和跟进改进。

通常，组展商根据其对供应商的要求，与供应商共同制订采购供应计划并制定计划执行情况的考核指标，针对考核结果及时向供应商提出改进意见。向供应商表明为什么要实施这些改进方案，使他们理解改进的含义，明白改什么，怎么改。对于供应商在改进过程中遇到的技术问题，组展商应主动协助解决。通过这种阶段性的评估，及时调整供应商合作方案，放弃与部分绩效不合格的供应商的合作，优化合作伙伴关系。

4. 供应商战略伙伴关系评价

供应商战略伙伴关系评价是通过供应商的进入和运行管理收集到的信息，由专门的商务小组分析讨论，确定建立长期合作伙伴关系的可能性。伙伴关系不是一个全方位、全功能的通用策略，而是一个选择性战略。是否实施伙伴关系和什么时间实施要进行全面的风险分析和成本分析。

采购方、供应方是供应链上的两个节点。作为供应链上的成员，在考虑自身利益并保证自己合理利润的同时，也要兼顾其他成员的利益，这不仅是谋求双方共同发展的长久之计，也是解决短期利益与长期利益矛盾的有效方法。从经济学视角看，维护已有供应商比开发新供应商的交易成本要低得多。因此，展览会应致力于实现与供应商建立和维持长久、紧密伙伴关系的管理思想，改善与优质供应商之间的关系，通过对双方资源和竞争优势的整合来降低成本，强调长期效应，共享信息资源，风险利益共担，共同开拓市场。

思考题：

1. 什么是展览会供应商？什么是展览会供应商管理？
2. 展览会主要会涉及哪些类型的供应商？
3. 选择展览会供应商时应当考虑哪些因素？
4. 选择展览会供应商应按照什么样的流程？
5. 如何评估考核展览会供应商的绩效？

□ 拓展阅读

资料 1

供应商评价指标的相关研究

供应商评价指标体系是用来对供应商各个方面的表现进行全方位测量的体系。对于供应商评价指标体系，学者一般在以下几方面进行研究：

一是评价指标选取的原则。仲维清（2003）、赵小惠（2002）、王熙（2009）等都提出了相关描述。综合来看，学者普遍认为对于评价指标的选取主要遵循系统全面原则、柔性和灵活性原则、实用性和可操作性原则、可拓展性和可重构性原则、与企业自身及行业特点相适应等原则。

二是研究供应商评价的一般性通用指标和专用指标。Dickson（1966）通过问卷调查的方式得到了 23 项常见评价指标的重要性排序，而 Weber（1991）通过对文献中常见评价指标的使用频率进行了排序，二者得到的结论基本一致。国内学者也对此进行过统计，例如华中理工大学 CIMS—供应链课题组（1997）得出质量、价格、交货提前期、批量灵活性等是中国企业重视的评价指标。但是，随着市场经济越来越复杂，一些复杂、定性指标被提出，如陈启杰（2009）列举的三个指标：产品设计与开发能力、生产柔性及灵活性和环保观念等。此外，一般性的指标并不能适应所有行业、所有市场环境下的企业，因此学者在进行供应商评价指标体系构建时，一般都会在基础指标之上，根据企业、行业和环境的要求增减一些指标，如针对钢铁行业而言，王道平（2009）、王熙（2009）、贺莉（2009）等都构建了适用于钢铁企业的指标体系。

三是研究评价指标的具体含义、计算方法、权重确定以及技术处理手段。对于每一个评价指标，都必须明确其含义以及计算度量方法，否则不符合指标选取的可操作性原则。对于定量指标而言一般比较容易理解，但是对于定性指标而言就存在一定的难度。定性指标一般会采取一定的技术手段加以处理，例如为了建立基于供应商合作伙伴关系的指标体系，马士华（2000）等对评价供应商和企业合作关系的客户满意度指标进行了详细的说明和技术处理，以使其可量化；刘礼金（2006）采用三角模糊数方法对取值不为具体数字而为不同等级的指标进行了量化处理等。

四是对于如何对指标进行取舍，即对指标体系内部关系的分析和指标选取方法的研究。根据指标选取的全面性原则和简洁性原则，指标体系的构建首先要充分反映被评价对象的各个方面，但又要尽量减少具有强相关性的指标同时出现，降低工作难度、提高工作效率。常用的指标选取方法有主成分分析法、因子分析法、相关性分析法、灵敏度分析法等。这些方法总的来说是采用线性规划的方法对评价指标的重要性和相关性进行分析，具有较强的可操作性和合理性。

资料来源：赵祖琴.供应商绩效评价文献综述［J］.商，2015（10）：1-2.

思考题：

1. 对供应商绩效指标的研究分为哪几个方面？

2. 就展览会而言，应该从哪些方面开发专用性指标？

资料 2

征求信息书的信息来源

原展览参展商协会（Trade Show Exhibitors Association，TSEA）与展览设计和生产协会（Exhibit Designers and Producers Association，EDPA）两大协会发起

了一项活动，为展览和活动产业发展一套简单的、易于使用的 RFI 模板，为企业和产业供应商提供可靠的基准，降低费用并减少所使用的时间，同时减轻供应商提供建议的压力，并保证所收集信息的质量。该活动检查了大量的公司征求信息书中的几百个问题，最后确定出真正对企业和供应商都有意义的问题。通过这项活动，组展商可以使用产业的最佳标准实践，降低成本，优化选择过程；而产业供应商则可确保问题的性质、质量和选择的过程能够最有效地使组展商确定哪个供应商能够满足企业的需求。

无论需要哪个领域的供应商，要想全面了解供应商的信息，都需要向供应商提出有针对性的问题。要想全面了解供应商信息，可以提出如表 8-2 所示问题。当然下面的问题中，会有部分重复，组展商可根据自身的情况确定合适的问题列表。

表 8-2　获取信息的问题

项　目	问　题
1. 供应商概况	
财务稳定性和资源	供应商的邓氏编码（D&B number），年度报告，近 3 年的年度销售收入，未来 3 年销售量预测，新的并购、多元化或出售计划，是否愿意分享"息税、折旧、摊销前收益"信息，供应商的总收益目标是什么，是否可以提供至少 3 个供应商的财务资料（vendor financial references）？是否可以提供银行和财务证明？是否可以提供公司所有者的概况？提供保险覆盖类型、保险数量和保险政策的到期日？是否有未解决的诉讼或保险问题
组织结构	供应商的名字？公有或私有公司？是母公司、投资者还是附属子公司？在现在所在行业有多少年了？公司的位置？供应商在现在联盟中的地位？在哪些城市与哪些联盟有合同联系？和什么展览行业协会有联系？供应商的战略意图说明（任务、愿景、哲学）？是否与其他供应商有战略合作关系以提高产品和服务供应
管理结构	董事会成员、办公人员的名字？首席执行官（CEO）、首席运营官（COO）、首席财务官（CFO）、总裁和各分部的简介与联系方式？合同由谁签名？提供核心团队成员的简介和背景、经验、特殊技能与天赋？公司总部在哪儿？
2. 能力/服务/支持	
整体的能力	相比于竞争对手公司的独特性？是否提供市场、竞争、品牌或活动现场的研究？概念性研究阶段的程序是什么？是否对创造性概念收费？3D 设计、平面设计和生产是否在公司内部完成？平面生产是否在公司内部完成？如果有外包的情况，哪部分被外包？是否提供账户管理，包括哪些内容？是否提供项目管理，由谁管理？是否有详细的分工？是否在公司内部进行制作，如果不是，在哪里？提供所签署的合同名单？提供组织内部使用技术的概述？供应商是否有顾客界面技术，如果有，列出并描述供应商具有的在线服务能力？请列出下列哪项工作（如果有）公司有所介入：展览、活动、零售、博物馆、主管指示中心、公司前厅、商场售货亭、路演等？是否有计算机存货管理系统，如果有，是否依托条形码或其他某种平台？对进出口检查的收费，是否有不同的层次和收费标准？列出所有储存地点（最好有地图）？描述与仓库的内容和储存有关的保险覆盖范围？是否有国内货运合同？通过这些合同可获得多大折扣？

项　目	问　题
整体的能力	供应商管理货运的标记和/或小时收费？是否希望每次运输都有竞标？列出所提供的创造性工作：道具、视听、灯光、舞台等？是否有会议策划人员？是否有目的地管理服务？如何发展主题、人才管理？是否有制片人、导演和作家？是否提供投资回报率（Return on investment），目标回报率（Return on Objectives，Roo）和项目绩效衡量？与展览机构有何种联盟、联系或商业伙伴关系
账户管理	谁是日常联系人（提供该人的简历）？联系人是否具有管理该类型账户或产业的经验？如果需要时谁支持该联系人？在紧急情况下的储备？账户管理的平均成本比例？该账户是否支持个人参加每个展览，如果支持，由谁来支付旅行成本？是否有年度或季度账户绩效检查？是否进行例行的展后评估？是否有例行的获得顾客反馈的方式，如展览服务调查问卷
技术	提供组织内部使用技术的概述？供应商是否有顾客界面技术，如果有，列出并描述供应商具有的在线服务能力？描述供应商为顾客提供的与顾客、运输和预算有关的历史信息的能力？描述未来自动化技术的细节、目前的具体状况和未来部署的时间？谁拥有仓库系统的信息？供应商的系统是个人的吗？描述与技术有关的安保、备用、灾难恢复计划？提供三个利用供应商在线项目的顾客的名字和电话号码
创造力背景和经历	设计部门的结构？谁是负责人？谁是设计团队成员（提供个人的简介）？发展新项目的创造性问题解决技巧和设计过程、项目进程中的问题解决思路？使用的技术？使用的计算机装备类型是什么？是否使用计算机辅助设计（Computer Aided Design，CAD），什么平台？是否有素描的人员？是否可提供飞行技术？精通何种软件？内部设计的比例为多少
平面设计和生产	是否为顾客提供平面电子目录？该顾客是否有网页？精通何种硬件和软件？是否使用Adobe和Photoshop？平面生产的方法是什么？哪些工作是企业内部做的，哪些工作是转包的
项目管理	项目经理的工作范围和作用是什么？这些经理有多少年的工作经验？项目管理团队与顾客有多少联系，是直接联系吗？是否有在线对话？是否有在线交流包，名字是什么，如何工作（提供样本浏览并展示其功能）？是否可提供建造的时间表？使用何种CAD软件？项目管理的平均成本比例是多少？小时成本是多少？是否有管理会议的项目经理？每个项目是否提供一套包括场地计划、搭建和绘图细节的制图？是否有展览场地管理的挑战，是否有解决问题的项目经理
储存、仓储和处理	是否有仓储价格及计算方法？是否有地毯包的储存价格？是否有仓库的规模（照片）？是否有计算机存货管理系统？是根据条形码还是其他平台？是否需要分包商或辅助的储存空间？对进出口检查的收费，是否有不同的层次和收费标准？能否列出所有储存地点（最好有地图）？能否列出国际地点？能否描述与仓库的内容和储存有关的保险覆盖范围？是否具有、有多少自动灭火装置？能否描述安保条款
交通运输管理	是否有估计成本的系统？是否有国内货运合同，如果有，是哪家货运公司？是否有运输价格？能否通过这些合同获得折扣？是否有管理货运的提价和/或每小时的价格？是否使用联邦快递或其他快递公司？你公司对此项运输的涨价？是否有特殊的空运工具，如果有，价格和涨价幅度？是公司内部提供运输还是分包（特定价格和涨价幅度）
展览服务	谁负责展览服务的预定工作？是否有特殊的展览服务部门？如果需要的话，是否愿意直接与展览合同商获取展览手册、回答疑问和解决问题？服务的标志和/或小时费用？如何处理预付款和保证金？如果逾期付款如何惩罚

续表

项 目	问 题
安装和拆卸	是否有内部安装和拆卸员工？如果有，谁将负责我公司业务？请提供管理人员、监理人员名单？如果你公司不做 I&D 工作，会从哪里雇用劳动力？安装和拆卸分包商（包括公司名称、证明、合作时间）？是否提供有保证的劳动力估计数量？劳动力价格是否有变动余地，如果有，变动幅度是多少？我们是否可以直接使用自己雇用的劳动力，如果可以，你公司是否愿意提供监督？I&D 的现场管理结构？是否有展览经理？是否有服务台？是否有应急供应商？劳动力的涨价幅度？签署了什么联盟合同？在每个主要城市监管的涨价比例？每个主要展览市场劳动力和监理的价格（列出并与参展手册上价格的对比）
视听和额外服务	是否有内部视听工作人员？是否有租赁设备？可提供什么设备？使用哪些分包商？劳动力和设备的标记？是否开保证价格？是否有现场技师的服务价格？如果需要，如何计算加班费用

3. 商业实践

项 目	问 题
产品生产和控制	使用何种计算机辅助设计（CAD）平台？是否可以提供制作、绘图、搭建图和场地计划的样本？是否有最终绘图的审批过程？是否提供合同、订货、预定更改、发票的样本？如何根据价格变化而更改预定？是否使用项目流程图日程管理？你公司的生产过程（如果有，请提供例子；如果没有，如何管理日程）？有什么其他的质量控制方法？你公司雇员培训类型和评估工作？能否提供产品和服务质量保证？不合格工作的补救措施？展台维护价格是多少，是否有选择？你的顾客是否能在生产期间的任何时候参观你的商店或分包商的设施？是否有工艺标准细节？是否有可证明的封闭式的纠错系统？绘图细节和场地管理计划的审批程序？何种质量控制手段？是否有正在进行的质量改进和发展项目？如何跟踪最新技术和趋势？有何种与展览现场建设有关的保险
消费者满意度	谁负责顾客满意度？如何评估目前的顾客满意度？如何增加顾客的价值？供应商如何与目前实践和产业发展趋势保持一致？是否有常规的顾客反馈？是否有在线顾客反馈？是否有年度、季度和月度账户检查？如何处理和调节消费者的抱怨

4. 证明书

项 目	问 题
	能否提供 3 个现有的客户名单？能否提供 3 个以前客户名单和联系方式？与客户关系的平均时间？描述在公司所在行业的展览、会议和行业协会的体验？是否提供工作照片？是否有消费者的评论

5. 价格/支付选择

项 目	问 题
	是否提供完整价格表？是否有解释加班工资的结构？明确说明价格中是否包括非我方原因导致的加班工资？是否提供合同、发票的样本？是否列出所有可能遇到加班的情况？描述任何特殊的合同和折扣？提前预付款是否有折扣？是否可在线支付、更改预定？是否描述登记和结账的程序？是否提供帮助顾客降低成本的例子

资料来源：王起静.参展营销 [M].南开大学出版社，2010：2.

思考题：

1. 选择供应商主要从哪些方面进行考察？

2. 不同类型的供应商考察重点有什么区别？

第九章

展览会现场管理

[**内容摘要**] 本章介绍展览会现场管理的含义及其主要内容，展览会开展之前、展览会进行期间以及展览会结束之后的现场管理工作。拓展阅读资料分享"事件风险管理：管理者的态度、理念和受到的限制"和"大型活动的风险对策和保险计划"两个主题。

一个展览会从筹备到开展，准备周期长达数月甚至数年，现场展示的过程往往只有几天[①]，但展览会现场是展览会的关键所在，现场展示的效果直接决定着展览会的成败。展览会现场管理是展览计划的具体落实和办展水平的直接反映，因此现场管理是展览会经营管理中非常重要的内容。

在展览会现场管理中，"现场"是指执行或实施展示环节。从广义上来说，展览会现场管理是展览组展方、场地方、参展方等各方面对会展实施过程的总体管理。从狭义上来说，会展现场管理是组展商从进场布置的第一天到撤展结束的这段时间，对包括参展商、搭建商、运输商等各类服务商在内的各服务单位在现场按原有计划进行有序工作的协调、监督和管理，以及对参展商、观众在现场所发生的一切需求所进行的协调、服务和管理。现场管理需要组展商和场馆服务商以及其他服务供应商密切配合。在现场管理方面需要关注以下方面的工作：第一，观众行为管理；第二，参展商行为管理；第三，展览会现场服务管理，其中包括交通物流管理、餐饮管理、证件管理、投诉管理、新闻管理等方面。下面分别介绍展前、展中以及展后的现场管理工作，其中涉及从布展和撤展、开幕式管

---

① 当然也有的一些展览展期相对较长，如 2016 春季广交会分为 3 期，展期长达 15 天。展期最长的展览会当属世博会，注册类世博会长达 6 个月。

理、观众管理、现场服务管理以及运输代理管理等方面的内容。

第一节 展前管理

展前管理，即展览会正式开始前的现场管理工作，本节将从展览会现场布展工作和展前展品运输工作两个角度展开具体的阐述。

一、展览会布展管理

布展是指展览会开幕前的现场布置与筹备工作。对于办展机构而言，布展就是对展览会现场环境进行整体规划，对参展商、搭建商、运输商等的有关工作进行协调和管理，从而为展览会正式开幕做好筹备工作。对参展商来说，参展商需凭合同及其他有关证明到展出现场报到，付清各种款项，领取相关证件，办理入场手续后，在办展机构规定的时间内对自己的展位进行布置与搭建工作。一般情况下，展览会的布展时间为 1~4 天。展览会规模越大，布展时间就越长；不同题材的展览会，布展时间长短也不相同，展品越复杂，布展时间就越长，如汽车和大型机械设备展览会可能需要一个星期的布展时间，而消费品展览会的布展时间通常只需要一两天。

根据国家对展览会管理的规定，在正式入场布展前，办展机构需要到工商、消防、安保和海关等部门办理相关手续，经这几个部门报批或备案后，方能开始布展。如果展馆位于城市中心地带，在有些城市还需要办理外地车辆进城证，以方便外地的参展企业运送展品到展览会现场布展。之后，现场布展工作就可以有序展开了，主要工作内容包括以下几点：

1. 展位划分

按照各参展单位租用的场地面积和位置划好每一个展位的具体范围，确定每一个展位的具体位置，方便参展商在自己租用的地方搭建展位和陈列展品。展位画线工作涉及每一个参展商租用展位的具体位置和大小，组展商应该认真仔细，确保无误。

2. 地毯铺设

在展馆的公共区域、标准摊位等地方铺设地毯，地毯铺设一定要紧贴地面，美观且不妨碍行人通行。

3. 参展商报到和进场

各参展商凭借合同或参展申请回执等其他有关证明到展览会现场报到，付清各种款项，领取相关证件，办理入场手续。办展机构要把好这一关，防止出现混乱和安全问题。

参展商一般需要办理以下几种证件：

● 参展商证。供参展单位业务人员进馆使用。

● 参展代表证。供协助参展商从事参展、洽谈业务的人员使用。

● 筹展证。供参展单位或协助参展单位进入展馆进行布展的人员使用。

● 撤展证。供参展单位或协助参展单位从事撤展工作的人员使用。

● 筹展车证、撤展车证。持证货车在规定时间内可按指定线路进出市区和指定展区的展馆。

● 停车证。持证车可按规定进入和停放在指定位置。

● 留展人员服务证。供特装施工单位技术人员在开幕期间进行展位维护使用。如筹撤展期间仍需进场，需另外办理筹展车证、撤展车证。

组展商应该详细说明各项证件和手续的办理条件、时间、地点及其他需要参展商注意的要点，便于参展商及时、有效地办理各种证件和手续。

4. 展位搭建协调

除了一些特装展位由参展商自己搭建以外，展览会还要负责搭建一些标准展位，不管是标准展位还是特装展位，办展机构都要监督所有承建商按照展览会要求搭建。对于展位搭建出现的各种问题要及时协调处理。

5. 现场施工管理

安排专门人员管理各承建商的现场施工，尤其是现场电线电缆的安装和走向、灯火的设计和使用、标准展位的标准配置等，避免施工现场秩序混乱和存在安全隐患。

6. 展位楣板的制作、安装和核对

各参展商展位的楣板上标有参展商的单位名称和展位号，有的还有参展商的企业标志或展品的商标。办展单位要根据整体的形象进行制作、安装，并对其仔细核对，以免出现单位名称、展位号错误等情况。

7. 海关现场办公

对于海外参展的展品，要及时办理海关通关手续。如果海外参展商占参展企业的比例较大，可以邀请海关进行现场办公。

8. 消防和安全检查

布展期间现场人员较多，施工涉及用水用电，为避免安全问题，要加强安保工作。所有展位布置完毕以后，办展机构还要派人同消防和安保部门对所有展位进行一次全面系统的检查，保证各项工作的完成符合消防安全要求，彻底清除展览会现场可能存在的安全隐患。

9. 现场清洁

布展阶段会产生大量的垃圾，对这些垃圾要及时收集和处理。展览现场的保洁一般由场馆方、主场搭建商和特装搭建商分工负责。其中，展览场地内公共区域的清洁工作由场馆方负责，如通道、厕所、餐厅等。展台内的清洁按"谁搭建，谁清洁"的原则来分工，即标准展台内的清洁由主场搭建商负责，特装展台内的清洁由特装搭建商负责。

二、展品进场管理

展览会正式开幕前，展品、宣传资料以及展具、道具等相关设备的运输是一项重要的工作，而且专业性很强。对于参展商而言，只有当展品被安全送到展览会现场后才能按计划布展和展出，因而，展品运输工作会直接影响主办单位的筹展进程。在实际工作中，展览会主办单位往往会委托一家或几家专业运输公司来负责展品运输工作。为保证展品如期、安全地抵达展览会现场，参展商需要和运输代理商密切配合。概括而言，展品运输的基本程序可以分为以下三个阶段。

1. 运前：事无巨细做准备

（1）将货物详情告诉运输商。参展商在确定参展以后，组展方会通知参展商委托了哪家运输公司做展览会的运输代理。参展商也可以及时主动向组展方了解该展览会由哪家公司提供运输服务。与此同时，运输商也会得到一份参展商名录并主动与参展商联络，并会将一份货单传给参展商，上面将收费标准、发货日期、收货人等项目列出，参展商应该尽可能地将货物的情况填写清楚并回传，尤其要注意说明超长、超大型货物以及其他有特别要求的货物的具体情况。当然，参展商也可以自己选择运输服务供应商。展品运输首先要解决展品从参展商处运抵展览会统一指定的展品集货点。

（2）包装箱的标签要细致入微。在国内，展品的包装通常由参展商自己解决。包装一定要做到细致入微，要在货物的包装箱上将标签填好，企业名称、展览会的名称、展台号、日期、货物名称等细节都要写清楚。在欧美发达国家，货物运输的各项标志都比较规范。例如，在较大设备的包装箱外，参展商会在箱子四角用火烫出链子状的标志，表明这里是可以用来起吊的位置。另外，机器的重量、重心、方向等都有清楚的标志。这样，展品进场时工人搬运操作起来就不会把货物碰坏。如果展品是易碎品，在包装时要加好防震材料，箱子外面则特别注明易碎标志；如果展品不能倒放，也应该清楚标明。

2. 运中：紧密联系运输商

参展商发货后要通知展览运输商，并将写有货名及规格、发货公司的名称等信息的运单传真过去，以便对方根据文件上内容进行核对。在运输过程中通常会有一些意外情况发生，因此，发货之后，参展商要继续和运输代理商保持紧密的沟通。

3. 进馆：迅速有序搬进场

由于筹展时间很短，展品进馆时间特别紧张。为了尽量节约进馆时间，参展商应听从展览运输商的安排。一般来说，即使参展商自己选择了运输服务商把展品运抵展览会的集货点，从集货点进馆的搬运服务也是由组展商指定的运输服务供应商来提供。

如果组展商指定的展览运输商在搬运过程中出现展品或人员的损伤，参展商可以找组展商协商解决。目前，很多展馆管理不善，常常有"游击队"式的搬运工，他们看见展商进来就蜂拥而上，以极低的价格承揽搬运业务。他们提出的价格虽然很低，但是服务的安全性没有保证，在搬运过程中如果发生展品损坏情况，他们通常的办法就是逃跑。有的甚至本身就不是真正的搬运工，在搬运工程中会趁机盗窃展品或参展商的钱物。针对这一情况，展览的主办方应做好管理工作，保护好参展商的权益。

此外，很多大规模国际展览会都既有国内展商又有国际展商。海外参展商通常由一些国际性的运输公司代理，国际运输代理要比国内运输代理复杂得多。

组展商针对国际展商的情况选择一些国际性的运输公司代理运输，既代理国际展商的展品运输，又可以代理国内展商的展品运输。为了给海外参展商提供专业便捷的服务，组展商必须熟悉国际运输尤其是海关的相关规定，并指定一家实力雄厚、信誉好的跨国运输公司。组展商申请展览会批文在海关备案时，会同时将运输代理在海关备案。组展商委托了哪家运输公司，海关才受理哪家公司的报关业务。因此，组展商一定告知参展商有关展览运输的详细情况，以免给参展商带来麻烦。

第二节 展览会期间的现场管理

展览会进行期间是展览最重要和最关键的阶段，展览前期的所有准备工作都是为了使这一阶段的工作能顺利进行。办展机构的目标、参展商的展览目标和观众的参展目标主要在这一阶段得到实现。展览期间的现场管理工作主要分为展览会开幕式管理、参展商管理、展览会观众管理和展览会现场服务管理四个部分。

一、展览会开幕式管理

布展工作全部结束以后，就可以按照计划举行展览会的开幕式，正式开展了。开幕式是开展的重要标志，良好的开端是成功的一半，一定要重视开幕式的管理工作。目前，开幕式的程序正向着简约化的方向发展，提倡节能环保，将财力和精力主要用于对客户的服务上，并不一定每一个展览都举办开幕式。

开幕式现场的设备包括扩音设备、放映设备、照明设备、空调设备等，所有这些设备都应安排专人进行负责。如果开幕式进程中需要播放背景音乐或其他录音，或者需要放映录像，则要事先准备好材料，并向设备负责人交代放映顺序及放映时间。对于来宾较多的开幕式现场，还需视情况在会场的入口处设置签到处，维持入场秩序、记录来客情况。

二、展览会参展商管理

在展览会现场对参展商的管理主要是针对参展商的行为进行管理。组展商在展前会向所有参展商发放参展手册，上面会详细列明参展商各项行为的规范，主要表现在以下几方面的管理。

1. 展品和展示的管理

所有参展物品都应该对外展示，参展商只能展示其生产或代理的产品。参展商应提供至少一名能够在展会期间全职向观众提供现场服务的人员。

国际展中的进口展品不得展出被禁止进口的产品。参展商有责任提前检查相关产品是否被禁止进口。另外，不得展出爆炸性物品及危险性物品（包括对健康产生危害的装饰材料）。主办机构有权限制此类物品参展。

展会期间商品零售需提前向主办机构及相关部门申请。

2. 展位及公共区域的使用

任何形式的样品和印刷品的派发必须严格控制在展位范围内，参展商的雇员不得在其展位以外的地方进行推广活动。参展商应以正常礼节及行为标准进行商业活动。展位内的任何行为严格限制在商业活动范围内。参展商不得转租或允许他人使用其展位或部分展位。

走廊及空间使用权归主办机构，没有向主办机构提交书面申请，走廊上不得有任何标志、装饰、旗帜、广告产品或特殊展品。

3. 展览器具的维护和设备使用

损坏参展器具、相关设施等财物，参展商需立即做出赔偿。

音响设备的使用需控制在合理范围内。禁止参展商使用产生噪声及对其他参展商构成干扰的音响设备。

4. 知识产权

参展企业所展示的商品不能侵犯其他企业的知识产权，参展企业在参展之前应该做好知识产权的自查工作。参展企业对其展品、展品包装、宣传品及展位的其他展示部位拥有知识产权或有授权的，应当带上相关的权属证明文件或授权文件前来参展，以备必要时接受组展商的检查。

目前中国会展行业尚缺乏诚信约束机制和知识产权保护自律机制，对会展知识产权侵权案件缺乏有效的快速处置机制。如果展期足够长，展览会组织者一般会邀请知识产权管理部门到展览会现场办公，为参展商提供版权保护、专利保护等咨询服务，同时起到临时处置、快速处理纠纷的作用。2006年3月1日生效的《展览会知识产权保护办法》对于会期在三天以上的展览会主办方规定了一项义务，即在必要时应设立解决侵权问题的知识产权投诉机构。该投诉机构旨在直接处理侵权行为。该投诉机构的工作人员可对涉嫌侵权的展品现场取样。很多展览会主办方也会在参展商手册等文件中给出参展过程中保护知识产权的相关做法和行为说明。

资料 9-1
励展博览集团知识产权保护

励展为协助保护中外企业的商标权、著作权和专利权，主要做了以下工作：

第一，在公司网站和展会网站的显著位置发布展会知识产权保护提示信息，包括公布《展会知识产权保护办法》、展会知识产权保护的专业建议、展会知识产权保护管理机构及相关法律服务机构的联络方式。

第二，在展会现场的显著位置张贴展会知识产权保护的宣传海报、公布知识产权咨询电话以及侵权举报热线。

第三，当励展主办的展会上出现知识产权纠纷时，及时联络当地展会知识产权管理部门予以解决。

第四，邀请知识产权法律服务机构进驻有需求的励展展会，为展商和观众提供现场知识产权保护咨询。

第五，邀请知识产权法律服务机构在某些励展展会举办期间为展商提供展会知识产权保护相关的讲座。

第六，与展会知识产权保护管理机构保持密切联系，积极配合政府知识产权工作部门开展展会知识产权保护的相关活动。

励展博览中国公司与北京伟和知识产权代理有限公司就向展商提供知识产权保护相关建议事宜达成合作。参展商从北京伟和知识产权代理有限公司得到的首次咨询服务将是免费的。励展博览在中国举办的任一展会中的客户，未来从北京伟和知识产权代理有限公司得到的咨询服务将可享受15%的折扣。这是励展博览中国公司为协助其客户处理知识产权方面事宜提供的增值服务项目。励展将不对北京伟和知识产权代理有限公司为客户提供的建议或者客户采取这些建议的结果承担任何法律责任。

资料来源：励展博览集团官方网站。

参展商在展会上除非获得所有必要权利并支付所需版税、费用和其他款项，否则参展商不得播送或允许播送任何音乐、影像或表演。对涉嫌侵犯知识产权的参展商，主办机构有权请其离开或阻止其侵权行为。当然，除了参展商需要遵守有关音乐、影像等知识产权的规定，组展商在展览会这个公共场所播放背景音乐时也应该注意版权问题（见资料9-2）。

资料 9-2

公共场所播放背景音乐的规定

背景音乐收费的法律依据。在国内相关法律中，《著作权法》给背景音乐收费提供了比较明确的法律基础。《著作权法》第二章第十一条，具体规定了包括复制权、表演权、发行权、广播权在内的著作人应享有的十七项权利。《著作权法》中明确提出，在公共场所播放背景音乐的行为应属于"以无线方式公开广播或者传播作品，以有线传播或者转播的方式向公众传播广播的作品，以及通过扩音器或者其他传送符号、声音、图像的类似工具向公众传播广播的作品"的行为，这是一种机械表演行为。与现场表演行为一样，机械表演也应获得著作权人的许可，并依照约定或者《著作权法》有关规定付给报酬。

在国际相关法律中，西方发达国家由于版权产业发展较早，涉及保护著作权及相关权利的法律法规和条约非常多，其中比较著名的有《伯尔尼公约》、《世界版权公约》、《罗马公约》等。《伯尔尼公约》中明确规定："戏剧作品、音乐戏剧作品和音乐作品的作者享有授权公开表演和演奏其作品，包括用各种手段和方式公开表演与演奏；以及授权用各种手段公开播送其作品的表演和演奏。"此外，《世界版权公约》也明确规定："缔约各国承允对文学、科学、艺术作品的作者及其他版权所有者的权利，提供充分有效的保护……同时应包括保证作者经济利益的各种基本权利，其中有准许以任何方式复制、公开表演及广播等专有权利。"我国于1992年正式成为《伯尔尼公约》和《世界版权公约》的缔约国，上述约定为我国公共场所背景音乐收费在国际法上提供了相应的法律依据。

资料来源：曲妍. 公共场所背景音乐收费，人民论坛，2013.11.

5. 撤展行为

在主办机构结束展览之前，参展商无权撤掉其展品或离开展位。展会结束后，在主办机构规定的时间和日期内，所有参展商需离开并清理展位，完好无损并保持清洁，使其恢复为提供给参展商使用之前的状态，归还主办机构。

三、展览会观众管理

观众管理包括观众预注册、观众登记、观众入场管理、观众来源统计等内容，科学的观众管理，不仅能保证观众迅速入场，还有利于会展主办单位日后建立营销数据库，具体来讲，观众管理包含以下几个内容：

1. 观众预注册

展览会一般在网站上专门设立观众预注册网页，观众在展览会开始前就可以自助完成个人信息登记，预注册信息及时保存在系统数据库中，这样既可以节省观众现场等候时间，又可以减轻主办方现场组织管理的压力并提高效率。

进行过预登记的观众可持"电子参观券"打印稿或"电子参观券识别码短信息"，前往展场"观众登录处快速通道"，不必现场登记，直接领取观众证（胸牌）和组委会赠送的展会资料。

2. 观众现场登记

对于没有预先在网络上登记的观众，现场依然可以进行登记。观众登记是组展商了解观众信息的重要环节。为了提高工作效率，绝大多数展览会组织者都倾向于把预先登记的观众和现场注册的观众分开，有些展览会还进一步将现场注册的观众分为有名片和无名片两类，前者只需凭名片在观众登记处办好相关手续就可以换取胸卡，后者则要在主办方人员的指导下填写登记表，然后在登记处办理相关手续。一般来说，让观众进行预登记或填写登记表的主要目的有三个：了解观众的来源及结构、了解观众的参展目的情况、了解观众得知展览会消息的途径。

3. 办理证件

为了便于展览会的现场管理，同时出于统计的需要，办展机构一般对展览会实行证件管理，即拥有展览会主办单位认可的证件才能进入场馆。观众凭网上预登记确认函（电脑打印回执）、现场登记表或名片等可直接到观众登记处办理证件。佩戴证件的观众在入场时须接受工作人员的快速条形码扫描，用以统计各个时段的人流量。这样，既保证了无证件人员无法入场，又可以得到组织单位想要了解的客流信息。

4. 领取参观指南

参观指南是展览会组织者编印的用来指导观众参观的小册子或折页，它主要面向专业观众、前来参观的嘉宾和媒体记者发放。组展商在观众指南的制作上应力求细小之处反映出以人为本的办展理念。有些展览会还会免费赠送或出售会刊，为了消磨人们在登记处排队等待的时间，一些展览会的主办单位还在入口处设置了展览活动及论坛议程展板，便于人们尤其是现场注册的观众预先了解展览会的总体结构和主要活动安排。

5. 观众统计

观众管理的最后一项任务是对观众来源和观众流量的统计分析。根据预注册信息及现场登记的观众信息，可以通过会展管理软件自动分析、统计，并自动生成本次展览的观众统计信息。展览会的主办方可以通过统计结果了解本次展览会的观众组织效果，作为进一步的决策依据。

资料 9-3

展览会现场注册的技术应用

（1）智能门禁技术。展馆应在所有展厅与服务区的出口、入口处安装智能门禁系统，对持有二维码电子门票和参观证的观众进行自动出入统计，以最大限度方便观众参观；电子门禁每次对观众所刷二维码信息进行记录，不但可以统计基本的参观人数、人次、停留时间，还能够合理、科学、有效地控制展会观众流量，调整观众入馆时间，提升接待能力。扫描器人脸识别功能还可以对客户的身份进行识别，部署在出入口或展台的无线扫描器可以直接解析出加密的二维码，在扫描器屏幕上即可显示该观众的身份信息，以便于对身份进行甄别，加强了展会的严密性、安全性。通过不同展区收集观众在各展品点停留的信息，再对信息资料进行分析，能够统计出观众参观线路以及对展品的喜好，对研究观众的行为模式非常有效。

（2）微信登记。可以下载相关登记服务 APP，在展会现场可以利用手机直接扫描二维码进行登记。

（3）NFC 技术。近距离无线通信技术（Near Field Communication，NFC），属于点对点模式（P2P mode），这个模式和红外线差不多，可用于数据交换，只是传输距离较短，传输创建速度较快，传输速度也快些，功耗低（蓝牙也类似）。由于成本低廉，NFC 大有取代 RFID 之势。把该技术融入展会的现场登记中，使用带有 NFC 芯片的胸卡，让凡是支持 NFC 手机功能的观众可以通过自行扫描入场。既方便了观众，又减轻了展会的负担。同时主办方可以利用 NFC 相关技术推送展会信息，展商可以向观众推送信息，观众也可以通过 NFC 主动获取展会和展商信息。

四、展览会现场服务管理

现场服务是展览现场秩序的重要保障，也是办展机构显示办展能力的重要机会。现场管理做得不好会影响专业观众和参展商对展览会的满意程度，甚至影响整个展览会的品质。通常情况下，展览会期间的现场服务主要包括以下几个方面：

1. 指示标志管理

展览现场应考虑设置充分而明确的指示标记，并在场馆门口醒目的位置设立总的指示牌，在现场发放的资料当中夹送注明指示内容的资料，以保证每位参会人员都能迅速地找到目的地。

2. 观众服务管理

展览会期间，主办方要向观众提供信息咨询服务以及餐饮、休憩等便利服务。许多展览会在现场设立单独的观众接待台，广交会等大型展览会还为专业观众提供免费商业搭对服务，例如观众进行在线登录时，选择感兴趣的展品类别，展览会组织者根据他们的兴趣提供相应的参展商名单和产品信息等，使参展商和专业观众尽快地与其潜在的商业伙伴确定现场洽谈的时间及地点。

3. 证件管理

通常情况下，展览会组织者至少要印制六种证件，分别发放给参展商、专业观众、工作人员（包括主办机构、承办机构和协办机构的相关工作人员）、筹（撤）展人员、媒体记者及与会嘉宾（包括领导和讲演嘉宾）。另外，为了保证参展商、专业观众和嘉宾的停车位，场馆管理方还会使用停车证；如果展览会拟出售门票，主办单位需要事先向税务等相关部门报告，在征得同意后方可印制和出售门票，观众需要购票入场时，门票也是一种证件。主办机构必须加强对展览会证件，尤其是门票的管理，否则很容易出现混乱的局面，从而影响展览会的安全和形象。

4. 公关和接待活动管理

展览会期间，展览会往往安排一些公关活动，如邀请重要领导视察和参观展览会，接待外国参展商和参观代表团、接受行业协会和商会的考察、接受外国驻华机构代表的访问等。这些公关和接待活动对扩大展览会影响、树立展览会良好形象有重要的作用。

5. 媒体管理

展览会期间，会安排一些媒体对展览会进行参观和采访，接待媒体并安排媒体采访对扩大展览会的宣传与推广有着重要的作用，展览会组织者要认真对待，应该安排专门的新闻主管，负责统一发布展览会官方信息，并安排媒体的采访。另外，展览会还可以通过展览会的新闻中心有意识地对外发布一些展览会方面的新闻，以进一步扩大展览会的影响。

6. 车辆管理

任何一次会展的举办都离不开物流活动，其中就涉及车辆管理问题。展览会期间会有大量的货运车以及参会人员的自驾车出入会场，如果这些车辆的出入或停放无序，则不仅会影响整个展览会的形象，而且还会妨碍展览会进程，因此要十分注重对车辆的管理，合理安排行车路线，加强出口、入口管理。绝大多数情况下，展览会主办单位都对运输商实行《运输车辆出入证》管理，需要进入装卸区或展馆的车辆须事先到展览物业管理处办理《运输车辆出入证》，凭证装卸货物。布展期间的货运车辆需要在会展期间停放的，应事先规定一个停放区域，并通知各参展单位，参加展览会的其他车辆需按车辆管理人员的规定整齐停放在展馆周围的停车区域。

7. 餐饮服务管理

优质的餐饮服务是保证展览会服务质量的一个重要环节。目前，国内许多展览会组织者对现场餐饮服务尚未给予足够的重视，导致餐饮服务不足，餐饮质量较差、价格较高等问题，亟须改进。大型展览会一般会设置专门的就餐区，引进餐饮企业提供餐饮服务。有的会展中心自设大型厨房，也能满足展览会期间的部分甚至全部用餐需求，如国家会议中心就有高标准的厨房。

8. 现场设备设施管理

展览会期间，要保证供电、给水排水、空调系统的正常使用，确保电梯使用安全，保持消防通道通畅，消防栓完好，网络和信息使用便捷。此外，身份识别系统是否运行正常，舞台边缘是否有明确安全标示，电源箱是否贴有警示标志，灯光的亮度是否足以保证参会人员安全进出，标志牌是否醒目，挂得是否牢靠等内容也是需要检查的重点。

9. 无障碍设施管理

随着社会的发展，对人性的关注逐渐扩展到残疾人等弱势群体，人文关怀已经成为展馆展示设计中的重要方面。展览会组织者应当注重展览现场无障碍通道、无障碍设施的安排，使弱势群体能够平等地参与其中。美国残疾人保护法案中就规定各种社会活动（包括会展活动）应该满足特殊人群的特殊需求（见资料9–4）。

资料 9–4

美国特殊人群保护法案（ADA）

1990 年 7 月 26 日颁布的《美国特殊人群法案》（The Americans with Disabilities Act）禁止歧视特殊人群。

《法案》规定，我们有义务确保弱势群体能够平等地参与到各种社会活动中来，包括展览会活动，为此，我们需要有详细的安排来满足他们的特殊需求。根据《法案》的规定，会展场馆运营商以及组展商应保证特殊人群能够使用各种所需设施和服务并且在展览会中获得平等的收益。酒店、会议中心等配套设施也都应该设有特殊人群专用设备，这些设备必须是免费的，但主办方无须提供个人轮椅等私人器具。

所有的展览会服务人员，包括志愿者都必须遵循《特殊人群保护法案》的规定，随时准备提供恰当的服务。为此，他们应做到以下几点：

第一，在登记表格中需要问及是否有"特殊需求"，这里尽量避免使用"残疾"等字眼，而用一些委婉的问题来了解情况。

第二，在酒店入住登记表中应征询是否需要使用带有无障碍设施的房间。

第三，如果提供交通服务，那么无障碍交通设施也是必要的。

第四，会议室等应提供足够的空间及通道用于轮椅的摆放和移动。

第五，考虑可能需要助听设备以及视觉辅助设施的人群的需要。

第六，制定一份有特殊需求的人群的信息清单，服务经理以及员工每人都应有一份清单，以便提供针对性的服务。

10. 风险管理

在展览的现场管理中，会出现各种意外事件，现场管理存在较强的不确定性，组织者要做好准备，制定预案，对重要环节和重点工作实施检查及督查制度，同时加强对服务人员的培训，强化服务团队处理突发事件的能力。

11. 投诉管理

在展览会活动举办的过程中，不可避免会出现不尽如人意的地方，展览会组织者需做好意见、建议收集和投诉处理工作，并认真对待参展商及观众提出的各种问题，争取有所改进。

12. 现场清洁管理

在展览会开展期间，办展机构通常要负责展场内公共区域如通道等处的清洁卫生工作。参展商要负责展位内的垃圾清理。

第三节　展后管理

当展览会顺利闭幕后，现场工作还有一项重要内容——撤展。展览会是一个庞大的系统工程，从组展到展品运输、展台搭建，再到最后撤展，任何一环脱节，展览会都无法顺利进行。展览会的撤展工作是在展览会闭幕后才进行的，但展览会撤展管理的准备工作却要在展览会撤展前就准备就绪，这样才能保证整个展览会撤展工作的井然有序。展览会撤展工作主要包括展品的处理、参展商租用展具的退还、展位的拆除、展览场地的清洁和撤展安全工作等内容（见表9-1）。

表9-1　撤展期间的主要现场管理工作

工作项目	工作标准	具体描述
展品处理	协助参展商妥善处理展品	展品的常用处理方法有出售、赠送、销毁或回运，必要时主办方应该向参展商提供协助
展品出馆管理	严格执行出门证管理制度	参展商凭"放行条"经场馆保安人员的检查后带展品出馆
展具退还	协助参展商顺利退还展具	协调各方面的关系，帮助参展商及时将所租用的展具退还场馆的相关服务部门或指定搭建商
展位拆除	安全操作、恢复场地面貌	对标准展位或由参展商委托施工的展台，由指定搭建商负责拆除；特装修展台则由参展商负责
展览场地清洁	达到主办方提出的清洁要求	展览会的服务商或办展机构要负责整个租用场地的清洁工作
安全管理	加强安全和消防保卫工作	定时巡逻，及时消除各种安全隐患

一、展品的处理

展览会结束后，展品一般有四种处理方式：出售、赠送、销毁或回运。如展览会规定不能现场零售，部分展品会在展览会结束后赠送给客户、代理商或其他人员，不便或不愿赠送的展品也可就地销毁；对价值较大的展品，如不出售或赠送，往往需要回运。涉及运输的展品，在展览会结束前夕，参展商需要和所委托的运输商提前沟通，商定好撤展以及展品回运的地点、时间等事宜。

目前，国际、国内同题材的展览会很多，很多企业经常希望在一个展览会后再去参加另外一地的展览会。如果是本地展品参加多个展览会，问题不会太大，可以自己找货物运输公司，也可以将货物交给此次展览会的运输代理，由他们负责将货物发往新的展览会。如果是进口展品，就要事先与运输代理商沟通，因为海关监管的产品报关手续比较烦琐。若两个展览会不在同一个国家，参展商除了要考虑海关转关时间的因素外，还应考虑运输的问题。

二、展品的出馆控制

为了保证所有出馆人员带出展馆的展品是他们自己的物品，防止展品丢失，在展览期间及展览会结束后，展览会要对所有出馆展品进行查验才能给予放行。为此，展览会可实行"放行条"（出门证）制度，即对于那些需要出馆的展品，相应的参展商要向展览会申请"放行条"（出门证），展览会在查验展品与"放行条"一致时才准许其出馆。

三、租用展具的退还

展览结束后，展具出租商一般会自动搬走展具。办展机构要负责协调各方面的关系，帮助参展商及时将所租用的展具退还场馆的相关服务部门或指定搭建商。

四、展位的拆除

展览完毕，各参展商的展位要安全拆除。对展位的拆除，办展机构必须正确预计工作量，留出足够的时间，避免因匆忙撤离造成失误和损失。如果参展商使用的是标准展位或者委托施工的展位，那么展位的拆除工作一般由承建商负责；

如果参展商使用的展位是自己施工搭建的，那么展位的拆除工作就要由参展商负责。展位的拆除工作比布展时更为复杂，也更为危险，会展组织者要监督各参展商或承建商按规定的程序进行展位的拆除工作，在此过程当中要特别注意人员的安全和消防安全。

五、展览场地的清洁

撤展过程中展览场地的清洁关系到展览会的形象，一定要予以重视。展览场地的清洁工作一般由场馆方或办展机构负责，各参展商配合。为保证清洁工作快速、有效地进行，要提醒可能产生大量垃圾的展位提前配合清理。

六、撤展安全管理

撤展的安全工作，既包括参展人员和展品的安全，也包括撤展期间整个展馆现场的安全。为保证展品安全，所有出馆物品都要经过严格查验才能予以放行，同时防止闲杂人等趁乱随意进出展馆，引起不必要的财物损失。

思考题

1. 布展和撤展管理的主要内容分别有哪些？
2. 展览会现场如何更好地进行观众的组织与管理？
3. 展览会现场服务管理的主要内容包括哪些？
4. 展品运输的基本程序是什么？

□ 拓 展 阅 读

资料 1
事件风险管理：管理者的态度、理念和受到的限制

事件可以吸引大量的人群在一个特定的地理空间集聚，并且可能会产生重要的影响。事件组织者处理风险和危机的能力对于事件管理者需要了解事件的类

型、管理结构和资源、组织文化和涉及的利益相关者，进而对事件风险有更深入的理解（Allen，O'Toole，Harris 和 McDonnell，2008；Berlonghi，1990）。综合全面地确认风险是一个系统的过程，需要管理者和利益相关者的介入。Silvers（2008）认为不同的事件会有不同的风险因素，风险的严重性也会有所不同。因此对于事件组织者来说，建立一种风险意识和准备，进而预测和管理风险，并尽快地从风险情景中恢复过来是非常重要的。在确认风险之后，需要对风险进行评估以确定可接受的风险及减轻风险的战略和计划。风险管理是不断重复和动态的过程，应该持续地检测、评估、与利益相关者交流以确保对风险有充分准备。文献中已经列出了各种事件风险，包括安保和安全（H. C. Boo；Ghiselli 和 Almanza，2000；Cieslak，2009；Taylor 和 Toohey，2006）、健康风险（Ahmed 和 Memish，2008；Memish 和 Ahmed，2002；Shafi，Booy，Haworth，Rashid 和 Memish，2008）、利益相关者关系（Getz，Andersson 和 Larson，2007；Leopkey 和 Parent，2009；Mules，2004；O'Brien 和 Gardiner，2006）、气候变化（Jones，Scott 和 Khaled，2006）、拥堵（Abbott 和 Geddie，2001；Berlonghi，1995；Lee 和 Graefe，2003；Peters 和 Pikkemaat，2005）、保险风险（Arcodia 和 McKinnon，2004）、缺乏组织计划（Bramwell，1997；Getz，1997）等。

Reid 和 Ritchie（2011）研究了事件管理者对待风险管理的态度和理念，以及影响风险管理计划执行的社会影响因素和感知到的限制。该研究以计划行为理论（Theory of Planned Behavior，TPB）作为研究框架，使用半结构式访谈方法对来自澳大利亚昆士兰州的 11 个事件管理者做了调研。研究表明，事件管理者对于风险计划有积极的态度，这种积极的态度是受他们关于安全、承诺、决策制定和专业性等理念影响的，感知限制包括 7 个方面：时间、成本、人力资源、知识、适应变化能力、管制和规章。研究显示，事件管理者的态度、理念和感知限制会随以往经验、事件组织的规模以及专业化程度的不同而不同。

资料来源：Reid S.and Ritchie, B. Risk Management：Event Managers' Attitudes, Beliefs, and Perceived Constraints［J］. Event Management，2011（15）：329–341.

思考题：

1. 事件风险包括哪些类型？

2. 风险管理的程序是什么？

资料 2

大型活动的风险对策和保险计划

大型文化体育活动的国际化、商业化、技术化、综合化和风险集中化特点，使其面临的风险越来越多。根据风险管理的原理，依据大型活动风险后果的性质、风险发生的概率和风险后果大小，大型文化体育活动的风险管理策略主要有风险回避、风险转移、减轻风险、风险自留、风险应急措施和风险分担措施。对不同的风险可用不同的处置方法和策略；对同一个项目所面临的各种风险，可综合运用各种策略进行处理。其中保险是非常重要的风险管理策略。大型文化体育活动保险计划的主要内容包括组委会保险和合同商购买保险。

（1）组委会保险。按照大型文化体育活动的惯例，组委会需要购买的保险分为三类：责任保险、非责任保险和特殊保险。责任保险主要是保障组委会在筹备或举办大型文化体育活动的过程中由于过失，依法对第三方应承担的民事损害赔偿责任。非责任保险主要包括财产保险、人身保险、车辆保险等，主要保障组委会自身的财产损失和人身伤亡所带来的财务损失。特殊保险主要保障由于活动取消导致的组委会的收入损失和赔偿责任。

（2）合同商购买保险。在确定大型文化体育活动组委会自身购买保险的同时，还要通过合同方式转移大型活动组织者的风险。组委会在活动开展时扮演着各种各样的角色，如餐饮的制作者和提供者、活动场馆和器材的提供者、医疗服务的提供者等。因此，由于组委会的赞助商、供应商或合同商的原因造成第三方的财产损失或人身伤亡，组委会有可能承担连带责任。鉴于此，通过合同方式转移组委会的潜在风险尤为重要。通常采用要求合作方购买保险的方式降低组委会可能的风险，如要求所有的实物产品的提供商要为其所生产和销售的产品购买产品责任险，要求服务合同商购买职业责任险，以保障其在产品、服务、场所造成第三方财产损失或人身伤亡时可以获得保险赔偿。同时还要根据合同商的类别，要求合同商为组委会服务的人员购买雇主责任险、人身意外险；购买财产险，以保证合同商的人身、财产风险，减轻组委会的连带责任。

资料来源：梁涛. 论大型体育活动风险管理与保险 [J]. 保险研究，2007（6）：7-12.

思考题：

1. 风险管理的策略有哪些？

2. 会展保险产品有哪些？

第十章
展览会评估和总结

[内容摘要] 本章包括两大内容：评估和总结。评估部分介绍展览会评估的主体和客体及展览会评估的目的和意义，展览会评估的内容和程序，展览会评估的指标体系和统计含义。总结部分介绍展览会总结报告的相关问题。拓展阅读中介绍了"展览会绩效评估指标"与"参展绩效衡量研究"的相关内容。

第一节　展览会评估概述

展览会评估是指对一次展览会，即一个展览项目的目的、执行过程、服务质量、直接和间接的经济效益与社会效益、作用和影响等所进行的系统、客观的分析和评估。展览会评估需要收集大量相关数据，所以，虽然从时序上来看展览会评估工作是整个展览会管理的最后一个环节，但这一工作却贯穿整个展览会的始终。

一、展览会评估的主体和客体

展览会评估可以由组展方自己进行，也可以由上级主管部门或"第三方"评估机构进行，展览会评估客体是展览会的整体运行情况和效果。

1. 展览会评估的主体

展览会的评估主体可以是国际组织、专业评估机构，也可以是展览会组展商。评估主体应以中立的身份进行评估，一般来说，第三方评估具有更好的权威性、客观性和真实性，可以作为企业参展决策的重要依据。而组展商自己做的评估则一般用作企业内部管理决策的依据。应该说，目前大部分做评估的展览会都采用的是第三方评估。

（1）国际组织。从世界范围来看，对展览会评估和资质认证最权威的国际组织是国际展览业协会（The Global Association of the Exhibition Industry，UFI）。UFI 对申请加入其协会的展览项目和主办单位有严格的要求和详细的审查程序，能取得 UFI 的资质认可、使用 UFI 的标记便成为名牌展览会的重要标志。对国际性展览会进行权威认证是 UFI 的核心任务，经 UFI 认证的展览会是高品质贸易展览会的标志。一个展览会要想获得其认证，其服务、质量、知名度皆要求达到一定的标准。UFI 对申请加入的展览会的规模、办展历史、国外参展商比例、国外观众的比例等都有极严格的要求，规定的注册标准：作为国际性展览会至少已连续举办 3 次以上，至少要有 2 万平方米的展出面积，20%的国外参展商，4%的海外观众。

但事实上，UFI 本身并不会对展览会进行评估，UFI 也是聘请专业的审计机构来评估认证展览会，如国际媒体认证机构（BPA）就为 UFI 提供展览会审计的服务，同时 BPA 本身也是 UFI 的会员。

（2）专业评估机构。会展业发达的国家一般都由会展业行业协会负责评估展览会，大多数展览会的评估工作由主办单位委托独立的专业评估机构（尤其是专注展览会评估的机构）进行，以保证评估方法和评估过程的科学性以及评估结论的真实性和可靠性。例如，德国展览会官方评估由德国贸易与展览业委员会（The Association of the German Trade Fair Industry，AUMA）组织进行。AUMA 是由参展商、观众和主办方三方面力量组合而成的联合体，为三方面会员提供公开、公正、公平的行业信息。为了确保德国展览会透明化，AUMA 制定了许多规章制度，并根据目前展览会数量、质量、技术手段、目的、要求的改变进行调整、改进。在 AUMA 的统一调控下，德国各展览会的目标非常明确，展览会重复现象非常少。AUMA 把展览会的审计和评估工作委托给德国展览会统计自愿审计学会（简称 FKM，详见资料 10-1）。

资料 10-1
德国展览会统计自愿审计学会——FKM

德国权威的展览会评估机构为展览会统计自愿审计学会（Society for Voluntary

Control of Fair and Exhibition Statistics），隶属于 AUMA，德语简称 FKM。

FKM 总部设在柏林，于 1965 年由六家德国会展公司共同创建，创建的目的就是制定统一的展览会相关指标统计审核标准，改善会展数据的透明度和真实性。目前直属会员由在德国的 75 家会员及中国香港贸发局、意大利 Verona 展览公司、莫斯科 MVK 等三个外国展览会机构组成。FKM 只为成员单位申报并主办的展览会开展审核，每年 4 月发布对上一年展览会的审核结果，并公布当年申报展览会的名单。FKM 每年要对德国的 75 家会员审计约 300 个展览，一般德国展览会推广方面都会标记该展览会是否经过 FKM 审核。在奥地利和瑞士都有完全类似的机构，因为都是德语系国家，所以都简称为 FKM，但这两个国家的 FKM 与德国的互不隶属。

FKM 的工作任务是制定展览会数据统计的标准和规则，并聘请专业经济审计机构对展览会主办者填报的展览会统计数据进行审核。FKM 机构的成员要按照 FKM 的规则和标准申报展览会统计数据，接受 FKM 组织的专门机构对统计数据进行审计，并保证在任何场合和情况下所使用和发布的展览会统计数据均与 FKM 公布的统计数据相一致。FKM 的相关数据和规则由独立的经济审核机构负责审计。授权的经济审计机构通过随机抽查的方式对各成员申报的展览会数据开展审计，包括派人员到展览会现场了解情况、展览会结束后对展览会财务进行审计，或者通过问卷调查的方式进行，然后出具审计报告。

FKM 主要进行三个指标的量化分析和横向对比，包括展览面积、参展商数量、观众数量。展览面积包括净展览面积和毛展览面积，净展览面积主要是指国内外厂商所租用的展台面积，另外还包括被称为特殊区的与展览主题有关的图片陈列区和表演区；毛展览面积则再加上公共通道及服务区。参展商是指带有产品或服务的公司及组织，由其职员租用场地参展，如果公司的产品或服务由代理商参展，该公司不列为参展商。观众人数一般由电子入场系统统计，或统计每天售出的参观券数量，此外，FKM 还分析观众结构，是专业观众还是普通观众，以及对观众的来源地、职业、所属行业、职务、年龄、参观频率等各个指标细化分析。

经过 50 多年的实践经验，FKM 已经成为德国展览界品牌和质量的象征。除德国展览会外，越来越多的在德国以外地区由德国主办的展览会也进入 FKM 的审核范围，很多非德国展览会主办者也申请成为 FKM 的海外成员。

除 FKM 之外,很多国家都有展览会评估机构,如法国综合性和专业性展览会统计审计办公室(Statisticd Audit Bureale for Generd and Specialized Fairs and Exhibitions OJS,详见资料 10-2)、英国展览会数据鉴定交流所(Clearinghouse for Certified Data on Exhibitions,CCDE)、荷兰展览会联盟(Federation of Trade Fairs and Exhibitions in the Netherlands,FBTN)等机构。这些组织负责制定展览会数据统计的标准和规则,并聘请专业审计机构对自己的成员单位填报的展览会统计数据进行审核。各评估机构一般都会根据评估结果向展览会组织者提出有针对性的建议,展览会组织者则可根据每次评估的结论和建议,及时调整展览会的发展方向、运作管理方式等,以提高展览会的品牌价值。

资料 10-2
法国综合性和专业性展览会统计审计办公室

法国综合性和专业性展览会统计审计办公室(Statistical Audit Bureau for General and Specialized Fairs and Exhibitions),法语简称 OJS,于 1967 年由法国 16 个专业展览和 23 个大众性质的博览会共同发起成立,并在 1970 年得到法国财政部的支持,成为政府认可的展览统计数据认证机构。

OJS 成立目的是对展览会的统计数据进行来自外部的、公正的认证,建立公平的竞争环境,保证展览会的透明性,为参展企业和参观企业提供可靠的展览会质量信息。

OJS 对自愿参加这一统计系统的商业性展览会进行统计认证,主要认证数据有三种,即展览会的销售面积、参展企业数量、观众人数。为了执行这一任务,OJS 在全国组织了 12 个独立的会计事务所,常年对参加这一统计系统的展览会进行统计和监督。对每一届展览会,均由 OJS 指定会计事务所对上述三大指标进行统计复查和认证,拟出正式统计报告,并在 OJS 官方网站上公开发布。

展览会组展者。展览会组展者也可以对展览会进行客观、公正的评估,以发现办展过程中的经验教训,从而提高自己的办展水平。然而,由组展者自己进行的展览会评估难免受到内部因素的影响,评估数据和评估结论很容易带有主观倾向。因此,组织者的评估结果一般不能作为参展商选择决策的依据,只作为提高自身管理水平的依据。

2. 展览会评估的客体

客体即评估的对象，展览会评估客体是展览会的核心产品、形式产品与延伸产品。

二、展览会评估的意义

展览会评估旨在通过对展览会核心产品、形式产品以及附加产品的评估，确定展览会的质量与效益，总结经验教训，并通过及时、有效的信息反馈为项目的主办方与承办方提供下次办展的意见与建议。展览会评估不仅有助于会展主办单位更好地运作，也有助于参展商和观众更好地选择，有助于行业管理机构监管工作的展开，对促进我国会展业健康发展发挥积极作用。

1. 规范行业发展

从行业监管的角度来看，一方面，会展行业主管部门可以根据现实情况制定展览会评估的标准和行业规章制度，要求各展览会按照统一标准实施评估工作，从而使展览会评估变成一种规范行业行为的手段。另一方面，会展行业主管部门可以根据展览会评估结果对各展览会的运行情况得出客观评价，在此基础上对优质展览会进行重点扶持，帮助它们做大、做强，打造国际品牌；对那些呈现出明显问题的展览会，给予方向引导，给出意见和建议；对低水平重复办展予以严格控制，规范会展市场秩序。

2. 提高办展水平

对展览会的主办方而言，展览评估有助于主办方判断成本效益情况，并及时发现办展过程中的问题，展览会评估结果为更好地改进对参展商及观众的服务提供了客观依据。此外，展览会评估所得出的市场走势、行业发展态势等结论对展览项目的市场开发、运营管理提出方向指引，有助于主办方有针对性地做出今后的办展决策，提高展览会的管理水平和持续发展能力。具体来说，表现在以下几个方面：第一，对展览会的整体运作及其相关成果做出客观真实的评价，为招展招商提供基础数据支撑；第二，对展览会历年的相关数据进行纵向比较，分析其存在的问题、市场发展趋势及其未来的发展对策；第三，与同类展览会活动进行横向对比，分析并借鉴其成功经验；第四，为展览会的品牌建设提供信息支持；第五，为展览场馆的出租方提供背景资料。

3. 为参展商和专业观众提供决策依据

参展商通常希望在展览会中推介产品、获得订单，观众通常希望在展览会中获得信息或达成贸易，因此，无论是参展商还是观众都非常关注参加展览会的成本、展览效果、成交额等因素，展览会评估在多个层面得出的详细结果为参展商和观众在诸多同一展览题材的展览会项目之间的选择提供了客观有效的依据，有助于他们降低信息搜寻成本，提高决策效率。

第二节　展览会评估的内容

展览会产品分为核心产品、形式产品、附加产品三个层次。展览会评估要对展览会的各项要素进行评估，因此展览会评估的内容也包括对展览会核心产品的评估、对展览会形式产品的评估和对展览会附加产品的评估三个方面。

一、展览会核心产品的评估

一般来说，对展览会核心产品的评估包括以下三个方面：

1. 展台和展品

展览会的核心功能是为参展商和观众提供有价值的宣传和交易平台，展台和展品是将参展商和观众联系起来的载体。

（1）展出面积。展出面积是判断展览会规模和档次的基本指标，也是展览会市场影响力的外在表现。

（2）展品。展品是决定展览会质量的根本因素，一场高质量的展览会所展出的产品和服务往往是该行业中代表最新技术、最新发展方向、最高质量、最多功能的产品和服务。对展品的评估通常从"展览会展品所包括的类别和档次"、"展览会所发布新产品的数量和档次"两个层面进行。

2. 参展商

一般来说，对参展商的评估可以从参展商的基本信息、参展商的满意度和参展商花费三个层面进行。

（1）参展商的基本信息。调查参展商基本信息的目的是获得参展商的企业属性和特征，以便更有针对性地开展招展工作。参展商的基本信息包括以下六个方面：地区来源、所属行业、企业规模、产权属性、参展人员的最高职务、获取展览会的信息来源。

（2）参展商的满意度。对于参展商满意度的调查可以分为以下四个部分：

● 总体满意度。对展览会的总体满意度、对达到预期参展目标的满意度、对下一届展览会的参展意愿。

● 组织工作满意度。对展览会组织工作的满意度、对专业观众数量和质量的满意度、对展览会现场管理与服务工作的满意度。

● 配套服务工作满意度。对展台搭建工作的满意度、对展品运输工作的满意度。

● 其他工作满意度。对展馆软硬件设施的满意度、对举办城市办展环境的满意度。

（3）参展商的花费。评估参展商的花费一方面可以了解参展商的参展预算和各项费用，另一方面可以由此计算展览会对举办地的社会经济效应。一般来说，包括以下七个方面：参展的全部费用，租赁展位的费用，搭建、装饰、布置展位的费用，参展服务的费用，参展物流的费用，参展人员差旅费用以及其他参展费用。

3. 专业观众

一般来说，对专业观众的评估可以从专业观众的基本信息、专业观众的满意度和专业观众花费三个层面进行。

（1）专业观众的基本信息。调查专业观众的基本信息有助于更有针对性地开展专业观众的邀请工作。专业观众的基本信息包括以下内容：地区来源、所属行业、企业规模、决策权状况、职位状况、工作性质、在展览会举办地逗留时间、获取展览会信息的渠道。

（2）专业观众的满意度。与对参展商的满意度调查相似，专业观众的满意度调查分为总体满意度、组织工作满意度和其他工作满意度三个部分。

● 总体满意度。对展览会的总体满意度、对达到预期参观目标的满意度、对下一届展览会的参观意愿。

● 组织工作满意度。对展览会组织工作的满意度、对参展商数量和质量的满意度、对展览会现场管理与服务工作的满意度。

● 其他工作满意度。对展馆软硬件设施的满意度、对举办城市办展环境的满意度。

（3）专业观众花费。对专业观众花费情况的调查主要包括以下三个方面：参观展览会的全部费用、参观展览会的消费项目、在展览会举办地的消费占全部费用的比例。

二、展览会形式产品的评估

展览会的形式产品虽然不能直接实现交易功能，但有助于提升展览会的档次和吸引力。对展览会形式产品的评估一般包括以下五个方面：

（1）开幕式。对开幕式的评估一般从两个方面进行：一是政府、协会以及企业的出席情况；二是电视、报纸以及杂志的报道情况。

（2）研讨会。组展商可以从三个方面对研讨会进行评估：一是研讨会的主体是否属于行业前沿话题；二是参展商和专业观众是否积极参与；三是参展商和专业观众对研讨会的评价。

（3）会刊。对展览会会刊的评估可以从三个方面进行：一是会刊的销售情况；二是会刊的广告收益；三是参展商和专业观众对会刊内容的评价。

（4）广告。对展览会广告的评估可以从两个方面进行：一是展览会拥有哪些广告形式；二是不同广告形式的使用率和收益情况。

（5）特殊活动。对展览会特殊活动的评估可以从以下三个方面进行：一是展览会举办了哪些形式的特殊活动；二是参展商和专业观众是否积极参与；三是参展商和专业观众对特殊活动的评价。

三、展览会附加产品的评估

展览会的附加产品能够丰富展览会的服务层次，提升参展商和专业观众对展览会的满意度。因此，组展商在能力允许的情况下应该对展览会的附加产品进行评估。一般来说，对展览会附加产品的评估包括以下四个方面：

（1）展览会的代理服务。对展览会代理服务的评估可以从服务范围、服务价格和服务质量三个方面进行。

（2）展览会的现场服务。展览会现场服务涉及的服务类型较多，一般来说，对商务服务的评估重点是服务质量，对配套服务的评估重点是服务的便利性和价格，对公共服务的评估重点是服务的可靠性和稳定性。

（3）网上展览。很多展览会在举办实体展之外也给参展商提供网上展示的平台。对网上展览的评估可以从以下三个方面进行：一是网上展览的内容和形式；二是网上展览的浏览量；三是参展商和观众对网上展示的评价。

（4）展览会的后续跟踪服务。展览会的后续跟踪服务可以从以下三个方面进行考察：一是展览会邮寄日常资料的类型和频率；二是展览会是否邮寄展后总结报告；三是展览会提供哪些其他跟踪服务。

对展览会核心产品、形式产品和延伸产品的评估是展览会评估的一般框架，在实际操作中，并不一定完全按照此框架开展评估工作。展览会评估内容主要由组展商根据自己的需要以及资源情况确定，有能力的组展商可以对展览会进行全面的评估，资源较为紧张的组展商可以选择关键要素进行评估。

第三节 展览会评估的程序

资料 10-3
国际媒体认证机构会展数据审核流程

国际媒体认证机构会展数据审核分三阶段完成：展前、展中、展后。作为全球领先的媒体认证机构，国际媒体认证机构通过独立的、全面的认证程序对展览会数据进行审核，以保证充分的透明、诚实和洞见。

1. 展前审核流程

主办方需完成展前调查问卷以明确观众注册系统（包括预注册和现场注册）和现场门禁检录系统（如何证明观众确实进入展馆参加了该展览）。主办方、观众注册公司（如外包）以及国际媒体认证机构三方进行展前电话会议，这能够最大限度在展前沟通 BPA 认证的相关知识、回答各方问题并为认证员的现场观测做好准备。

2. 展中审核流程

对所有第一次接受国际媒体认证机构认证的会展，国际媒体认证机构都会派认证员赴会展现场。这让国际媒体认证机构能够对在展前调查问卷和电话会议中讨论过的观众注册系统和检录系统进行现场第一手的观测。国际媒体认证机构认证员会在展前完成其他一般观众都要完成的注册程序，从而对会展注册和出席确认系统进行评估。国际媒体认证机构认证员会观测进入注册区、展厅、特别活动区以及会议区的全部入口的门禁安检情况。这对评估观众出席确认系统是否是真正只允许有胸牌的观众进入会展各活动区有重要意义。如果会展主办方申请对展览数据进行认证审核，国际媒体认证机构认证员会随机选取展商样本，现场对出展情况和展位面积进行考察，并在展后审看参展合同和付费凭证等文件。认证员会对现场审核的情况进行书面记录以备日后使用。如主办方需要，可以查看这些记录。

3. 展后审核流程

认证的大部分工作是在展后完成的。主办方需要将观众和展览（如果需要认证）数据库提交国际媒体认证机构进行审核。对数据记录的确认测试、对观众的回访以及数据分析都是在展后完成的。主办方申请认证项目的认证结果将被汇总在认证报告上。报告上的数据全部来自观众注册数据库。通过展前、展中和展后问卷调查所汇总生成的调研数据也可以包含在认证报告中，以提供更丰富的信息和更高的市场价值。此外，国际媒体认证机构在展后会免费给主办方提供培训，帮助其市场营销和销售团队更好地解读和使用国际媒体认证机构报告。

展览评估涉及面广、内容复杂，是一个有计划、有步骤的动态过程。因此，在开展评估工作时，一定要合理地组织和有计划地进行。在确定评估内容的基础上，选择评估方法和评估指标，通过调查问卷等方式搜集有关信息，最后通过对有关材料的分析，得出评估结论。一般情况下，展览会评估是按照以下程序进行的。

一、确立评估内容

在进行展览会评估时首先应确立评估的总体内容和各个分项内容，并依据评估内容的主次，选定优先评估和重点评估内容，确定评估内容的次序。只有先明确评估内容，才能科学准确地选择评估指标与评估方法，有效完成评估工作。

二、选择评估指标

根据评估内容选择评估指标，选择评估指标的总体原则是指标应能够反映客观情况，量化可测，并且具有较强的可比性，各个评估指标之间应当协调互补，这样才能够使评估结果更加科学。

为实现评估目标，保证评估结果的横向和纵向可比性，需设计合理的指标体系，并明确每个指标的具体含义。一般情况下，展览会评估指标需满足以下几点原则：

第一，权威性。评估标准必须为主办者、参展商及会展主管部门认可，否则难以保证评估结果为各方所接受。

第二，客观性。评估标准对会展主办者有较强的引导作用，因此评估标准要符合客观实际，不至于过高或者过低。

第三，明确性。评估指标必须清楚明确，说明评估工作的进行方法。

第四，具体性。评估标准必须易量化、可操作性强，能有效减少评分时的主观随意性。

三、选择评估方法

通常，根据不同的评估内容与评估指标，可以采用定性或定量的方法对选定的评估指标进行单项评估或综合评估。

1. 定性评估与定量评估

定性评估是对分析对象的性质、特点、发展变化规律做出判断的一种评估方法；定量评估是以所搜集到的统计数据为基础，通过建立数学模型等方式计算出分析对象的各项指标及其数值的一种评估方法。一般情况下，定性评估是用文字语言进行相关描述，定量评估是用数学语言进行描述。定性分析是定量分析的基本前提，没有定性的定量是一种盲目的、毫无价值的定量，定量分析能使定性分析更加科学、准确，它可以促使定性分析得出广泛而深入的结论，在展览评估中，要将定性分析与定量分析有机结合。

一般情况下，展览评估中会通过历史资料搜集、现场观察记录、座谈访问或问卷调查的方式获取信息并在此基础上进行定性或定量分析。

2. 单项评估与综合评估

单项评估指对评估指标体系中每个单项分别进行评估，例如对展位面积进行单项评估、对参展商进行单项评估等。单项评估法具有很强的针对性，在纵向比较以及同类项目的横向比较中非常普遍。综合评估是根据各评估指标的重要程度赋予其一定的权重，并通过加权平均的方法计算各评估指标的平均值。相比单项评估法，综合评估法能够更全面、更综合地评估一个展览会的竞争力，并能够通过分析确定影响展会综合竞争力的主要因素。

四、收集评估信息

收集信息是会展评估工作中最耗费时间和精力的步骤。收集信息的主要方法有收集历史资料、现场观察记录、问卷调查、会议座谈等。

1. 收集历史资料

历史资料主要有历届展览会的统计资料、竞争对手的资料、报纸杂志的相关报道及专业和内部媒体的评估资料等。

2. 现场观察记录

现场观察记录指在展览会进行过程中，评估人员对工作项目、工作环节等进行的观察和记录，通过这些记录，可以得到诸如参观者数量、人流密度、交通状况等评估数据。

3. 会议座谈

会议座谈指对参展商或观众进行的针对其参展体验等的访问，座谈有助于揭示对某一问题的潜在动机、态度和情感，详细了解复杂行为和敏感话题，它的主要作用在于通过深入细致的访谈，获得丰富生动的定性资料，并通过研究者主观的、洞察性的分析，从中归纳和概括得出结论。

4. 问卷调查

通常秉承随机抽样原则进行问卷调查工作，也可以委托专业的市场调查公司完成问卷调查和数据搜集。

资料 10-4

展览会评估调查问卷的制定

展览会评估中使用的调查问卷主要包括参展商问卷和观众问卷。参展商问卷重在了解参展商对展览会效果的评价以及对展览会的反馈意见；观众问卷用于了解专业观众和普通观众的基本情况及其对会展效果的评价。为了保证问卷的效果，问卷的制定应注意以下几个方面的问题：

- 问卷中所有的题目都和调查目的相符合。
- 问卷设计的问题不能过多。
- 问卷中的问题必须是被调查者所了解的。
- 问题的排列顺序要合理，问卷的题目要由一般至特殊，并具有逻辑性。
- 问题要提得具体而明确。
- 问卷的指导语或填答说明要清楚，没有歧义。
- 问卷的编排格式要清楚，指示符号要明确。

五、统计分析

展览会评估实施过程中的统计分析是将所收集到的数据资料统计整理成系统化的、条理清晰的材料，根据所选定的评估方案的标准评分，并分析存在的问题及其原因。通过统计分析，容易得到如潜在顾客数、签订合同金额等指标，但是要得到市场状况、趋势、竞争对手情况则还需要结合其他手段来分析。在统计过程中，要合理运用各种统计工具。

六、撰写评估报告

根据不同阶段的测评，汇总分析，对整个展览活动过程的效果进行总体评估，写出评估报告。报告内容一般包括评估背景和目的、评估过程与方法、评估结果统计分析、评估结论与可行性建议及附录等。展览会评估报告是反映市场状况的有关信息并包括某些调研结论和建议的载体，是展览会评估活动过程的直接结果。

1. 展览会评估报告的写作要求

展览会评估报告必须具备以下基本要求：

- 语言简洁，有说服力。
- 报告必须以严谨的结构、简洁的体裁将调研过程中各个阶段收集的全部有关资料有效地组织在一起，不能遗漏重要资料，但也不能将一些无关资料统统写进去。

● 注意仔细核对全部数据和统计资料，务必使资料准确无误。

● 报告应该对展览会评估活动所要解决的问题提出明确的结论或建议。

2. 展览会评估报告的内容结构

展览会评估报告因评估的具体内容而不同，但一般来说都应该包含以下几个部分：

（1）评估背景和目的。调研人员要对评估的具体原因加以说明，还需阐明评估目的，最好引用相关背景资料为依据，对展览活动进行整体把握。

（2）评估方法。根据具体的评估目的，可选择单项评估法或综合评估法，定量评估法或定性评估法。通过历史资料、现场观察、问卷调查、会议座谈等方式获取所需信息，评估方法和工具涉及以下内容：

● 评估对象。说明从什么样的对象中抽取样本进行评估。

● 样本容量。抽取多少参展商或观众作为样本，或选取多少实验单位。

● 样本的结构。根据什么样的抽样方法抽取样本，抽取样本后的结构如何，是否具有代表性。

● 资料收集、处理方法及工具，尤其要指出用什么工具、什么方法对资料进行简化和统计处理。

● 实施过程及问题处理。

● 调查完成情况。说明调查完成率及部分未完成或访问无效的原因。

（3）评估结果。评估结果是将评估所得资料整理出来。除了用若干统计表和统计图来呈现以外，报告中还必须对图表中的数据资料隐含的趋势、关系和规律加以客观描述，也就是说要对评估结果加以说明、讨论和推论。评估结果所包含的内容应该反映出评估目的，并根据评估标准的主次来突出所要反映的重点内容。一般来说，评估结果中应包含以下内容：展位面积、展台效果、成本效益、参展商的数量和质量、观众的数量和质量、不同主体的满意度、目标实现度和持续参展率等。

（4）结论和建议。要用简洁明晰的语言做出结论。例如，阐述评估结果说明了什么问题，有什么实际意义，必要时可引用相关背景资料加以解释、论证。建议是针对评估结论提出可以采取哪些措施以获得更好的效果，或者如何处理已存在的问题，最好能提供有针对性的具体方案。

第四节 展览会常用评估指标及统计含义

结合展览会评估需要覆盖到的重点内容，德国经济展览和博览会委员会（AUMA）将展览会的评估指标设计为以下五个方面。

一、展位面积评估指标

展位面积是评估展览会规模大小的重要指标之一。对展位面积的评估一般选取三个指标：出租的展位面积、特殊展位面积和总面积。各指标具体统计含义参见表 10-1。

表 10-1 展位面积评估指标及其统计含义

项目	评估指标	统计含义
展位面积	出租的展位面积	指出租用作展览或特殊展出的面积：出租的展位应被划分为室内和室外展出面积；国内和国外展出面积（以参展企业的类型为依据划分） 为参展商和（或）观众提供公共服务的行政管理机构、协会和组织所占用的面积不计为出租展位面积；被用作舞台、特殊活动的面积不算作展览面积，除非它们满足特殊展位的条件
	特殊展位面积	指展览会上，尤其是消费类展览会上，组织者安排的用作特殊展示（通常是和某些组织合作）的空间，如设计展示、研究成果、工艺展示、专业培训信息或其他内部专题展示
	总面积	指用于展览的全部面积，如展位面积、走廊、休息厅面积等，但不包括诸如饭店、办公室等辅助设施

二、参展商评估指标

参展商是展览会评估的一个重要对象，参展商的评估指标主要包括参展商数量、外国参展商的数量、被代理企业数量、参展商所代表的国家数量。各个指标具体统计含义参见表 10-2。

三、观众评估指标

观众评估指标体系主要从两个方面考虑：专业观众/普通观众，国内观众/国外观众。其中，专业观众的评估指标主要包括专业观众的比例、国内专业观众的

表 10-2　参展商评估指标及其统计含义

项目	评估指标	统计含义
参展商	参展商数量	凡是作为独立单元支付展位费用，并在整个展览持续期间完全由自己雇用人员以自己或他人的名义来提供产品或服务的个体被称为参展商 联合展出的企业也应被计为参展商，只要参展商是以自己的人员和产品展出即可；如果联合展出的展商登记时不能表现出独立性，它们将被记作一个展商 如果一个展商占用一个以上展位，应被当作一个展商来记录。但是，如果一个展览被清晰地划分为几个部分，或者说提供不同的产品和服务或一个公司在不同的部分都有展位并且在每个展位上都是独立地展出不同展品，那么就应该根据该参展商所占的独立展位个数来计算参展商个数。即如果母公司与子公司同时出现在展览上，只要子公司能提供自己的产品并满足参展商的其他条件，子公司也算作独立的参展商 在展览会上为参展商或观众提供服务的服务提供商、行政管理机构、协会和各种组织不能被计为参展商，但当他们提供的服务与展览的主题相关，而且他们还支付了展位费，就应该作为参展商来计量 支付展位费但未能参加展览的企业不被计为参展商
	外国参展商的数量	来自举办国以外的其他国家的参展商个数，是国际展的重要指标
	被代理企业数量	部分企业委托其他企业代为展览本公司产品，一般记录参展商的规则同样被用于记录代理商，代理商只被记录一次，在这种情况下，还应统计代理商所代理的企业的数量
	参展商所代表的国家数量	参展商所代表的国家数的总和

地区分布、国外专业观众的地区分布、专业观众行业分布、专业观众对购买/采购决策的影响力、专业观众的参展频率、专业观众的公司规模、专业观众停留时间等；普通观众的评估指标包括普通观众比例、普通观众的地区分布、年龄、职业、家庭净收入、购买或预定活动/展后采购活动等。各指标具体统计含义参见表 10-3。

表 10-3　观众评估指标及其统计含义

项目	评估指标	统计含义
观众	观众的数量	观众的绝对数量是观众分析评估的基础，这些数据可以从组织者那里获得 观众人数一般可以通过观众入场系统或单天票数以及多天票数来计算
	专业观众的比例	出于商业/专业目的参加展览的观众在观众总量中所占的比例
	专业观众的地区分布	国内专业观众在本地区和全国范围的分布 国外专业观众的地区分布
	专业观众行业分布	专业观众在各行业的分布
	专业观众对购买/采购决策的影响力	专业观众对所在公司/组织采购决策的影响力

项目	评估指标	统计含义
观众	专业观众的参展频率	专业观众参加各类展览会的频率 专业观众参加本展览会的频率
	专业观众的公司规模	一般以公司雇员多少来表示
	专业观众停留时间	专业观众在展览会上停留的天数
	普通观众比例	普通观众在观众总量中所占的比例
	普通观众的地区分布	国内、国外专业观众的地区分布
	普通观众的年龄	普通观众的年龄构成
	普通观众的职业	普通观众的职业构成
	普通观众的家庭净收入	普通观众的家庭中每个成员净收入的总和
	购买或预定活动或展后采购活动	普通观众在展览会上以及展览会后的购买/预定活动

四、媒体评估指标

展览会是企业营销的重要工具，而展览会的媒体宣传则进一步加强了展览会的营销功能，因此除了展位面积、参展商和观众外，媒体参与情况和效果评估也是展览会评估体系中的重要组成部分。媒体评估指标主要包括：媒体的数量、国内媒体的比例和媒体所代表的国家数。各指标具体统计含义参见表10-4。

表 10-4　媒体评估指标及其统计含义

项目	评估指标	统计含义
媒体	媒体的数量	对展览会进行报道的媒体的数量
	国内媒体的比例	国内媒体在媒体总量中所占的比例
	媒体所代表的国家数	媒体所代表国家数的总和

五、展览效果指标

满意度、目标实现度、持续参展率往往代表了展览会的总体效果。从参展商、专业观众和普通观众三类不同参与者的角度出发，满意度项目包括三个指标：参展商满意度、专业观众满意度、普通观众满意度；目标实现度项目包括三个指标：参展商目标实现度、专业观众目标实现度、普通观众目标实现度；持续参展率项目包括三个指标：参展商持续参展率、专业观众持续参展率、普通观众持续参展率。各指标具体统计含义参见表10-5。

表 10-5　满意、目标实现度和持续参展率的评估指标及其统计含义

项目	评估指标	统计含义
满意度	参展商满意度	对展览会不同满意程度的参展商占全体参展商的比例
	专业观众满意度	对展览会不同满意程度的专业观众占全体专业观众的比例
	普通观众满意度	对展览会不同满意程度的普通观众占全体普通观众的比例
目标实现度	参展商目标实现度	参展目标不同实现程度的参展商占全体参展商的比例
	专业观众目标实现度	目标不同实现程度的专业观众占全体专业观众的比例
	普通观众目标实现度	目标不同实现程度的普通观众占全体普通观众的比例
持续参展率	参展商持续参展率	持续参加展览的参展商在全体参展商中所占的比例
	专业观众持续参展率	持续参加展览的专业观众占全体专业观众的比例
	普通观众持续参展率	持续参加展览的普通观众占全体普通观众的比例

第五节　展览会总结

一、展览会总结的含义

　　总结包括两层含义：一是工作总结，二是总结报告。展览会总结工作贯穿于展览工作的全过程，资料的收集记录工作从展览筹备时就要开始，收集方式与展览会评估资料的收集相同，可以结合起来做，但展览会总结所需要的材料比展览会评估所需要的材料范围更广泛。展后总结应结合统计资料，着重从营销效果、展览会在市场同类项目中所占的份额、展览会的优势与劣势、竞争者情况等方面进行研究分析，为未来展览会的宣传推广、招展招商工作等提供经验和建议。

　　展后总结与展后评估报告的主要区别是，前者主要用于内部交流或者呈报给上级领导作为业绩考核的参考，它是主办方、组展方、参展商对办展或者参展行为所做出的一个主观总结。相比展后评估报告，展后总结涉及的内容更广泛、更细化，可以说，它包含展后评估报告，主要侧重于对办展的各项组织工作或参展的工作安排等方面进行自查，较多采用定性描述和分析方法。而展览会评估报告主要是给外界的相关利益者看的，它多侧重于展览效果分析方面，多采用定量分析评估的方法，且应委托独立的第三方机构进行客观评估。

二、展览会总结的主要内容

展后总结主要用于展览主办单位、组展单位总结展览的策划、组织、招展、招商、现场管理以及展后后续服务工作，它是展览会组织者对展览运作的全过程进行彻底自检的有效工具。展览会总结主要包括内容：

● 展览会策划工作总结。主要包括展览主题的选择是否符合市场需求，展览会举办时间、地点、展品范围、展览规模、展览定位、展览会品牌形象策划等是否合理。

● 展览会筹备工作总结。

● 展览会招展、招商工作总结。主要包括目标参展商数据库的建立和维护、目标观众数据库的建立和维护、展区和展位划分、参展商与展览题材的契合度、招展价格的合理性、招展招商分工、招展招商进度、招展招商宣传推广、招展策略等。

● 展览会宣传推广工作总结。

● 展览会服务情况总结。

● 展览会现场管理工作总结。

● 展览会供应商工作总结。

● 展览会客户关系管理总结。

展览会总结的重点要依照办展目标而定，如果展览会还处于培育期，那么就不能只关注展位面积、参展商数量等指标，而要更多地关注展览会是否能吸引到知名企业参加，是否能够成为参展商营销的有效工具，成为参展商和观众（尤其是专业观众）交流、沟通的有效平台。

思考题：

1. 什么是展览会评估？展览会评估有什么意义？

2. 展览会评估的主要内容和一般程序是什么？

3. 展览会评估的指标体系包括哪些内容？各指标的统计含义是什么？

4. 展览会评估报告包括哪些内容？展览会评估报告与展览会总结存在哪些差异？

□ 拓展阅读

资料1

展览会绩效评估指标

国外关于如何衡量参展绩效的讨论可追溯至20世纪60年代。起初的研究大多以主观指标为主。Cavanaugh（1976）提出了评估参展绩效的概念性架构，该架构考虑的因素包括获得目标顾客与取得采购信息。在广义的概念下，Bonoma（1983）将商展的绩效目标分为两大类：一类为销售类目标（selling objectives），另一类为非销售目标（nonselling objectives），以后，主观的绩效衡量才从过去的单一横面发展成双横面。Shoham（1992）认为，非销售类目标的绩效可进一步拆分为三个横面——获得资讯、管理与供应商之间的关系和心理层面的活动。

到了20世纪90年代，有些学者主张以客观指标的方式来评估参展绩效。例如，Gopalakrishna 和 Williams（1992）通过研究在商展中取得的商业信息量、参观摊位人数等建立评估指标，并以此指标评估参展绩效。Gopalakrishna 等学者用 ROI（Return on Investment）作为衡量参展绩效的指标。其结果显示，在控制住某些变量后，厂商投资于商展中的预算在一定时间过后就能完全回收，并且开始有利润产生。

Dekimpe 等（1997）采用的绩效指标算法如下：被销售人员接触或被摊位吸引的目标听众的数目/总目标听众数目。Hansen（2004）试图建立一个系统而全面的商展绩效测评模型，在其研究中采用了五个横面及16个指标。五个横面分别为以结果为基础的销售活动横面以及四个以行为活动为基础的横面，即信息的收集、关系的建立、形象的塑造和激励活动。

在传统会展活动时间划分基础上，Lee 和 Kim（2008）两位学者通过对展前（pre-show）、展中（at show）、展后（post-show）三个阶段绩效决定因素的研究，探讨了各要素之间以及各要素与会展绩效之间的联系。

目前学术界关于会展绩效评估之研究大多从参展商角度出发，为了弥补之前缺乏参观者评估展会的研究，Carmen Berne（2008）等探讨了潜在参观者在观展决策过程中对于展会的评估准则，通过采访了一定样本的零售商，运用验证性因素分析建立 TSE 评估模型，证实了潜在参观者在做出选择前确实存在一定结构的衡量标准，并且公司营运方向的变化影响着其评价标准。

资料来源：蔡礼彬，王琼. 国外会展问题研究综述［J］.《科学决策》，2013（8）.

思考题：

1. 展览会绩效评估指标体系的发展经历了怎样的历程？

2. 评估参展绩效的客观指标有哪些？

3. 展览会评估指标体系在哪些方面仍有待完善？

资料 2

参展绩效衡量研究

对展览绩效评估是一个系统工程，需要从参展行为到参展结果进行全方位的评估。研究表明，展览绩效包括“行为”和“结果”两个维度。

1. 以结果为基础的维度

以结果为基础的维度主要是指销售相关活动，包括所有现场销售和展后销售。在早期的展览绩效模型中，评估与销售相关的活动是非常显著的。Carman（1968）和 Bonoma（1983）重点研究直接销售和在展览会上推介新产品。Cavanaugh（1976）列出了几个与销售相关的活动，Kerin 和 Cron（1987）把推介新产品、现场销售、新产品测试等确定为展览维度。和销售相关的其他活动可以在如下文献中找到：获得线索、发展潜在客户、邮寄产品名录（Belizzi 和 Lipps，1984；Cavanaugh，1976；Morris，1988）；加速对比、谈判进程（Bello 和 Barksdale，1986）。这些早期文献说明可用不同类型的结果来评估展览绩效，把这个同样的逻辑延伸，则说明展览绩效框架同样也包括行为相关维度。

2. 以行为为基础的维度

（1）收集信息。包括收集所有竞争者、消费者、产业趋势、展览上新产品的信息。展览文献把市场调查和信息收集作为潜在参展商的目标（Belizzi 和 Lipps，1984；Cavanaugh，1976；Kerin 和 Cron，1987；Makens，1988）。观察竞争者都在做什么的机会也被视为信息收集活动（Hansen，1996；Rothchild，1987；

Shust，1981）。Sharland 和 Balogh（1996）认为，在交易费用分析方法里，在展览上收集信息可以帮助管理者做出关于市场、财务、生产政策和项目的战略决策。另外，展览上的相互交流可以帮助公司选择更好的贸易伙伴，减少法律和合约成本，并帮助管理者判断业务中哪部分该舍弃，哪部分该坚持。在贸易和国际展上对信息收集认可度的增强使这个维度成为展览会绩效框架中非常重要的因素。

（2）提升形象。提升形象包括所有在展览上提升形象和信誉的活动。国际展是一个大的产业聚会，参展的一个重要目标就是让观众产生对产品的兴趣，另一个期望则是构建企业形象和信誉（Belizzi 和 Lipps，1984；Smith，1998）。作为市场交流工具，广告和展示功能则是本框架中第二项与行为相关维度的因素。Bonoma（1983）总结在竞争者、消费者和产业中保持形象是展览服务的市场交流功能。Barczyk 等（1989）区分了三种提升形象的动机：第一是竞争压力（比如一个企业参加展览是因为竞争者参加了展览）；第二是顾客期望（如顾客期望企业参展，如果企业不参展，顾客则可能把这解释为公司陷入困境）。第三则是形象问题（如企业把展览作为在市场范围内创造并巩固形象的工具）。Shipley 等（1993）的研究表明，企业参展树立定性的非销售目标，所记录的目标均值最高的是提升企业形象。

（3）动力活动。动力活动包括所有维持和提高企业员工和客户动力的活动。现有的展览文献研究没有重点关注参加展览的动力活动方面。Hansen（1996）的研究表明，提高或维持员工和客户动力对于国际展上的参展商来说是相当重要的。Carman（1968）强调参加国际展是鼓舞当地销售代表的一个重要方法，尤其当制造商的销售代表作为展台工作人员时，这是总部对销售代表关注的一个方式。Barczyk 等（1989）表明企业参展的动力是销售力量促使（例如，企业把展览作为增强企业销售力量的精神工具）。Shipley 等（1993）、Shoham（1992）、Witt 和 Rao（1988）也表明展览能被用作培训和激发销售力量。与地区展和全国展相比，国际展动机维度更清晰。国际展的参加者可以有机会与外国客户会见并交流。因此，展览绩效维度框架的一个重要方面就是动力，至少在国际展的绩效框架中应该包括这方面。

（4）建立关系。建立关系包括所有与已有客户维持和发展关系并与新客户建立新关系的活动。Witt 和 Rao（1989）强调需要深入研究展览在建立买卖关系方面的价值。Hansson（1982）强调当在买者与卖者之间存在地理和文化距离时，展览在社会层面上的交流就是重要的。对于国际展商的买卖双方来说这个特点尤其重要。欧洲国际展的许多展台都有自己的会议室和休息室，还给参观者提供饮料和快餐（Tesar，1988），这将鼓励参观者在他们参观的展台上花费大量的时间，可延长交流时间（Rice，1992）。Smith（1998）在一个案例中发现展览参与者在建立联系方面表现出极大的成功。在展览文献中有很多建立联系的变量，包括与已有客户保持和发展关系（Bonoma，1983；Carman，1968；Kerin 和 Cron，1987；Kijewski 等，1993；Seringhaus 和 Rosson，1994），与新客户建立联系（Herbig 等，1993；Sashi 和 Perretty，1992；Shipley 等，1993；Tanner 和 Chonko，1995），与一些平时不容易接触到的关键决策人会面的机会（Shust，1981；Witt 和 Rao，1989），以及与消费者建立个人联系（Lilien，1983；Morris，1988）。

资料来源：王起静.参展营销［M］.南开大学出版社，2010：2.

思考题：

1. 参展商对自身参展效果的评估与主办方对展览会的评估侧重点有何差异？

2. 参展商对自身参展效果的评估应关注哪些主要内容？

3. 参展商对自身参展效果的评估有什么意义？

附件 1
国际展览组织

1. 国际展览业协会（The Global Association of the Exhibition Industry，UFI）

1925 年 4 月 15 日成立于意大利米兰，总部设在法国巴黎。UFI 是一个中立机构，作为非政治性、非营利性的组织，旨在为其成员提供一个交流信息和经验、探讨同行业发展趋势以及加强合作、密切关系的机会。UFI 的主要任务是，提高全球展览会举办水平，促进跨越国界的产品交流，加强展览会服务业及展览会举办专门技能的相互交流。通过 UFI 的管理机制，可以了解到全世界的同类展会机构的丰富经验。独立展会组织者可以获得有关介绍类资料，并可集中向有关机构提出问题。

UFI 在其他国际组织中代表其成员的利益，它与欧盟委员会及其他与博览会/展览会及国际贸易有关的国际性组织都建立了良好的关系，包括 BIE（国际博览会管理局）、ICC（国际商会）、各国及博览会/展览会协会等。

网址：http：//www.ufi.org。

2. 国际展览局（International Exhibitions Bureau，BIE）

是一个协调和审批世界博览会事务的政府间国际组织，成立于 1928 年，总部设在法国首都巴黎。1928 年 11 月，31 个国家的代表在巴黎开会签订了《国际展览公约》。该公约规定了世博会的分类、举办周期、主办者和展出者的权利与义务、国际展览局的权责、机构设置等。《国际展览公约》后来经过多次修改，成为协调和管理世博会的国际公约，国际展览局依照该公约的规定应运而生。展览局行使各项职权，管理各国申办、举办世博会及参加国际展览局的工作，保障公约的实施和世博会的水平。

国际展览局总部设在巴黎，成员为各缔约国政府。联合国成员国、不拥有联合国成员身份的国际法院章程成员国、联合国各专业机构或国际原子能机构的成员国可申请加入。各成员国派出 1~3 名代表组成国际展览局的最高权力机构——国际展览局全体大会，在该机构决定世博会举办国时，各成员国均有一票。

国际展览局下设执行委员会、行政和预算委员会、条法委员会、信息委员会 4 个专业委员会。国展局的日常工作由秘书长负责，主席在国展局举行全体代表大会和必要时履行领导职责。国际展览局主席由全体大会选举产生，任期两年，可连任一届，不用坐班，没有薪金。

中国于 1993 年 5 月 3 日正式加入国展局。中国国际贸易促进委员会一直代表中国政府参加国际展览局的各项工作。

网址：http：//www.bie-paris.org/site/en/。

3. 国际展览与项目协会 （International Association of Exhibitions and Events，IAEE）

成立于 1928 年，总部设于美国达拉斯。该协会前身是"国际展览管理协会"（International Association for Exhibition Management，IAEM），被认为是目前国际展览业重要的行业组织之一，是全世界培养会展专业人才首屈一指的专业机构，同国际展览联盟（UFI）一样在国际展览界享有同样盛誉，两者现已结成全球战略伙伴，共同促进国际会展业的发展与繁荣。

IAEE 经过多年的研究实践，从 1975 年起建立创造了一套系统完整的专业人才培养计划和内容，分别通过课堂学习、工作实践、参与协会活动和考试等方式给予被培训人员各种机会，每完成一个专业测定就授予一定的分数，累积到一定分数后，协会将授予一个资格证书，称作注册展览管理人 CEM（Certified in Exhibition Management）。一般取得这个证书要花 3~5 年的时间，而有了证书就表明在展览业取得了一定的地位和名誉。

网址：http：//www.iaee.com。

4. 独立组展商协会 （Society of Independent Show Organizers，SISO）

总部设在美国芝加哥，是国际展览业最有影响力的行业协会之一。美国独立组展商协会（SISO）是一个专为营利性组展机构的首席执行官和高级管理层提供服务的组织。该组织向会展业的企业家和高级经理们提供交流与合作的机会，通过行业合作、行业公关、行业培训、行业调研、信息交流等活动扩大会展企业的盈利和发展空间。

结识业内人士是对 SISO 会员的最大吸引力。SISO 的会员或是企业的所有者或是营利性组展机构高级经理。会员之间就理念和经验进行相互交流，直接有助于会展组织业务的扩大和发展。

网址：http：//www.siso.org。

5. 展览和活动营销协会（Exhibit and Event Marketers Association，E2MA）

展览和活动营销协会（E2MA）是由原来的展商指定供应商协会（The Exhibitor Appointed Contractor Association，EACA）和展览参展商协会（Trade Show Exhibitors Association，TSEA）两个协会整合而成，旨在提高展览和活动策划者在展览和活动营销中的技能，并提高展览的服务水平。E2MA 是一个专业的贸易协会，拥有 500 多个公司会员，代表公司展览和获得营销者以及为参展商提供各种服务的参展商指定供应商会员。

网址：http：//www.e2ma.org。

6. 展览设计和生产协会（Exhibit Designers and Producers Association，EDPA）

EDPA 成立于 1954 年，是展览展示设计者和建筑商的国际专业协会，该协会会员主要从事展览和活动产业的设计、制造、运输、安装和展览展示服务。EDPA 致力于制定展示标准，主要目的是为展览行业和会员提供教育、领导和网络关系。

网址：http：//www.edpa.com。

7. 国际展览运输协会（International Exhibition Logistics Association，IELA）

总部设在瑞士，代表展览运输者的利益。1985 年由来自 5 个国家的 7 个公司发起成立。协会下设标准和职业道德委员会、海关委员会、组织者委员会。协会的目的是使展览运输业专业化，提高展览运输的效率，更好地为展览组织者和展出者服务，同时为展览运输业提供交流信息的论坛，向海关及其他部门施加影响。该协会发行了一种电子手册，登载着不同国家海关的有关规定，并定期更新。

网址：http：//www.iela.org。

8. 会议产业委员会（Convention Industry Council，CIC）

由 30 多个会展产业行业协会（会议、博览会、展览会、旅游行业等）组成。会议产业委员会为其成员提供很多工具和项目，支持该行业的发展，应对行业发展的挑战，使产业内信息和思想的交流更便利。

网址：http：//www.conventionindustry.org。

9. 英国协会（Association of Event Organizers，AEO）

为活动组织者提供各种服务，并帮助会员与相关协会组织进行合作。

网址：http：//www.aeo.org.uk。

10. 意大利展览协会（Italian Exhibition and Trade Fair Association，AEIF）

提供意大利展览业发展情况统计和研究报告以及意大利展览会信息。

网址：http：//www.aefi.it。

11. 美国消费类展览会协会（National Association of Consumer Shows，NACS）

提供在美国举办的消费类展览会信息。

网址：http：//www.nacslive.com。

12. 美国国际展览协会（International Association of Fairs and Expositions，IAFE）

提供在美国举办的展览会信息。

网址：http：//www.fairsandexpos.com。

国务院关于进一步促进展览业改革发展的若干意见

（国发〔2015〕15 号）

各省、自治区、直辖市人民政府，国务院各部委、各直属机构：

近年来，我国展览业快速发展，已经成为构建现代市场体系和开放型经济体系的重要平台，在我国经济社会发展中的作用日益凸显。同时，我国展览业体制机制改革滞后，市场化程度发展迟缓，存在结构不合理、政策不完善、国际竞争力不强等问题。为进一步促进展览业改革发展，更好地发挥其稳增长、促改革、调结构、惠民生的作用，现提出以下意见：

一、总体要求

（一）指导思想。全面贯彻党的十八大和十八届二中、三中、四中全会精神，贯彻落实党中央、国务院各项决策部署，深化改革，开拓创新，充分发挥市场在资源配置中的决定性作用，更好地发挥政府作用，积极推进展览业市场化进程。坚持专业化、国际化、品牌化、信息化方向，倡导低碳、环保、绿色理念，培育壮大市场主体，加快展览业转型升级，努力推动我国从展览业大国向展览业强国发展，更好地服务于国民经济和社会发展全局。

（二）基本原则。坚持深化改革。全面深化展览业管理体制改革，明确展览业经济、社会、文化、生态功能定位，加快政府职能转变和简政放权，稳步有序放开展览业市场准入，提升行业管理水平，以体制机制创新激发市场主体活力和创造力。

坚持科学发展。统筹全国展馆展会布局和区域展览业发展，科学界定展览场馆和展览会的公益性与竞争性，充分调动各方面积极性，营造协同互补、互利共赢的发展环境。

坚持市场导向。遵循展览业发展规律，借鉴国际有益经验，建立公开公平、开放透明的市场规则，实现行业持续健康发展。综合运用财税、金融、产业等政策，鼓励和支持展览业市场化发展。

（三）发展目标。到 2020 年，基本建成结构优化、功能完善、基础扎实、布局合理、发展均衡的展览业体系。

——发展环境日益优化。完善法规政策，理顺管理体制，下放行政审批权限，逐步消除影响市场公平竞争和行业健康发展的体制机制障碍，形成平等参与、竞争有序的市场环境。

——市场化水平显著提升。厘清政府和市场的关系，规范和减少政府办展，鼓励各种所有制企业根据市场需求举办展会，市场化、专业化展会数量显著增长，展馆投资建设及管理运营的市场化程度明显提高。

——国际化程度不断提高。遵循国际通行的展览业市场规则，发挥我国产业基础好、市场需求大等比较优势，逐步提升国际招商招展的规模和水平。加快"走出去"步伐，大幅提升境外组展办展能力。在国际展览业中的话语权和影响力显著提升，培育一批具备国际竞争力的知名品牌展会。

二、改革管理体制

（四）加快简政放权。改革行政审批管理模式，按照属地化原则，履行法定程序后，逐步将能够下放的对外经济技术展览会行政审批权限下放至举办地省级商务主管部门，并适时将审批制调整为备案制。运用互联网等现代信息技术，推行网上备案核准，提高行政许可效率和便利化水平。

（五）理顺管理体制。建立商务主管部门牵头，发展改革、教育、科技、公安、财政、税务、工商、海关、质检、统计、知识产权、贸促等部门和单位共同参与的部际联席会议制度，统筹协调，分工协作。加强展览业发展战略、规划、政策、标准等制定和实施，加强事中事后监管，健全公共服务体系。

（六）推进市场化进程。严格规范各级政府办展行为，减少财政出资和行政参与，逐步加大政府向社会购买服务的力度，建立政府办展退出机制。放宽市场准入条件，着力培育市场主体，加强专业化分工，拓展展览业市场空间。

（七）发挥中介组织作用。按照社会化、市场化、专业化原则，积极发展规范运作、独立公正的专业化行业组织。鼓励行业组织开展展览业发展规律和趋势研究，并充分发挥贸促机构等经贸组织的功能与作用，向企业提供经济信息、市场预测、技术指导、法律咨询、人员培训等服务，提高行业自律水平。

三、推动创新发展

（八）加快信息化进程。引导企业运用现代信息技术，开展服务创新、管理创新、市场创新和商业模式创新，发展新兴展览业态。举办网络虚拟展览会，形成线上线下有机融合的新模式。推动云计算、大数据、物联网、移动互联等在展览业的应用。

（九）提升组织化水平。鼓励多种所有制企业公平参与竞争，引导大型骨干展览企业通过收购、兼并、控股、参股、联合等形式组建国际展览集团。加强政策引导扶持，打造具有先进办展理念、管理经验和专业技能的龙头展览企业，充分发挥示范和带动作用，提升行业核心竞争力。

（十）健全展览产业链。以展览企业为龙头，发展以交通、物流、通信、金融、旅游、餐饮、住宿等为支撑，策划、广告、印刷、设计、安装、租赁、现场服务等为配套的产业集群，形成行业配套、产业联动、运行高效的展览业服务体系，增强产业链上下游企业协同能力，带动各类展览服务企业发展壮大。

（十一）完善展馆管理运营机制。兼顾公益性和市场原则，推进展馆管理体制改革和运营机制创新，制定公开透明和非歧视的场馆使用规则。鼓励展馆运营管理实体通过品牌输出、管理输出、资本输出等形式提高运营效益。加强全国场馆信息管理，推动馆展互动、信息互通，提高场馆设施的使用率。

（十二）深化国际交流合作。推动展览机构与国际知名的展览业组织、行业协会、展览企业等建立合作机制，引进国际知名品牌展会到境内合作办展，提高境内展会的质量和效益。配合实施国家"一带一路"等重大战略及多双边和区域经贸合作，用好世博会等国际展览平台，培育境外展览项目，改善境外办展结构，构建多元化、宽领域、高层次的境外参展办展新格局。

四、优化市场环境

（十三）完善展览业标准体系。按照总体规划、分步实施的原则，加快修订和推广展馆管理、经营服务、节能环保、安全运营等标准，逐步形成面向市场、服务产业、主次分明、科学合理的展览业标准化框架体系。

（十四）完善行业诚信体系。加快建立覆盖展览场馆、办展机构和参展企业的展览业信用体系，推广信用服务和产品的应用，提倡诚信办展、服务规范。建立信用档案和违法违规单位信息披露制度，推动部门间监管信息的共享和公开，褒扬诚信，惩戒失信，实现信用分类监管。

（十五）加强知识产权保护。加快修订展会知识产权保护办法，强化展会知识产权保护工作。支持和鼓励展览企业通过专利申请、商标注册等方式，开发利用展览会名称、标志、商誉等无形资产，提升对展会知识产权的创造、运用和保护水平。扩大展览会知识产权基础资源共享范围，建立信息平台，服务展览企业。

（十六）打击侵权和假冒伪劣。创新监管手段，把打击侵权和假冒伪劣列入展览会总体方案和应急处置预案。完善重点参展产品追溯制度，推动落实参展企业质量承诺制度，切实履行主体责任。加强展览会维权援助、举报投诉和举报处置指挥信息能力建设，完善举报投诉受理处置机制。

五、强化政策引导

（十七）优化展览业布局。按照国民经济结构调整和区域协调发展战略需要，科学规划行业区域布局，推动建设一批具有世界影响力的国际展览城市和展览场馆。定期发布引导支持展览会目录，科学确立重点展会定位，鼓励产业特色鲜明、区域特点显著的重点展会发展，培育一批品牌展会。

（十八）落实财税政策。按照政府引导、市场化运作原则，通过优化公共服务，支持中小企业参加重点展会，鼓励展览机构到境外办展参展。落实小微企业增值税和营业税优惠政策，对属于《国务院关于推进文化创意和设计服务与相关产业融合发展的若干意见》（国发〔2014〕10号）税收政策范围的创意和设计费用，执行税前加计扣除政策，促进展览企业及相关配套服务企业健康发展。

（十九）改善金融保险服务。鼓励商业银行、保险、信托等金融机构在现有业务范围内，按照风险可控、商业可持续原则，创新适合展览业发展特点的金融产品和信贷模式，推动开展展会知识产权质押等多种方式融资，进一步拓宽办展机构、展览服务企业和参展企业的融资渠道。完善融资性担保体系，加大担保机构对展览业企业的融资担保支持力度。

（二十）提高便利化水平。进一步优化展品出入境监管方式方法，提高展品出入境通关效率。引导、培育展览业重点企业成为海关高信用企业，适用海关通关便利措施。简化符合我国出入境检验检疫要求的展品通关手续，依法规范未获得检验检疫准入展品的管理。

（二十一）健全行业统计制度。以国民经济行业分类为基础，建立和完善展览业统计监测分析体系，构建以展览数量、展出面积及展览业经营状况为主要内容的统计指标体系，建设以展馆、办展机构和展览服务企业为主要对象的统计调查渠道，综合运用统计调查和行政记录等多种方式采集数据，完善监测分析制度，建立综合性信息发布平台。

（二十二）加强人才体系建设。鼓励职业院校、本科高校按照市场需求设置专业课程，深化教育教学改革，培养适应展览业发展需要的技能型、应用型和复合型专门人才。创新人才培养机制，鼓励中介机构、行业协会与相关院校和培训机构联合培养、培训展览专门人才。探索形成展览业从业人员分类管理机制，研究促进展览专业人才队伍建设的措施办法，鼓励展览人才发展，全面提升从业人员整体水平。

各地区、各部门要充分认识进一步促进展览业改革发展的重要意义，加强组织领导，健全工作机制，强化协同配合。各地区要根据本意见，结合自身经济社会发展实际研究制定具体实施方案，细化政策措施，确保各项任务落到实处。各有关部门要抓紧研究制定配套政策和具体措施，为展览业发展营造良好环境。商务部要会同相关部门做好指导、督查和总结工作，共同抓好落实，重大事项及时向国务院报告。

参 考 文 献

［1］刘海莹，许峰. 会议中心设计、运营与管理［M］. 北京：旅游教育出版社，2012.

［2］王起静，高凌江. 展览会策划与管理［M］. 天津：南开大学出版社，2011.

［3］刘大可. 展览会组织与经营［M］. 北京：中国人民大学出版社，2012.

［4］刘大可，陈刚，王起静. 展览经济理论与实务［M］. 北京：首都经济贸易大学出版社，2006.

［5］马勇，肖轶楠. 会展概论［M］. 北京：中国商务出版社，2004.

［6］刘大可，王起静. 展览活动概论［M］. 北京：清华大学出版社，2004.

［7］王春雷，陈震. 展览会策划与管理［M］. 北京：中国旅游出版社，2006.

［8］施宜，张义，王真. 展览管理实务［M］. 北京：化学工业出版社，2008.

［9］卢晓，傅国林. 展览基础知识［M］. 北京：旅游教育出版社，2008.

［10］刘勇. 会展服务与管理［M］. 北京：化学工业出版社，2008.

［11］王书翠. 展览业概论［M］. 上海：立信会计出版社，2004.

［12］胡平. 会展管理概论［M］. 上海：华东师范大学出版社，2007.

［13］张晓娟. 会展概论［M］. 大连：东北财经大学出版社，2008.

［14］赵春霞. 会展概论［M］. 北京：对外经济贸易大学出版社，2007.

［15］张文建，金辉. 中外会展述论［M］. 上海：上海人民出版社，2006.

［16］华谦生. 会展策划与营销［M］. 广州：广东经济出版社，2006.

［17］龚维刚，陈建国. 会展实务［M］. 上海：华东师范大学出版社，2007.

［18］丁霞，张晓娟. 会展策划与管理［M］. 北京：高等教育出版社，2006.

［19］程爱学，徐文锋. 会展全程策划宝典［M］. 北京：北京大学出版社，

2008.

[20] 王保伦. 展览会经营与管理 [M]. 北京：北京大学出版社，2006.

[21] 刘松萍. 展览会营销与策划 [M]. 北京：首都经济贸易大学出版社，2006.

[22] 刘大可. 会展营销教程 [M]. 北京：高等教育出版社，2006.

[23] 华谦生. 会展管理 [M]. 广州：广东经济出版社，2008.

[24] 毛金凤，韩福文. 会展营销 [M]. 北京：机械工业出版社，2006.

[25] 刘松萍，李晓莉. 会展营销与策划 [M]. 北京：首都经济贸易大学出版社，2006.

[26] 张艳玲. 会展管理 [M]. 北京：清华大学出版社，2006.

[27] 毛金凤，韩福文. 展览会营销 [M]. 北京：机械工业出版社，2006.

[28] 王云玺，吴杨. 展览会管理 [M]. 上海：上海交通大学出版社，2004.

[29] 胡平. 展览会营销 [M]. 上海：复旦大学出版社，2005.

[30] 王云玺，吴杨. 展览会管理 [M]. 上海：上海交通大学出版社，2004.

[31] 韩小芸，梁培当，杨莹. 展览会客户关系管理 [M]. 北京：中国商务出版社，2004.

[32] 刘大可. 中国展览会发展态势分析 [M]. 北京：经济科学出版社，2012.